残疾人群众体育

中国残疾人体育运动管理中心　主编

北京体育大学出版社

策划编辑　吴海燕
责任编辑　吴海燕
责任校对　张志富
版式设计　联众恒创

图书在版编目（CIP）数据

残疾人群众体育 / 中国残疾人体育运动管理中心主编. -- 北京 : 北京体育大学出版社, 2021.11
ISBN 978-7-5644-3312-3

Ⅰ. ①残… Ⅱ. ①中… Ⅲ. ①残疾人体育—群众体育—研究—中国 Ⅳ. ①G812.49

中国版本图书馆CIP数据核字(2021)第237648号

残疾人群众体育
CANJIREN QUNZHONG TIYU
中国残疾人体育运动管理中心　主编

出版发行：北京体育大学出版社
地　　址：北京市海淀区农大南路 1 号院 2 号楼 2 层办公 B-212
邮　　编：100084
网　　址：http：//cbs.bsu.edu.cn
发 行 部：010-62989320
邮 购 部：北京体育大学出版社读者服务部 010-62989432
印　　刷：北京昌联印刷有限公司
开　　本：710mm × 1000mm　　1/16
成品尺寸：170mm × 240mm
印　　张：16
字　　数：245 千字
版　　次：2021 年 11 月第 1 版
印　　次：2021 年 11 月第 1 次印刷
定　　价：42.00 元

《残疾人群众体育》教材编制工作组名单

统　筹：周　坤　李泽慧

主　编：周　坤　李冬庭　吴燕丹　金　宁　黄　鹏

冯希杰　金　梅　崔　勇　马　良　聂柏其

成　员：邵　君　许家成　董维军　梁　雪　高　凡

代青松　刘　琦　闫立春　于　森

（排名不分先后）

前言

和其他人一样平等参与娱乐、休闲和体育活动是联合国《残疾人权利公约》和我国《残疾人保障法》赋予残疾人的一项基本人权。联合国强调，体育是可持续发展的重要推动力，是促进社会对残疾人的包容和维护残疾人福祉的理想工具。

我国党和政府历来重视发展残疾人体育事业，将其作为残疾人事业和体育事业的重要组成部分，纳入国家发展战略和实施计划，大力推进。经过近40年的不懈努力，我国残疾人体育事业取得了世界瞩目的成就。《“健康中国2030”规划纲要》提出：“到2050年，建成与社会主义现代化国家相适应的健康国家。”《体育强国建设纲要》提出：“到2050年，全面建成社会主义现代化体育强国。人民身体素养和健康水平、体育综合实力和国际影响力居于世界前列，体育成为中华民族伟大复兴的标志性事业。”这两个纲要都将残疾人列为开展体育活动的重点人群之一。我国通过实施《全民健身计划》和《国民经济和社会发展规划纲要》，使越来越多的残疾人通过参与体育运动，强身健体、改善功能、增强自信心和参与社会的能力。与此同时，社会大众对残疾人的看法和态度发生着深刻变化，与残疾相关的污名和歧视现象显著减少，社会对残疾人潜能和能力的认知不断提升，残疾人体育在促进残疾人事业发展上发挥着越来越重要的作用。

习近平总书记在庆祝建党100周年大会上向全世界庄严宣告，我国已全面建成小康社会，正在意气风发地向着全面建成社会主义现代化强国的第二个百年奋斗目标迈进。在新的征程中，如何更好更快地发展残疾人群众体育，特别是提升对残疾人参与健身和体育运动的专业指导能力和服务水平，更好地满足近9000万残疾人口日益增长的健身、康复、娱乐等多样化体育需求，让体育力量惠及每一个残疾人，是各级政府、残联和体育部门，特别是残疾人体育工作者亟待解决的一项重大课题。结合我国残疾人群众体育发展的实际需要和“十二五”“十三五”时期开展残疾人社会体育指导员的培养实践，中国残疾人体育运动管理中心组织编撰了《残疾人群众体育》。

本书具有内容广泛、知识丰富、理念先进、视野开阔、科学严谨、政策与实践结合、理论阐释与操作技能兼顾等特点，是一本关于我国残疾人群众体育的重要著作。本书除了可作为我国培训残疾人社会体育指导员通用教材外，亦可作为从事残疾人体育事业的工作人员、志愿者、支助人员等的实用工具书，残疾人事业相关领域的教学、研究参考用书。

全书共包含九章内容：第一、二章由李冬庭（中国残疾人体育运动管理中心）执笔，第三章由周坤（中国残疾人体育运动管理中心）、李冬庭执笔；第四章由吴燕丹（福建师范大学）执笔，第五章由金宁（中国残疾人康复研究中心）、黄鹏（北京体育大学）执笔；第六、七章由冯希杰（北京联合大学）、黄鹏撰写，第八章由金梅（南京特殊教育师范学院）执笔，第九章由崔勇（北京回龙观医院）、马良（北京市朝阳区第三医院）执笔。全书由周坤和李泽慧（南京特殊教育师范学院）统稿，中国残疾人体育运动管理中心群体特奥部承担了编撰本书的组织和协调工作。

在撰写本书过程中，参考了大量中、外文献，还得到了一些同事、朋友的支持与帮助，在此谨向文献作者和提供过支持帮助的人员表示敬意和感谢。书中如有不当之处，敬请指正。

目　录

第一章　正确理解、认识残疾和残疾人

第一节　残疾和残疾人概述

一、人类正确认识残疾和残疾人的发展历史

人类社会真正认可残疾是人的多样性的一部分和残疾人是人类的一分子，承认残疾人应该与他人一样平等享有一切人权和基本自由，经历了漫长而痛苦的历史过程。

（一）以慈善、医疗方法主导的漫长历史时期

在人类历史上，残疾人长期处于被社会拒绝、排斥、隔离，甚至歧视的境况，致使有残疾人的家庭背负着巨大的心理和社会压力，普遍存在不敢承认、不愿让人知道家里有残疾人的现象。

20 世纪 70 年代之前，世界各国处理残疾问题一直以慈善和医疗方法为主导。

（二）残疾人人权运动的重要发展阶段

以慈善模式对待残疾人的理念和实践有着悠久的历史。2500 多年前，我国的《礼记·礼运》和《周礼·地官》中就有以慈善模式对待残疾人的记载。

慈善模式认为，残疾纯属个人问题，残疾人没有能力实现自给自足，是值得同情的对象，需要由社会来供养。在这种模式下，残疾人无法掌控自己的生活。他们作为被“施救”的对象，不能参与社会生活。慈善模式扩大了残疾人与社会之间的距离，残疾人被视为社会的负担。

20 世纪 70 年代末，残疾活动家开始质疑社会对待残疾的医疗方法，由

此进入了人类历史上维护残疾人人权最重要的发展时期，其标志是残疾人人权运动开始获得更大的发展动力，以前所未有的努力，研究、解决残疾人面对的种种不平等问题。标志性事件是联合国通过了包括《残疾人权利宣言》（1975 年）、《关于残疾人的世界行动纲领》（1982 年）、《残疾人机会均等标准规则》（1993 年）等多个倡导残疾人权益的文件；宣布 1981 年为国际残疾人年，宣布每年的 12 月 3 日为“国际残疾人日”等，借此引起各国政府对残疾人人权保障的重视。这些国际性文件和措施，对全球残疾人运动起到了很大的推动作用，影响和促成了 20 世纪 90 年代制定实施的残疾人权利法规。但由于这些国际性文件不具备国际法效力，其发挥的作用相对有限。与妇女、少数民族、儿童等群体相比，残疾人的社会地位更加弱势，人权也更易受到侵犯，却没有专门性国际公约的保护。

自 1987 年国际社会呼吁拟定消除对残疾人一切形式歧视的国际公约草案以来，多届联合国大会上都有代表团提交议案，敦促拟定一项保护残疾人权利和尊严的国际公约，但直到 2001 年第 56 届联合国大会才决定设立一个特设委员会，正式启动公约的起草工作。经过 5 年的艰苦努力和艰难谈判，2006 年第 61 届联合国大会一致通过《残疾人权利公约》（CRPD，2006）（以下简称《公约》）及《残疾人权利公约任择议定书》，达成了各个签约国保护残疾人权利的共同约定和承诺。

中国是《公约》制定的积极倡导国和重要参与国。2000 年 3 月，中国同残疾人国际等五大国际残疾人组织在北京举行会议，发布《新世纪残疾人权利北京宣言》，呼吁制定具有法律约束力的残疾人权利国际公约。同年，中国向联合国特设委员会提交了公约案文的中国文本；在公约文本的谈判磋商过程中，积极分享中国残疾人事业发展的经验，提出促进残疾人权益保障的建议等。我国为公约的制定和生效付出的努力和贡献的智慧得到了联合国和世界各国的普遍赞赏。

（三）医学模式向社会模式的历史性转变

随着科学发展、医学进步，医学模式开始兴起。医学模式认为，残疾是个体所固有的一种健康状况，只有通过医疗和康复才可能“解决问题”，才能让残疾人达到“正常状态”“回归社会”。在这种模式下，残疾人被视作“病人”，不能支配自己的生活，参与社会生活的权利几乎被剥夺。

在为残疾人争取权利的过程中，无论是慈善模式还是医学模式，长久以来所信奉的“残疾是个体所固有的一种状况”的理念受到了质疑，“残疾形成”问题进入人们的视野。

1975 年，英国一个叫作“肢体损伤者反隔离联盟”的组织提出：“在我们看来，正是社会造成了肢体损伤人士的残疾。残疾是以我们不必要地被孤立于、被排斥在全面参与社会之外的方式强加在我们的身体损伤之上的一种东西。”1983 年，英国学者迈克·奥利弗（Mike Oliver）创造了“残疾的社会模式”（the social model of disability）这一短语。之后，澳大利亚、英国、美国和其他国家的学者和活动家将“社会模式”进一步发展，扩大到所有残疾类别。1980 年，世界卫生组织颁布的《国际残损、残疾和残障分类》中对残疾的界定采用的是医学模式，而在 2001 年颁布的新版《国际功能、残疾和健康分类》（ICF，2001）中则采用了“生物—心理—社会”模式。

社会模式认为：残疾是人的多样性的一部分，不是个体的固有属性，而是个体与不能容纳个体差异的环境相互作用的结果；以人为核心，强调造成不平等的原因是国家和社会无力消除那些对残疾人具有挑战性的障碍；认可残疾人的价值和权利是社会的构成部分。

社会模式找到了形成残疾的主要根源，强调残疾人的权利和尊严应当得到保护和尊重。但如何实现？《公约》的诞生，标志着人类社会对残疾的认识开始了由“医学模式”向“社会模式”的历史性转变，以人权方式对待和解决残疾问题成为国际社会的共识。这是一种建立在社会模式之上，基于承认残疾人是权利的主体、国家和社会负有保障残疾人权利和尊严责任与义务的人权模式。《公约》把社会中存在的障碍视作歧视，当残疾人面对这种障碍时为残疾人提供投诉途径，建立起承认、尊重、保障残疾人成为权利主体的法律机制。因此，这种完善认识残疾的社会模式亦称为“人权模式”或“社会人权模式”，是由残疾人、国家和国际人权体系为将社会模式的一些主要方面付诸实践而达成的协议和承诺。

二、基于社会模式的现代残疾理念

（一）《国际功能、残疾与健康分类》关于残疾的定义

《国际功能、残疾与健康分类》对“残疾”等一些关键词语给出了定义。

（1）健康（出现）状况：是对疾病（急性或慢性）、身心机能失调、损伤或创伤的一个概括性术语。健康（出现）情况还可能包括其他情况，如怀孕、衰老、精神压力 / 心理负担、先天畸形或遗传性易染病体质。

（2）身体功能：身体各系统的生理功能（包括心理功能）；“身体”指的是整个人体组织，包括大脑。因此，心理功能被归入身体功能。

（3）身体结构：身体的解剖部位，如器官、肢体及其组成部分。

（4）损伤：身体结构或生理功能（包括心理功能）出现的问题，如显著偏离（人口平均测量标准范围）或缺失。

（5）活动：个体执行一项任务或行动。

（6）活动受限：个体在进行活动时可能遇到的问题和困难。受限范围包括个体没有按照人们所期望的 [身体健康没有（出现）情况的人们所采用的] 方式或程度执行活动，以至于在执行活动的质量或数量上出现轻微到严重程度的偏差。严重偏差如无法步行或进食。

（7）参与局限：个体全方位投入生活情境中（参与社会生活）可能经历的问题和困难，如在就业或交通方面面临歧视等。

（8）功能执行：是对身体功能、身体结构、活动和参与的一个概括性术语。它表示健康出现某种情况的个体和其所处的背景性因素（环境和个人因素）之间发生交互作用的积极方面。

（9）背景性因素：构成个体生活的全部背景，包括环境因素和个人因素。

（10）环境因素：构成个体生活背景的外部或外在世界的所有方面，并对个体的功能发生影响。环境因素包括自然界及其特征、人造环境、与个体有不同关系和作用的其他人员、态度和价值、社会体制和服务以及政策、规则和法律等。

（11）个人因素：与个人相关联的背景性因素，如年龄、性别、社会阶层、生活经历等。

（12）残疾：损伤、活动受限和参与局限性的总称，是指健康（出现）情况的个体与其所处的背景性因素，如周围环境因素和个人因素相互作用的消极方面（负面结果）。

残疾定义示意图见图 1–1。

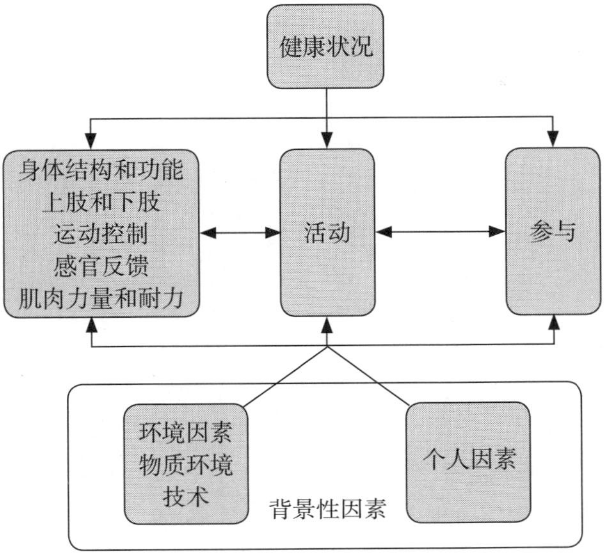

图 1-1　《国际功能、残疾与健康分类》残疾定义示意图

（二）《公约》关于残疾、残疾人的概念

1.关于残疾

《公约》序言（五）明确指出："确认残疾是一个演变中的概念，残疾是伤残者和阻碍他们在与他人平等的基础上充分和切实地参与社会的各种态度和环境障碍相互作用所产生的结果。"这是基于社会模式、人权视角对"什么是残疾"做出的阐释。其意义在于，强调残疾是一个不断演变的概念，而那些外部环境和体现在这些环境里的态度在制造"残疾"上起着核心作用。这与以"损伤的肢体"为基础概念对待残疾问题，认为残疾是肢体、心理或感官缺损的必然结果的医学模式形成了鲜明对比。

2.关于残疾人

鉴于残疾是一个不断发展演变的概念，《公约》没有给出关于残疾人的闭环定义，而是在第二条对残疾人做出如下阐述："残疾人包括肢体、精神、智力或感官有长期损伤的人，这些损伤与各种障碍相互作用，可能阻碍残疾人在与他人平等的基础上充分和切实地参与社会。"这一阐述表明了如下态度：一个人可能不止有一种损伤，损伤也并不都是可见的；残疾是损伤与环境之间相互作用的消极结果（图 1-2）；有损伤也不一定会导致残疾（积极结果）。

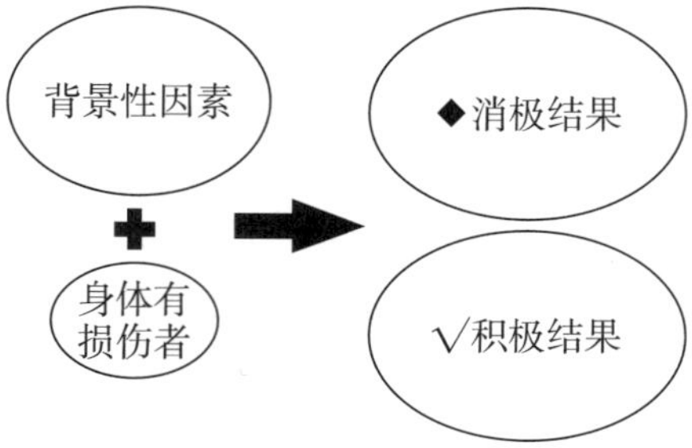

图 1-2　损伤与环境互动示意图

三、《公约》关于残疾概念的重要意义

（一）理解残疾概念的重要理念

（1）不断发展演变的概念和固定不变的概念。“残疾”概念不是一成不变的，而是可以根据特定社会的主流环境做出适应性调整。

（2）残疾不是医学问题，而是损伤与周围环境之间的相互作用。《公约》关注的重点不是作为医学问题的损伤；残疾人参与社会，不需要进行“修复”，而是通过消除态度和环境障碍，以便使其能够积极参与社会并享有各项权利和尊严。

（3）《公约》囊括了所有残疾。

（4）将障碍分类，而不是对人进行分门别类。《公约》并未阻止在国家立法中采用一些定义，重要的是贯穿在政策和法律中的相关定义必须体现出残疾的社会模式。

（二）关于障碍的定义和类型

既然残疾是由态度和环境障碍造成的，那么什么是障碍？世界卫生组织给出的定义是：“一个人所处的环境中的一些因素，由于这些因素的缺席或存在，限制了其功能发挥，造成其残疾（功能障碍、能力减损）。这些因素包括以下方面，如无法获得和使用的物质环境、缺乏相关的辅助技术（辅助、适应和康复装置）、人们对残疾的消极态度、不存在的或者是在所有生活领域阻碍健康（出现）情况的人参与的服务、系统和政策。”

实际生活中通常存在多种障碍，且同一时间通常不止有一种障碍存在。以下是 7 类最常见的障碍。

资料框

关于“disability”的释义

《牛津词典》中的注解是：disability是指由于肢体或心理不适、不健康而造成的功能被剥夺、能力被减损的情况。《公约》中的阐述是：“确认disability是一个演变中的概念，disability是身体有损伤的人士和阻碍他们在与其他人平等的基础上充分和切实地参与社会的各种态度和环境障碍相互作用所产生的结果。”《世界残疾报告》中的界定为：“disability是损伤、活动受限或参与局限的总括语，是指健康（出现）情况的个体与其所处的背景性因素（环境因素和个人因素）相互作用的消极方面。”《国际功能、残疾和健康分类》指出：“不把术语‘disability’作为一种成分的名称，而将其保留作为一个整体概括性的术语。”因此，将“disability”和“persons with disabilities”分别译为“功能障碍”和“功能障碍人士”，这种译法较现行中文术语“残疾”和“残疾人”有如下优点：一是更加贴近作为总括语使用的英文词disability的本意；二是不再有明显的使用医学模式指称功能障碍人士为病人，避免称谓用语与《公约》中所倡导的社会人权模式不符的弊端；三是从称谓入手引导人们将关注视角和重点由生理、心理上的损伤转向功能和能力。同理，前述引用的《国际功能、残疾和健康分类》，更为贴近英文原意的翻译应为《功能执行、功能障碍和健康的国际分类》。目前，尽管我国正式文件中多采用“残疾”“残疾人”，但在业界和有些文件中已经出现“残疾”与“功能障碍”、“残疾人”与“功能障碍者”并用的情形，如国家标准化管理委员会2016年颁布的《康复辅助器具分类和术语》（GB/T 16432—2016）中采用了“残疾人（功能障碍者）”的说法。鉴于本书中出现“残疾”“残疾人”频次很高，加注括号方法容易使人眼花缭乱；同时，为保持和国家正式文件一致，也为便于准确理解核心概念，除在个别地方采用加注括号方式——“残疾（功能障碍）”“残疾人（功能障碍人士）”外，其余各处仍然使用《中华人民共和国残疾人保障法》中的“残疾”“残疾人”称谓。

（1）态度障碍。态度障碍是最基本的障碍，会导致其他障碍，包括成见、污名、偏见和歧视等。

（2）沟通障碍。有听力、言语、阅读、书写和/或理解功能障碍的人，以及使用不同于普通人（没有残疾的人）的方法来沟通的人会经历沟通障碍。

（3）物理（物质）障碍。物理（物质）障碍是指在自然或人造环境中阻止或阻碍行动或出入的结构性障碍。

（4）政策性障碍。政策性障碍往往与对要求计划方案和活动做到对残疾人必须是无障碍的法律和条例缺乏认识或执行不力有关。

（5）程序性障碍。程序性障碍如日程安排不方便、缺乏便利使用的设备、很少或根本没有与残疾人或参与者沟通等。

（6）社会障碍。社会障碍与人们出生、成长、生活、学习、工作和年龄状况或健康的社会决定因素有关，这些都可能导致残疾人的功能降低。

（7）交通障碍。缺乏适当的交通妨碍了一个人在社会中独立和发挥作用的能力。

（三）国家和社会应有的责任和义务

用社会模式定义残疾，标志着一种现代残疾理念的确立，奠定了《公约》所有权利条款的基石，确认残疾不是个人属性，而是一项社会构成，主体外部的种种障碍是残疾的构成因素。这一理念要求人们从过去的关注残疾、基于同情，以慈善、医疗方法照顾和对待残疾人转向关注能力（潜能）、基于人权，以社会、人权方法尊重残疾人，平等对待残疾人。

社会是人与环境形成的关系总和。改造环境，消除障碍，就是要变革社会，就是要变不包容性社会为包容性社会，建设包容性文化。谁能担负起这一重大使命？自然需要国家和整个社会的共同努力，而行使国家权力的政府必须担当起将不包容社会变革为包容性社会的主体责任。

第二节　残疾的分类和分级

一、国际分类框架

《公约》将损伤分为肢体损伤、感官损伤、精神损伤和智力损伤四大类，这些损伤可能分别导致下列一种或多种残疾（功能障碍）：运动障碍，视觉、听觉或嗅觉障碍，普遍发展障碍、抑郁障碍、精神障碍，学习障碍、认知障碍。

如何对残疾（功能障碍）进行分类？目前，普遍采用世界卫生组织《国际功能、残疾和健康分类》（ICF，2001）。

（一）世界卫生组织国际分类家族简介

世界卫生组织国际分类家族是一套用于比较国际和国内卫生信息的分类产品。国际批准认可的分类有助于数据的储存、检索、分析和解释，同一时间点不同群体人口内部和不同群体人口之间的数据比较，国际同一数据的汇编，以及用于支持整个卫生系统的统计数据。迄今，世界卫生组织已经制定了《疾病的国际分类》（ICD）和《国际功能、残疾和健康分类》两种参考分类，主要用于描述一个人在某一特定时间点的健康状况、疾病和其他相关的健康问题，如症状和伤害依据《疾病的国际分类》进行分类。该分类诞生于1893年，目前采用的版本为第10次修订本（ICD–10）。2018年6月，世界卫生组织发布了将于2022年1月1日生效的新版《疾病的国际分类》（ICD–11）。功能执行和功能障碍（残疾）则依照《国际功能、残疾和健康分类》进行分类。目前，世界卫生组织拟新增加的第三种参考分类《健康干预的国际分类》（*International Classification of Health Interventions*，*ICHI*，又译作《国际健康干预分类》）草案第二版已于2018年10月在网上发布征求意见。

除参考分类外，世界卫生组织国际分类家族中已纳入联合国经济和社会分类大家庭的分类还有相关分类和派生分类，如图1–3所示。

这些分类（标准）涵盖健康和保健系统的主要参数，如死亡、疾病、功能执行、功能障碍（残疾）、健康和健康干预措施。世界卫生组织参考分类是国际协定的产物，已获得广泛接受和官方认可，并被批准和建议作为国际健康报告准则。在类别的结构、性质和定义方面，它们都可用作制定或修订其他分类的模式。

（1）派生分类。

派生分类是建立在一个或多个参考分类之上的分类，并且与它们一致。派生分类可以通过设计来为专门目的提供比参考分类更多的细节，或者可以通过一个或多个参考分类中的项目重新排列或组合来编写。

（2）相关分类。

世界卫生组织国际分类家族包括相关分类，用以描述未纳入参考分类或派生分类的健康或保健系统的一些重要方面。

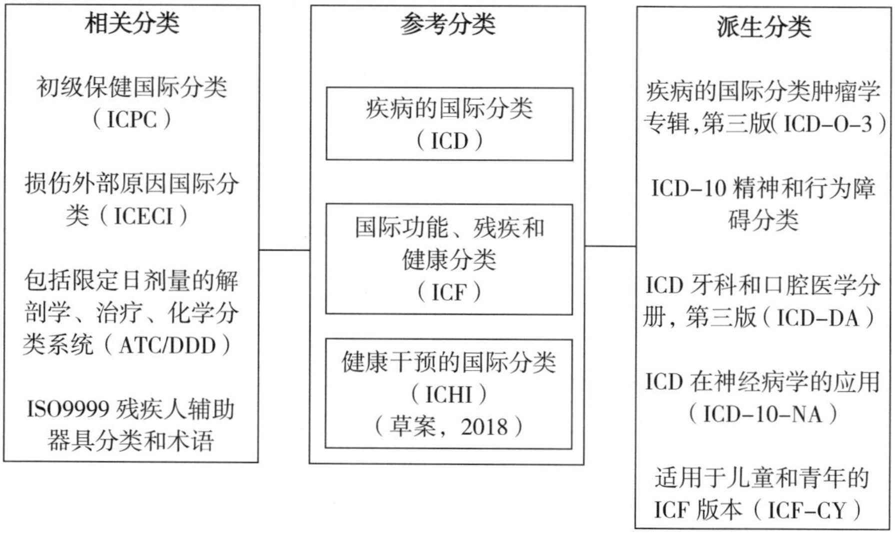

图 1-3　世界卫生组织国际分类家族示意图

（二）《国际功能、残疾和健康分类》（ICF，2001）

《国际功能、残疾和健康分类》（以下简称 ICF）提供了关于残疾（功能障碍）的共同语言，是一个对功能执行和残疾（功能障碍）信息进行组织和记录的框架。该框架是健康和残疾（功能障碍）定义、衡量和政策制定的概念基础。它是健康和健康相关领域的分类，这些领域有助于我们描述身体功能和结构的变化，一个健康（出现）情况的人可以在标准环境里做什么（能力水平）以及在普通环境里实际能做什么（表现水平），重点是在健康和功能上，而不是在残疾（功能障碍）上。其“功能执行”概念是“一个人健康（出现）情况、环境因素和个人因素之间的动态互动”，即健康出现某种情况的个体和其背景性因素之间发生交互作用的积极方面。术语“功能执行”指的是所有身体功能、活动和参与；类似地，“残疾（功能障碍）”是损伤、活动受限和参与局限的总括术语。ICF 还列出了所有与这些组成成分相互作用的环境因素（图 1-4、表 1-1）。它是一个用于保健和与保健有关的部门关于残疾（功能障碍）和健康的通用分类框架。因此，ICF 看起来好像只是一个简单的健康分类框架，但它可以用于许多目的，最重要的用途是作为决策者的规划和政策工具。

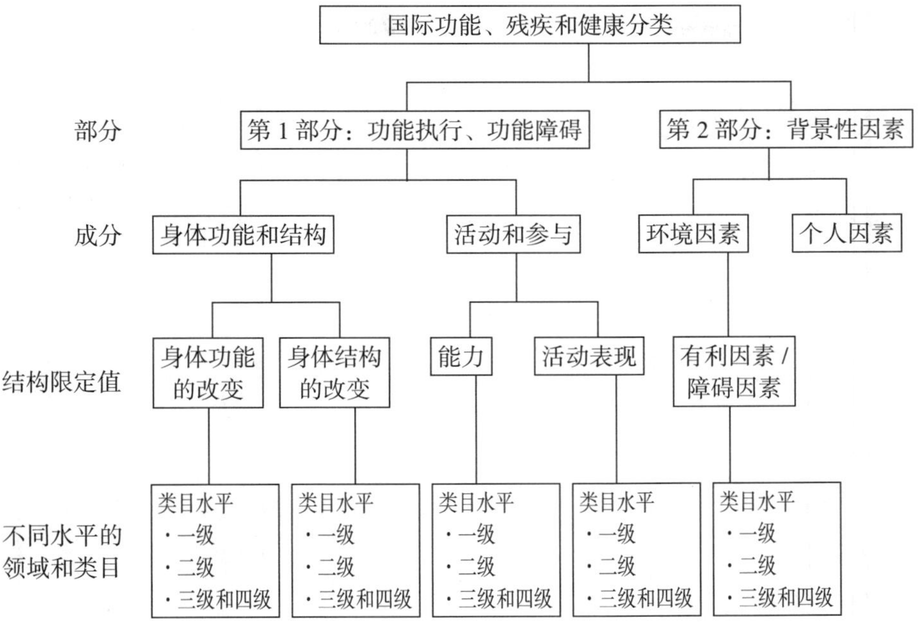

图 1–4　ICF 结构

表 1–1　ICF 的一级分类

身体功能	身体结构	活动和参与	环境因素
第 1 章　精神功能 第 2 章　感觉功能和疼痛 第 3 章　发声和言语功能 第 4 章　心血管、血液、免疫和呼吸系统功能 第 5 章　消化、代谢和内分泌系统功能 第 6 章　泌尿生殖和生育功能 第 7 章　神经、肌肉、骨骼和运动有关功能	第 1 章　神经系统结构 第 2 章　眼、耳和有关结构 第 3 章　涉及发声和言语的结构 第 4 章　心血管、免疫和呼吸系统的结构 第 5 章　与消化、代谢和内分泌系统有关的结构 第 6 章　与泌尿和生殖系统有关的结构 第 7 章　与运动有关的结构 第 8 章　皮肤和有关结构	第 1 章　学习和应用知识 第 2 章　一般任务与要求 第 3 章　交流 第 4 章　活动 第 5 章　自理 第 6 章　家庭生活 第 7 章　人际交往和人际关系 第 8 章　主要生活领域	第 1 章　用品和技术 第 2 章　自然环境和对环境的人为改变 第 3 章　支持和相互联系 第 4 章　态度 第 5 章　服务、身体和政策

ICF 重点强调健康和功能，从关注人们的残疾（功能障碍）转向关注他们的健康水平。ICF 承认，每一个人都可能体验到健康衰退，从而体验到某种程度的残疾（功能障碍）。因此，ICF 将残疾（功能障碍）的体验“主流”化，将其视为一种普遍的人类体验；将所有健康状况置于平等的基础上，

使它们能够使用共同的指标——健康和残疾（功能障碍），用同一把尺子进行比较。

（三）如何使用 ICF

ICF 给出了关于定义和衡量功能障碍（残疾）的标准语言和概念基础，并提供了分类和编码。它将主要的功能障碍（残疾）模式——医学模式和社会模式整合为一个统一的“生物—心理—社会综合体”，提供了一种多视角的、多维模式的生物—心理—社会方法。

1. ICF 运用于不同领域

（1）临床实践。ICF 与《疾病的国际分类》互补，二者一起使用可以给出一个人健康状态的完整画面。

（2）支持服务。ICF 模型和分类可以支持行政流程生成的资格评估、服务规划和基于系统的数据。在环境因素上，可清楚地阐明个人的需求是否需要环境变化或提供个人支持。

（3）人口统计。用于比较需要各种服务的人数和得到这些服务的人数，或表明社会环境中哪些领域最不利于功能执行有困难的人。

（4）教育。可以帮助整合来自儿童、家庭、学校和服务系统的各种观点。

（5）政策和方案。支持在高级别上对功能障碍和与健康有关的政策进行明确的概念性思考，可以进一步支持由行政流程生成的资格评估、服务规划和基于系统的数据。例如，德国将 ICF 用于社会保障法，日本将 ICF 用于残疾相关领域、长期护理、特殊教育、预防自然灾害等方面的国家立法和政策制定，我国台湾地区已将其用于辅助器具、长期照护等服务领域的相关政策制定和实践。

（6）倡导和赋权。作为与《公约》有关的功能执行和功能障碍（残疾）的概念框架，ICF 支持基于国际标准及其相关信息和数据的逻辑论证。

2. ICF 应用于不同层级

（1）个体层级。用于个体评估、个体治疗计划、评价治疗和其他干预措施，用于内科医生、护士、物理治疗师、职业治疗师和其他卫生工作、社会服务工作及社区机构之间的交流，用于消费者的自我评价。

（2）机构层级。用于教育和培训、资源规划和开发、提高服务质量、管理和成果评估、保健交付的管理模式。

（3）社会层级。用于建立国家权益的资格标准，如社会保障福利、残疾养恤金、工人补偿和保险；用于制定社会政策，包括立法审查、模式立法、条例和准则以及反歧视立法的定义；用于需求评估、通用设计的环境评估、强制便利获得性和使用性（无障碍）的实施、环境促进要素和障碍要素的识别确认以及对社会政策做出改变。

二、《残疾人残疾分类和分级》（GB/T 26341—2010）简述

2011 年，国家质量监督检验检疫总局和中国国家标准化管理委员会正式发布我国首个关于残疾种类和等级划分的《残疾人残疾分类和分级》（GB/T 26341—2010）（以下简称“国家标准”），自 2011 年 5 月 1 日起实施。我国制定残疾标准的原则，一是以社会功能障碍的程度划分残疾等级；二是为利于国际学术交流和资料的相互比较，凡是已经有国际统一标准的，尽量和国际统一标准取得一致；没有国际统一标准的，自行制定。因此，在我国残疾标准中，视力残疾标准、听力残疾标准、言语残疾标准、智力残疾标准与国际标准基本一致，肢体残疾标准则是自行制定的，精神残疾标准是参照世界卫生组织提供的精神病分级标准而自行制定的。

国家标准将残疾分为视力残疾、听力残疾、言语残疾、肢体残疾、智力残疾、精神残疾和多重残疾 7 个类别；在分级上，分别将视力残疾、听力残疾、言语残疾、肢体残疾、智力残疾、精神残疾 6 个残疾类别按照残疾程度分为四级：残疾一级、残疾二级、残疾三级和残疾四级。残疾一级为极重度，残疾二级为重度，残疾三级为中度，残疾四级为轻度。对于多重残疾，则是按所属残疾中残疾程度最重类别的分级确定其残疾等级。

鉴于国家标准篇幅较长，对残疾进行分类和分级亦非本书重点，需要时请查阅《残疾人残疾分类和分级》（GB/T 26341—2010）。

三、残疾人口和残疾流行率

（一）世界残疾人口和残疾流行率

20 世纪 70 年代，世界卫生组织估计残疾流行率（残疾人口占世界总人口比例）为 10%。据此，2006 年《公约》通过时世界残疾人口总数应当超过 6.5 亿。2011 年，世界卫生组织和世界银行共同发布了首个《世界残疾报告》。

报告披露，全球超过 10 亿人或 15% 的世界人口（基于 2010 年全球人口）有某种形式的残疾。

（二）我国残疾人口和残疾流行率

迄今为止，我国已进行了两次全国残疾人抽样调查。1987 年，我国依据 5 类残疾标准，进行了第一次全国残疾人抽样调查。2006 年，我国依据 7 类残疾标准，进行了第二次全国残疾人抽样调查。根据调查数据推算，全国各类残疾人总数为 8296 万，占全国总人口的比例为 6.34%，其中：视力残疾 1233 万人，占 14.86%；听力残疾 2004 万人，占 24.16%；言语残疾 127 万人，占 1.53%；肢体残疾 2412 万人，占 29.07%；智力残疾 554 万人，占 6.68%；精神残疾 614 万人，占 7.4%；多重残疾 1352 万人，占 16.30%。

2012 年，中国残疾人联合会根据第六次全国人口普查总人口数，以及第二次全国残疾人抽样调查残疾人占全国总人口的比例和各类残疾人占残疾人总数的比例，推算 2010 年末我国残疾人总数为 8502 万；各类残疾人的总数分别为：视力残疾 1263 万人，听力残疾 2054 万人，言语残疾 130 万人，肢体残疾 2472 万人，智力残疾 568 万人，精神残疾 629 万人，多重残疾 1386 万人。各残疾等级人数分别为：极重度和重度残疾 2518 万人，中度和轻度残疾 5984 万人。这也是我国最新公布的全国残疾人口及分类数据。

在我国残疾人事业领域，经常使用术语“持证残疾人”。许多调查、统计数据都是以持证残疾人数为基数，而不是以残疾人总人口为基数。截至 2018 年底，我国持证残疾人 3566.2 万。其中，视力残疾人约占 11.67%，听力残疾人约占 7.97%，言语残疾人约占 1.78%，肢体残疾人约占 56.46%，智力残疾人约占 8.52%，精神残疾人约占 8.96%，多重残疾人约占 4.62%。从残疾等级构成看，一级残疾占 13.45%，二级残疾占 28.75%，三级残疾占 26.15%，四级残疾占 31.65%。

（三）残疾与期望寿命

由于人口老龄化和全球慢性疾病增加，残疾人的数量在持续增长，残疾流行率逐渐上升。《世界残疾报告》指出，预期人均寿命超过 70 岁的国家，平均每人 8 年或 11.5% 的生命是在残疾状态中度过的。《2018 年我国卫生健康事业发展统计公报》显示，2018 年我国居民人均预期寿命达到 77 岁，但严酷的现实是：残疾可能降临在每个人身上。正如残疾人权利运动的先驱者之一的朱迪思·休曼（Judith Heumann）所说："这个世界上只有两种人，有残疾的人和尚未有残疾的人。"残疾人构成了世界上最大和最弱势的少数群体；残疾问题是全球公共卫生问题，它的影响和涉及范围远远超乎人们的预料。

第三节 残疾人的权利

一、残疾人享有一切人权和基本自由

（一）《公约》对残疾人权利的阐述

《公约》共有 50 条，其结构和内容包括：引言条款、通用条款、描述实质性权利条款、执行和监测条款、指导公约执行的相关规则条款。

《公约》第三条"一般原则"是贯穿整个《公约》的原则，是理解残疾人权利的基础。这些原则如下。

（1）尊重固有尊严和个人自主，包括自由做出自己的选择，以及个人的自立；

（2）不歧视；

（3）充分和切实地参与和融入社会；

（4）尊重差异，接受残疾人是人的多样性的一部分和人类的一分子；

（5）机会均等；

（6）无障碍；

（7）男女平等；

（8）尊重残疾儿童逐渐发展的能力并尊重残疾儿童保持其身份特性的权利。

基于上述原则，《公约》列出了 16 条残疾人人权条款。

（1）生命权；

（2）在法律面前获得平等承认；

（3）自由和人身安全；

（4）免于酷刑或残忍、不人道或有辱人格的待遇或处罚；

（5）免于剥削、暴力和凌虐；

（6）保护人身完整性；

（7）迁徙自由和国籍；

（8）独立生活和融入社区；

（9）表达意见的自由和获得信息的机会；

（10）尊重隐私；

（11）尊重家居和家庭；

（12）教育；

（13）健康；

（14）工作和就业；

（15）适足的生活水平和社会保护；

（16）参与政治和公共生活。

落实残疾人各项权利最重要的是反对歧视，推进平等。事实上，不歧视是所有人权条约的根本原则，反对“基于残疾的歧视”既是《公约》的原则，更是《公约》的基础。

什么是“基于残疾的歧视”？《公约》第二条给出了定义：“‘基于残疾的歧视’是指基于残疾而做出的任何区别、排斥或限制，其目的或效果是在政治、经济、社会、文化、公民或任何其他领域，损害或取消在与其他人平等的基础上，对一切人权和基本自由的认可、享有或行使。基于残疾的歧视包括一切形式的歧视，包括拒绝提供合理便利。”《公约》明确禁止针对任何人的“基于残疾的歧视”，包括由于多种原因歧视与残疾相关的人（关联歧视）；并特别指出有一种“基于残疾的歧视”形式，叫作“拒绝提供合理便利”，并对“合理便利”加以界定：“‘合理便利’是指根据具体需要，在不造成过度或不当负担的情况下，进行必要和适当的修改和调整，以确保残疾人在与其他人平等的基础上享有或行使一切人权和基本自由。”这里讲的“修改和调整”的范围包括规则、做法、条件或要求等。提供合理便利是国家和社会应尽的一种个性化义务。凡是“拒绝提供合理便利”或应该且有能力提供而“未能提供合理便利”，都构成“基于残疾的歧视”，属于违法行为。

（二）《公约》提供了实现残疾人权利的蓝图

为保障残疾人各项权利的实现，《公约》要求国家和政府必须履行相关责任和义务（表 1–2）。同时，《公约》还提供了实现残疾人享有一切权利和基本自由的措施，包括以下方面。

表 1–2 《公约》要求国家和政府必须履行的责任和义务条款（共 8 条）

条款目次	责任和义务	说　明
第八条	提高认识	通过公共宣传、教育鼓励、负责任的媒体报道和培训，增进对残疾人权利的了解，并与成见、定见做斗争
第九条	无障碍（便利获得性和便利使用性）	无障碍（易得易用性）在生活的所有领域（产品、物质环境、交通、信息和通信以及向公众开放或提供的其他设施和服务）都很重要
第十一条	危难情况和人道主义紧急情况	认识到残疾人在危险情况和人道主义紧急情况下的特殊脆弱性，各国承诺对他们的保护和安全
第十三条	获得司法保护	确保享有权利的一个基本部分是能够诉诸司法，以享有获得补救的权利
第二十条	个人行动能力	个人行动可以促进独立性，国家可以通过便利获得助行器和辅助技术来促进这一点
第二十六条	适应训练和康复	为了实现最大限度的独立性，各国承诺加强和扩大综合适应训练和康复服务
第三十一条	统计和数据收集	为了帮助制定和执行履行《公约》的政策，各国应收集信息（尊重人权和道德标准）
第三十二条	国际合作	履约各国必须履行和促进国际合作，为合作提供支持，也从合作中受益

1. 设立机构，支持执行《公约》的体制建设

包括设立或建立协调中心、协调机制、独立监测机制以及与执行《公约》有关的其他机构。《公约》还规定，民间社会，特别是残疾人和代表残疾人的组织应全面参与监测工作。

2. 完善法律、政策、实践

《公约》要求缔约国“采取一切适当措施，包括立法，以修订或废止构成歧视残疾人的现行法律、法规、习惯和做法”。

3. 为残疾人提供包容性服务

提供服务是法律、政策和预算改革的补充。《公约》中有多项条款涉及提供服务，涉及多个部门。提供服务必须符合《公约》第三条提出的一般原则，还要符合《公约》实质性条款规定的具体标准。要执行《公约》，需要三类服务：主流服务，指全体民众采用并为其制定的服务；支助服务，

指直接有助于残疾人克服障碍的服务，旨在促进残疾人更多地参与主流社会；特殊服务，指帮助残疾人为进入主流社会做好准备的服务。服务应以包容为目的，而非隔离。

就提供服务而言，国家的义务至关重要。国家是促进、保护和确保执行《公约》的首要义务承担者。

资料框

关于“accessibility”的释义

“accessibility”是《公约》第三条所述八项指导原则之一——“无障碍”及第九条“无障碍”的英文用语。鉴于“accessibility”这一术语对残疾人（功能障碍人士）独立生活和充分参与生活至关重要，与《公约》规定的各项权利息息相关，且是一个在残疾人事业、老龄事业、通用设计等领域应用频度非常高的术语，正确理解其英文原意，准确翻译成中文，对于全面正确理解《公约》等文献，开展国际交流至关重要。因此，特做以下介绍以供参考。

1. 词典释义

（1）the quality of being at hand when needed（需要时就能随手获得的特质和品性）。

（2）the attribute of being easy to meet or deal with（易于与人相处、打交道的物质）。

2. 翻译演变

“accessibility”可译作“可及性”，这是一个借用来的心理语言学概念，指一个人在说话时从大脑记忆系统中提取一个语言或记忆单位的便捷程度。目前这种译法无论是学界还是官方文件仍有使用。我国更多的是将“accessibility”与“无障碍（barrier-free）”对等翻译，但这样翻译不够准确，与“accessibility”的英文原意差距较大。

3. 国际组织的定义

世界卫生组织：accessibility 描述环境、服务或产品等便于为尽可能多的人所获取、使用的程度。

国际标准化组织（ISO）：accessibility是指“具有最广泛特征的人在特定的使用环境下可以在多大程度上使用产品、系统、服务、环境和设施来实现特定目标的能力”。accessibility既包括易用性（ease of use，这会影响任务效率和用户满意度），也包括使用成功（success of use，即系统有效性）。

4. 推荐译法

综上所述，将accessibility翻译成“便利获得性和使用性”，简称“易得易用性”“易得好用性”是一个比较好的选择，其强调的是确保功能受限人士、功能障碍人士能够便利获得和便利使用货物、物品、设备、设施、环境和服务等。从设计角度，便利获得性和使用性是指便于有功能障碍、能力减损人士使用的产品、设备、服务或环境的设计特质，既可保证他们（在无须任何协助的情况下）“直接获得、使用”，也能保证与个人的辅助技术相兼容情况下的“间接获得、使用”（如计算机读屏软件）。让货物、物品、设备、设施、环境和服务等具备易得易用性，如同通用设计、辅助技术一样，都是为了包容其需求者、使用者的能力条件（降低对使用者的能力要求），在一定程度上达到补偿需求者、使用者的功能或能力（赋能）的效果。获得、使用（环境、服务、产品等）是一项基本人权，也是社会正义的基本支柱。真正便利获得、便利使用的环境是所有人都能自由表达其独立性，任何阻碍融合的障碍都被消除了的环境。

4. 提高认识，加强培训

由于残疾是个体存在身体损伤与不利环境之间相互作用所产生的结果，要切实改变环境，针对《公约》开展宣传和培训至关重要。

5. 开展研究，促进发展

研究工作对残疾人的生活会产生重大影响。基于通用设计原则的技术创新正在协助残疾人在社会上独立生活。统计和收集数据正在协助国家和其他有关方面了解残疾人面临的障碍，从而为执行措施校准目标。

6. 实施监测

监测工具具有重要作用。监测有助于调整法律、政策以及其他执行措施，有助于确保合理使用预算，还有助于揭露侵犯人权的行为，为受害者提供补救办法，进而防止进一步侵权。

（三）《公约》具有法律约束力，获得了国际社会的高度认同

1.《公约》具有法律约束力

《公约》通过之前，联合国其他人权文书已经涉及残疾问题。这些文书表明各国做出道义和政治上的承诺，决心采取措施来保护残疾人，包括通过国家立法和政策手段，但本质上不具备法律约束力。而《公约》是一项各国就人权和相关国家义务达成的国际协定，从以下方面保障其具有法律约束力。

（1）《公约》承认残疾人的权利（与其他人的权利保持一致），同时重申残疾人必须享有这些权利。

（2）《公约》规定了国家增进和保护残疾人权利的义务，包括将《公约》纳入国家法律体系，批准公约，设立协调、监测和执行机制，审查和修改法律政策等。

（3）《公约》还就执行和监测《公约》所需的国家和国际机制做出了安排，包括定期提交履约报告，残疾人及其代表组织、其他民间组织可提交监督本国履约的报告，联合国残疾人权利委员会（18 名成员）审查履约报告，给出结论性审查意见，将各国履约文件在网上向全世界公开。

2.《公约》获得了国际社会的高度认同

《公约》及其任择议定书于 2007 年 3 月 30 日在纽约联合国总部开放，供各国签署，当天即有 81 个国家及区域一体化组织的代表签署《公约》，44 个国家和地区签署任择议定书，1 个国家批准了《公约》，创联合国历史上公约开放第一天签约国数量最高的纪录。到 2008 年 4 月 3 日，已有 20 个国家批准《公约》。30 天后，即 2008 年 5 月 3 日，《公约》正式生效。截至 2021 年 8 月 21 日，共有 164 个国家正式批准《公约》；99 个国家正式批准任择议定书。

中国是《公约》首批缔约国（2007 年 3 月 30 日签署）和首批批准国（2008 年 6 月 26 日批准）之一。2008 年 8 月 31 日，《公约》对中国正式生效中国更是《公约》的忠实履约国——先后于 2010 年 8 月、2018 年 8 月提交了履约报告。中国残疾人事业发展取得了令世界瞩目的成就，在履约过程中积累的经验亦可供其他国家参考和借鉴。

二、参与体育活动是残疾人的一项基本人权

《公约》第三十条第五款确立了残疾人体育的法律地位。

五、为了使残疾人能够在与其他人平等的基础上参加娱乐、休闲和体育活动，缔约国应当采取适当措施，以便：

（一）鼓励和促进残疾人尽可能充分地参加各级主流体育活动；

（二）确保残疾人有机会组织、发展和参加残疾人专项体育、娱乐活动，并为此鼓励在与其他人平等的基础上提供适当指导、训练和资源；

（三）确保残疾人可以使用体育、娱乐和旅游场所；

（四）确保残疾儿童享有与其他儿童一样的平等机会参加游戏、娱乐和休闲以及体育活动，包括在学校系统参加这类活动；

（五）确保残疾人可以获得娱乐、旅游、休闲和体育活动的组织人提供的服务。

缔约国确认残疾人有权在与其他人平等的基础上参与文化生活、娱乐、休闲和体育运动，并认识到残疾人积极参加体育活动有助于他们充分、平等地享有人权，也有助于增强对其固有尊严的尊重。贯彻落实本条款要从以下三个方面去提高认识，并付诸实践。

（一）参与体育是 17 项残疾人人权条款之一

参与体育、娱乐和游戏活动是一种社会化权利，是残疾人应该平等享有的基本人权。《公约》将体育、娱乐、休闲和游戏玩耍的权利专列一款，使得参加体育活动这一在全球人权日程中大多被忽略的人权领域成为一个突出亮点。长期以来，在各种人权法律文件（包括《世界人权宣言》等）中，这些权利要么没有像其他人权那样被重点阐述，要么干脆缺乏。《公约》突破了以前的做法，代表着社会人权构成的重要发展，是对社会人权发展的重要贡献。我们要从残疾人参与体育活动是残疾人生活的一部分的高度来认识和对待残疾人体育工作，以基于人权的方法来为残疾人提供体育服务。

（二）实现体育权利必须走残疾人群众体育包容性和专项计划相结合的发展之路

包容是《公约》的主要理念之一。《公约》要求各个签约国家采取措施，既要鼓励和促进残疾人尽可能充分地参加各级主流体育活动，又要确保残疾人有机会组织、发展和参加残疾人专项体育、娱乐活动；确保残疾人既有机会参与，也有机会组织；既有参加活动的机会，也能获得相关信息、场所、设施、指导等服务。联合国教科文组织《国际体育教育、体育活动和体育运动宪章》（UNESCO，2015 修订）也强调，“开展体育教育、体育活动和体育运动是每个人的一项基本权利”“必须为所有人提供包容、适宜和安全的机会来参与体育教育、体育活动和体育运动，特别是学龄前儿童、妇女和女童、老年人、残疾人和土著人口”。世界上许多国家实行的都是残疾人体育和普通人体育一体化管理的体制和机制，自然有利于实施残疾人体育以包容性计划为主、专项计划为辅的发展路径。在我国，体育部门是政府负责管理体育的职能部门，残疾人联合会是在体育部门的指导下负责残疾人体育具体管理和实施的组织机构。《公约》履行要求和国情实际决定了具有中国特色的残疾人群众体育发展之路必然是：各级体育部门承担管理残疾人体育的主体责任，负责制定相关法规、政策、战略措施、发展计划和实施方案，包括组织教育部门、残疾人联合会等共同制订残疾人群众体育包容性发展计划和实施方案，为残疾人充分参加各级主流体育活动提供切实机会和有力保障。各级残疾人联合会一方面积极配合相关体育部门落实好残疾人群众体育发展计划（包容性部分）和实施方案；另一方面，做好残疾人群众体育专项发展计划的实施工作，为确保残疾人有机会组织、发展和参加残疾人专项体育、娱乐活动提供保障。

（三）特别重视青少年残疾人体育

青少年是国家的未来和希望，重视青少年体育是世界各国体育战略的重点。《公约》第三十条也对各个签约国家重视发展青少年残疾人体育提出了明确要求。《“健康中国 2030”规划纲要》《健康中国行动（2019—2030 年）》《体育强国建设纲要》等战略文件都将青少年、残疾人列为群众体育发展重点人群，要求各级政府“制订实施青少年、妇女、老年人、职业群体及残疾人等特殊群体的体质健康干预计划。实施青少年体育活动促进计划，培育青少年体育爱好，基本实现青少年熟练掌握1项以上体育运动技能，确保学生校内每天体育活动时间不少于1小时”“推动残疾人康复体育和健身体育广泛开展”。

三、我国法律对残疾人体育权利的规定

《中华人民共和国体育法》第二章第十六条规定：“全社会应当关心、支持老年人、残疾人参加体育活动。各级人民政府应当采取措施，为老年人、残疾人参加体育活动提供方便。”

《中华人民共和国残疾人保障法》第五章第四十一条和第四十二条对残疾人参加体育活动做出了明确规定：

> 第四十一条　国家保障残疾人享有平等参与文化生活的权利。
>
> 各级人民政府和有关部门鼓励、帮助残疾人参加各种文化、体育、娱乐活动，积极创造条件，丰富残疾人精神文化生活。
>
> 第四十二条　残疾人文化、体育、娱乐活动应当面向基层，融于社会公共文化生活，适应各类残疾人的不同特点和需要，使残疾人广泛参与。

第五章第四十三条第四、五款对政府和社会采取措施，开展残疾人体育活动进行了具体规定：

> （四）组织和扶持残疾人开展群众性文化、体育、娱乐活动，举办特殊艺术演出和残疾人体育运动会，参加国际性比赛和交流；
>
> （五）文化、体育、娱乐和其他公共活动场所，为残疾人提供方便和照顾。有计划地兴办残疾人活动场所。

第二章　残疾人体育的价值和意义

第一节　基本术语和基本概念

一、基本术语

残疾人体育是体育的有机组成部分。在阐述残疾人体育的价值和意义之前，我们先了解以下体育基本术语。

（一）身体活动

身体活动是骨骼肌收缩所产生的任何身体运动，它将能量消耗增加到基础水平以上。身体活动包括所有类型、强度和领域。在讨论各种强度时，使用“身体活动”一词。在讨论特定强度范围时，使用更具体的描述词，如久坐行为、小强度、中等强度、大强度（高强度）或中等到大强度。

（二）身体活动强度

身体活动强度是指单位时间内身体活动的能耗水平或对人体生理刺激的程度。身体活动强度可分为绝对强度和相对强度。绝对强度又称物理强度，指身体活动不考虑个体生理机能差异情况下的绝对物理负荷量。它可以用代谢当量（MET）、千卡、焦耳或耗氧量来衡量。最常提到的单位是代谢当量。代谢当量被用于表示各种活动的能量代谢水平，也是除了心率和自觉运动强度以外的另一种表示运动强度的方法。一个代谢当量是静坐休息时的能量消耗率，对大多数人来说，每千克体重每分钟的耗氧量大约是 3.5 毫升。其他活动的能量消耗以代谢当量的倍数表示。例如，对于一般成年人来说，坐着阅读大约需要 1.3 代谢当量；散步或慢走大约需要 2.0 代谢当量；以每小时 5 千米的速度行走大约需要 3.4 代谢当量，以每小时 8 千米的速度跑步大约需要 8.3 代谢当量。绝对能耗比率通常分为以下 4 类。

（1）"大强度活动"需要代谢当量＞6.0（METs）。例如，急速快走（7 ~ 8 千米 / 小时）、跑步、搬运重物或其他东西上楼、用手铲雪、用手推割草机割草，或参加健美操课程。成年人在大强度运动中的清醒时间一般不到 1%。

（2）"中等强度活动"需要 3.0 ≤代谢当量≤ 6.0（METs）。例如，轻快地或有目的地行走（4.8 ~ 6.4 千米 / 时）、烹饪活动、用拖把擦地板、用吸尘器吸尘，或用耙子耙院子。

（3）"小强度活动"需要 1.6 ≤代谢当量＜ 3.0（METs）。例如，慢速或悠闲地行走（3.2 千米 / 时或更低）或作为收银员站着扫描食品杂货。

（4）"久坐活动"是需要 1.0 ~ 1.5 代谢当量的身体活动，几乎所有这些身体活动都包括在"久坐活动"范围内。久坐活动早先的定义是，在坐、卧或躺的时候，以能量消耗 1.5 或低于 1.5 代谢当量为特征的任何清醒行为。不包括在久坐活动中的一种能量消耗为 1.5 代谢当量的普通活动是安静地站立。

相对强度是个体生理条件下对某种身体活动的反应和耐受能力，如达到个体有氧能力或储备摄氧量的百分值，或个体测量或估计最大心率（储备心率）的百分值。

计算各种身体活动的强度是一件烦琐的事情，体育专业人员已经计算出了绝大部分日常身体活动的强度，我们只需要记忆或查阅列表即可。表 2–1 是英国人使用的普通类型身体活动强度和能量消耗列表；表 2–2 和表 2–3 是我国《全民健身指南解读》中给出的两张体育活动类型、方式和对应的活动强度列表。

表 2–1　普通类型身体活动强度和能量消耗

活动	强度	强度（METs）	能量消耗（千卡当量，体重 60 千克的人活动 30 分钟）
熨衣服	小强度	2.3	69
清洁、除尘	小强度	2.5	75
散步、闲逛（2 英里 / 小时）	小强度	2.5	75
涂油漆、搞装饰	中等强度	3.0	90
走步（3 英里 / 小时）	中等强度	3.3	99
用吸尘器打扫	中等强度	3.5	105

续表

活动	强度	强度（METs）	能量消耗（千卡当量，体重 60 千克的人活动 30 分钟）
打高尔夫球（走路，拉杆）	中等强度	4.3	129
打羽毛球（社会体育）	中等强度	4.5	135
打网球（双打）	中等强度	5.0	150
走步（快走，4 英里 / 小时）	中等强度	5.0	150
修剪草坪（边走边使用动力割草机）	中等强度	5.5	165
骑自行车（10 ~ 12 英里 / 小时）	中等强度	6.0	180
有氧健身舞蹈	大强度	6.5	195
骑自行车（12 ~ 14 英里 / 小时）	大强度	8.0	240
游泳（缓慢游泳，50 码 / 分钟）	大强度	8.0	240
打网球—单打	大强度	8.0	240
跑步（6 英里 / 小时）（10 分钟 / 英里）	大强度	10.0	300
跑步（7 英里 / 小时）（8.5 分钟 / 英里）	大强度	11.5	345
跑步（8 英里 / 小时）（7.5 分钟 / 英里）	大强度	13.5	405

注：MET：代谢当量。

1 MET 等于一个人在休息（安静）状态下代谢率（能量消耗率）。

2 METs 等于休息（安静）状态代谢率的两倍。

1 英里＝ 1.609 千米；1 码＝ 0.9142 米。

表 2–2 体育活动类型、方式与健身效果

体育活动类型	体育活动方式	体育活动健身效果
有氧运动（中等强度）	健身走、慢跑（6 ~ 8 千米 / 小时）、骑自行车（12 ~ 16 千米 / 小时）、登山、爬楼梯、游泳等	改善心血管功能、提高呼吸功能、控制与降低体重、增强抗疾病能力、改善血脂、调节血压、改善糖代谢
有氧运动（大强度）	快跑（8 千米 / 小时以上）、骑自行车（16 千米 / 小时以上）	提高心肌收缩力量和心脏功能，进一步改善免疫功能
球类运动	篮球、足球、橄榄球、曲棍球、冰球等，排球、乒乓球、羽毛球、网球、门球、柔力球等	提高心肺功能、提高肌肉力量、提高反应能力、调节心理状态
中国传统运动	太极拳（剑）、木兰拳（剑）、武术套路、五禽戏、八段锦、易筋经、六字诀等	提高心肺功能、增强免疫机能、提高呼吸功能、提高平衡能力、提高柔韧性、调节心理状态
力量练习	非器械练习：俯卧撑、原地纵跳、仰卧起坐 器械练习：使用各类综合力量练习器械、杠铃、哑铃等的练习	增加肌肉体积、提高肌肉力量、提高平衡能力、保持骨健康、预防骨质疏松
牵拉练习	动力性牵拉：正踢腿、甩腰等 静力性牵拉：正压腿、压肩等	提高关节活动幅度和平衡能力，预防运动损伤

表 2-3 不同体育健身活动方式的运动强度、持续时间和运动频率

运动项目	运动强度	运动时间（分钟）	运动频率（天/周）
快走、慢跑、游泳、自行车、扭秧歌	中	≥ 30	5 ~ 7
跑步、快节奏健美操	大	≥ 20	2 ~ 3
太极拳、气功	中	≥ 30	3 ~ 7
篮球、足球、网球、羽毛球、乒乓球	中、大	≥ 30	3
力量练习	中	≥ 20	2 ~ 3
牵拉练习	—	5 ~ 10	5 ~ 7

实践中，除了使用代谢当量来衡量身体活动强度，还经常使用心率（次/分）和自觉运动强度（呼吸和主观体力感觉）等方法（表 2-4）。不同类型身体活动的强度因人而异。身体活动取决于个人以往的锻炼情况及相对健康程度。例如，有些运动对于中、青年人来说是小强度活动，但对于老年人来说就达到了中等强度活动。活动强度与年龄的关联度参见表 2-5。

表 2-4 几种衡量身体活动强度的实用方法

活动强度	MET 值	心率（次/分）	呼吸	主观体力感觉（级）
低强度	< 3METs	< 100	平稳	轻松
中等强度	3 ~ 6METs	100 ~ 140	比较急促	稍累
大强度	> 6METs	> 140	急促	累

表 2-5 活动强度与年龄的关联度

年龄阶段	小强度（步数/30 分）	中等强度（步数/30 分）	大强度（步数/30 分）
中、青年人	3500	4000	4500
老年人	2500	3500	4000

（三）身体活动水平

身体活动水平衡量一个人单位时间内身体活动消耗多少能量，取决于单位时间内身体活动的总量与能耗，与身体活动的强度、持续时间、活动频度等要素密切相关。因此，有多种方法进行身体活动水平等级划分。按照身体活动强度对身体活动水平的等级划分见表 2-6。

按照身体总能量消耗与基础代谢率的比值 [身体活动水平（PAL 值）= 人体 24 小时总能量消耗（total energy expenditure，TEE）/ 人体 24 小时基础能量消耗（basal energy expenditure，BEE）]，对身体活动水平的分级见表 2-7。

表 2-6　身体活动水平的等级划分（按 MET 值）

身体活动水平	METs	相当于		身体活动形式举例
		热量消耗（千卡 / 分钟）	最大摄氧量［毫升 /（千克·分钟）］	
低	＜ 3.0	＜ 3.5	＜ 50%	一般日常生活活动，如购物、做饭、洗衣等
中	3.0 ～ 6.0	3.5 ～ 7.0	50% ～ 60%	如跳舞、骑马、割草、瑜伽、高尔夫、走路、太极拳、乒乓球、网球双打、骑自行车（＜ 10 英里 / 小时）、搬运重物（＜ 20 千克）等
高	＞ 6.0	＞ 7.0	＞ 60%	如竞走、跳绳、跑步、快骑自行车、足球、重体力劳动（如伐木、建筑）、打篮球、网球、游泳、背包旅行、搬运重物（＞ 20 千克）等

表 2-7　身体活动水平的等级划分（按 PAL 值）

身体活动水平	职业工作时间分配	工作内容举例	PAL 值 *		PAL 值 **
			男	女	
低	75% 的时间坐或站立，25% 的时间站着活动	办公室工作、修理电器钟表、售货、酒店服务、化学实验操作、讲课等	1.55	1.56	1.40 ～ 1.69
中	40% 的时间坐或站立，60% 的时间特殊职业活动	学生日常活动、机动车驾驶、电工安装、车床操作、金属切削等	1.78	1.64	1.70 ～ 1.99
高	25% 的时间站着活动，75% 的时间特殊职业活动	非机械化农业劳动、炼钢、舞蹈、体育运动、装卸、采矿等	2.10	1.82	2.00 ～ 2.40

注：* 参考《中国居民膳食营养素参考摄入量》，2000；** 参考 Human Energy Requirements，2001。

英国、美国关于身体活动水平的等级划分见表 2-8。另外，还可以按照身体活动时的自我感觉划分，如分为低水平（感觉毫不费力—轻松）、中等水平（轻松—吃力）、高水平（吃力—非常吃力）。

二、基本概念

（一）什么是残疾人体育

中国古代记载的残疾人体育活动及其治疗作用，最早可追溯到《黄帝内经》。中国古代名医运用吐纳、五禽戏、八段锦等各种体育活动治疗瘫痪、肢体残疾带来的肌肉萎缩等疾病，有很多恢复患者身心功能的事例。19 世纪末，瑞典人将体操运动作为残疾人的治疗手段。近代有组织的残疾人体育运动可以追溯到 1911 年在美国举行的“残疾人奥林匹克运动会”（Cripples Olympiad）。1924 年，在法国巴黎举办了第 1 届世界听障人士运动会。20 世纪 40 年代末，英国著名的治疗脊髓损伤专家、神经外科医生路德维希·古特曼（Ludwig Guttmann）爵士将运动康复手段引入第二次世界大战伤残军人的治疗和康复过程，并特别选择在伦敦承办的第 14 届奥运会的开幕日（1948 年 7 月 29 日）举行了第 1 届斯托克·曼德维尔运动会，开启了残疾人奥林匹克运动发展的历史，路德维希·古特曼爵士因此被称为“残奥会之父”。斯托克·曼德维尔运动会后来演变成 1960 年在意大利罗马举行的第 1 届残疾人奥林匹克运动会（简称残奥会）。如今，残奥会已经成为世界瞩目的体育盛会。20 世纪 60 年代，美国前总统肯尼迪的妹妹尤尼斯·肯尼迪·施莱佛（Eunice Kennedy Shriver）创立国际特殊奥林匹克运动，并在全世界推广开展智残人体育活动。目前，开展特殊奥林匹克运动的国家和地区超过 180 个。

表 2-8　英国、美国关于身体活动水平的等级划分

<table>
<tr><th>英国</th><th>美国</th></tr>
<tr><td>不活跃（inactive，缺乏活动）：从事中等及以上强度体育活动，每次持续不低于 10 分钟、每周累计≤ 30 分钟</td><td>不活跃（inactive，缺乏活动）：除了日常生活活动之外，没有做任何超出基本运动的中等强度或大强度的身体活动。取消成年人每次身体活动至少持续 10 分钟的要求</td></tr>
<tr><td>相当活跃（fairly active）：从事中等及以上强度体育活动，每次持续不低于 10 分钟、30 分钟，每周累计≤ 149 分钟</td><td>不够活跃（insufficiently active，活动不足）：每周从事不足 150 分钟的中等强度身体活动，或不足 75 分钟的大强度身体活动或与此相当的两种强度运动的组合。这一水平低于成年人应达到的健身指南要点目标范围</td></tr>
<tr><td rowspan="2">活跃（active）：从事中等及以上强度体育活动，每次持续不低于 10 分钟、每周累计≥ 150 分钟</td><td>活跃（active）：每周进行 150 分钟至 300 分钟中等强度的身体活动。这一水平符合成年人应达到的健身指南要点目标范围</td></tr>
<tr><td>非常活跃（highly active）：每周进行 300 分钟以上中等强度的身体活动。这一水平超过了成年人应达到的健身指南要点目标范围</td></tr>
</table>

尽管适用于不同残疾类型的残疾人体育起步的时间不同，发展程度不同，但其共同点都是源于身体康复、参与社会，并逐步发展为具有康复、健身、

娱乐、参与社会、实现梦想等多项功能的体育运动。残疾人体育是指由在听力、视力、语言、智力、肢体等方面有功能障碍的人士参与的，以强身健体、身体康复、恢复机能、培养意志品质、提高生活自理能力、融入社会、实现自我发展等为目的的活动。

资料框

关于“Paralympic”的释义

根据国际残疾人奥林匹克委员会官方释义，“Paralympic”一词由希腊语前缀词“para”和英文词“Olympic”构成，其意思是“Paralympic movement”与奥林匹克运动相互支持、并肩前行，倡导两项运动包容、融合发展的思想文化理念。“Paralympic”一词与“残”字没有任何关系，“Paralympic Games”的准确翻译应当是“并肩奥林匹克运动会”，可简称为“并肩奥运会”（或“并肩运动会”“同行运动会”）。我国现用名称“残奥会”，是基于“该运动会是由残疾人参加的奥林匹克式的运动会”的直白表达。按照国际残疾人奥林匹克委员会成立的初衷，听力残疾人体育也要并入其中，真正实现残疾人世界运动会（同行奥运会）和普通人世界运动会（奥运会）并行发展、并肩前行。但由于国际听力残疾人体育组织的一再拒绝，听力残疾人继续单独举办自己的世界运动会——原名“世界聋人运动会”，现为“听障人士奥运会”（Deaflympic Games）。

（二）残疾人体育分类

体育认知的多维性决定了体育有多种分类标准和方法。其中，几种常见的体育分类标准和方法见表 2–9。

表 2–9　几种常见的体育分类标准和方法

<table>
<tr><th>分类标准</th><th colspan="3">体育分类</th></tr>
<tr><td rowspan="2">活动性质</td><td colspan="2">群众体育、大众体育或社会体育</td><td>精英体育</td></tr>
<tr><td colspan="2">健身体育或参与体育</td><td>竞技体育</td></tr>
<tr><td>活动运行的单元区域</td><td>学校体育</td><td>职团体育</td><td>社区体育</td></tr>
<tr><td>参与人群</td><td colspan="2">健全人（普通人）体育</td><td>残疾人体育</td></tr>
</table>

《中华人民共和国体育法》将体育划分为社会体育、学校体育和竞技体育三大类别。从《中华人民共和国体育法》第二章第十六条、第三章第

十八条、第四章所有条款内容，以及我国将残疾人体育归口国家体育总局群众体育司管辖来看，在我国，残疾人体育是作为体育的组成部分、按照群众体育的分类进行管理的。

实践证明，残疾人体育经过近百年发展，其运动竞赛规则日臻完善、竞技水平有了很大提高，残疾人运动员所展现出的体育竞技水平，以及为了战胜对手、取得优异运动成绩，最大限度地发挥和提高个人、集体在体格、体能、心理及运动能力等方面的潜力所进行的科学的、系统的训练和竞赛活动，已经具备了竞技体育的各种特征，如竞争性、规范性、公平性、公开性、不确定性和娱乐性等。因此，许多国家将已经具备竞技体育特征的残疾人体育按照竞技体育（精英体育）对待，如听障人士奥运会、残奥会等；而将竞技水平相对较低的、重在参与的残疾人体育划归大众体育范畴。借鉴国际经验和做法，结合我国残疾人体育发展实际和业界多年来达成的共识，本书将残疾人体育分为残疾人群众体育和残疾人竞技体育。

残疾人群众体育包括残疾人健身体育和残疾人康复体育。残疾人健身体育是指以促进技能改善、增强身体素质、提高生活质量、融入社会交往为目的的体育活动。残疾人康复体育是指在康复治疗过程中，为帮助残疾人恢复或保持一定的器官功能，最大限度地减少由于身体损伤带来的功能障碍而采取的体育锻炼手段，包括医疗体操、矫正体育等。康复体育在残疾人康复服务中占据重要的位置，特别是针对重度残疾人，多种体育锻炼的形式已经成为重要的康复训练手段。

（三）残疾人体育的几个重要特征

1. 医学和功能分级

对运动员进行分级是竞技体育的普遍现象，分级的目的是保障比赛的公平、公正。残疾人竞技体育运动员分级的一个重要特征是，除了按年龄、性别、体重分级外，还要对参赛运动员进行医学和运动能力分级，力争使身体损伤程度和运动能力相近的运动员在一个相对平等的起点上展开比赛，确保最好的运动员（最有技能、最健壮、最有谋略的运动员）获得胜利而不是最轻损伤程度、最低运动障碍程度的运动员获胜。残奥运动员分级包括损伤医学分级、运动功能分级两部分，具体分级方法如下。

（1）是否具有合格损伤类型（表 2-10）。合格损伤类型基于《国际功能、残疾和健康分类》（ICF，2001）划分。拥有符合某一运动要求的永久性损伤类型是参与该项运动竞赛的前提条件，但不是唯一条件。

表 2–10 国际残疾人奥林匹克委员会（IPC）运动员合格损伤类型

损伤类型	功能描述
肌力受损	由肌肉或肌肉群产生的力量减少，如单肢或下半身的肌肉；由脊髓损伤、脊柱裂或脊髓灰质炎引起的肌力减少
被动运动范围受损	一个或多个关节的运动范围永久性缩小
肢体缺失	创伤（如车祸）、疾病（如骨癌）或先天性肢体缺陷（如肢体畸形）导致的骨或关节完全或部分缺失
腿长不等	先天性缺乏症或外伤致单腿骨短缩
身材矮小症	上、下肢或躯干骨骼尺寸不正常导致站立高度降低，如软骨发育不全或生长激素导致的功能障碍
肌张力过高	由于神经疾病，如脑瘫、脑损伤或多发性硬化症，肌肉紧张异常增加，肌肉拉伸能力下降
共济失调	由于神经疾病，如脑瘫、脑损伤或多发性硬化症，肌肉运动缺乏协调
手足徐动症	一般表现为不平衡、不自觉的运动，由于神经疾病，如脑瘫、脑损伤或多发性硬化症，很难保持对称的姿势
视力损伤	视觉受到眼睛结构、视神经、光学通路或视皮层损伤的影响
智力损伤	18 岁之前就发生的智力功能和适应性行为受限，通常在概念、社会和实际适应技能方面表现出来

（2）在具有合格损伤类型的前提下，看其是否满足最低损伤标准（残疾标准）。每项运动的分级规则都会给出合格损伤必须达到的严重程度，即最低残疾标准。

（3）合适的运动级别（sport class）和级别状态（N——新分级别，R——待审查、观察，C——确认）。分级结果是每个运动员获得一个运动级别，如 TT10（R）是乒乓球 10 级，C2（N）是自行车 2 级，B1（C）是视力残疾 1 级。运动级别决定运动员能参加什么类别、什么组别的比赛。

听力残疾人体育和智力残疾人体育分级是指分别对运动员听力功能障碍程度、智力功能障碍程度是否符合参赛资格进行确认。残疾人群众体育，无论什么残疾类别，一般都不建议对参与人员进行分级，但如果举行比赛，则应按照赛事组织方要求办理。

2. 使用辅助器具

许多运动都需要使用体育器材，而残疾人体育运动所使用的体育器材更多，也更为复杂，包括假肢、矫形器、轮椅等辅助器具（又称辅助产品、辅助技术等）。为建立一个公平和明确的规则，用来指导每项运动使用体育器材的体育环境，国际残疾人奥林匹克委员会颁布了体育器材的相关政策。该政策中的体育器材是指所有为满足残奥会运动员特殊需要而进行适应性调整和改造的工具和器械（如轮椅、坐凳、手摇自行车，冬季运动中的适应性装备和器具，如滑雪座架、舷外支架、假肢和矫形器等），这些工具和器械供运动员在比赛中使用以利于他们参赛。关于这些工具和器械的详细规定，参见各运动协会的竞赛规则。在国际残疾人奥林匹克委员会批准的赛事及残奥会竞赛中使用的体育器材（包括专用器材 / 辅助器具）必须满足以下四项基本原则。

（1）安全性。使用的所有装备必须保护使用者、其他竞赛人员、官员和观众的健康和安全，不会对环境（如比赛场地）造成损坏。

（2）公正性。对装备的使用应在运动规则中做出充分、详细的规定。

（3）普遍性。装备（主要部件）的成本费用和提供规模应确保该项运动足够数量的运动员能够获得（如高山滑雪装备必须是绝大多数运动员能从市场上买得到、买得起的）。

（4）身体能力。人类自身的表现始终是运动成绩的关键，而不应受科技和装备的影响（如高山滑雪装备中无发动机、无计算机、无机器人似的部件）。

3. 使用辅助人员

为了让更多残疾人，特别是损伤严重、功能障碍程度重的残疾人能参与体育活动，允许一些残疾类别、残疾程度的残疾人运动员使用辅助人员来帮助其一起完成运动比赛。例如，双人自行车领骑员、田径领跑员、越野滑雪领滑员、射击运动员助手等。

第二节　残疾人体育的功能和价值

残疾人是包括 7 种损伤（障碍）类型在内的残疾人群的统称。无论是儿童和青少年、中年人和老年人、男人和女人，还是不同种族和族裔的人以及患有慢性疾病或有残疾的人，都可以从参加体育活动中获得益处，体现社会功能和经济价值。残疾人体育是体育不可分割的组成部分，它既有与健全人体育共同的功能和价值，也有其独特的功能和价值。

体育的功能和价值有多种分类方法，现介绍其中两种：一种是按照体育作用的对象，从体育本身的属性和体育满足个体或者社会需要的视角出发，将体育的功能和价值分为个体和社会两大类；另一种则是按照体育作用的范围，分为生理、心理和社会三大类（表 2–11）。

表 2–11　体育的功能和价值的分类方法

作用对象		作用范围		
个体	社会	生理	心理	社会
强身健体 健康心理 人际交往 休闲娱乐 生命美学	教育 政治 经济 文化	健身 娱乐 医疗	教育 艺术 审美 道德	经济 政治 科学 社交（含外交）

世界各国对体育的功能和价值有许多研究和论述，且在实践中通常将体育作用的对象、范围统筹考虑。本书重点从健身益处、社会功能和经济价值三个方面来阐述残疾人体育的功能和价值。

一、健身益处

（一）强身健体，提高健康水平

1. 提高心肺功能

心肺功能是影响身体健康的核心要素之一。有规律的体育活动可以提高心脏收缩力量和肺活量，调节血压，改善血脂，明显提高心肺功能和健康水平。

2. 改善身体成分

身体成分是指构成身体的各种物质及其比例，一般常用身体脂肪含量和肌肉重量及其比值表示。研究证实，过多的身体脂肪，尤其是腹部脂肪可诱发心血管疾病、代谢性疾病等。以有氧运动为主的体育活动可增加脂肪消耗，降低身体脂肪含量，增加肌肉重量，改善身体成分。

3. 增加肌肉力量

力量练习可以提高肌肉力量和肌肉抗疲劳能力，促进青少年生长发育，使其体格更加强壮，预防因肌肉力量衰减出现的腰痛、肩颈痛等症状，提高身体平衡能力，防止老年人跌倒，维持骨骼健康，预防和延缓骨质疏松。

4. 提高柔韧性

柔韧性既是一种重要的运动技能，也是日常生活中重要的活动能力。有规律的牵拉练习可提高肌肉、韧带弹性，增加青少年身体活动范围，使其身体姿势优美，减少肌肉拉伤；预防和缓解中老年人关节性疾病。

（二）预防疾病，减少过早死亡人数

1. 预防心血管病

心血管病是包括冠心病和中风在内的心脏和血液循环疾病。有规律的体育活动可以通过提高心脏功能和血管弹性、降低血压、减少炎症因子、调节血脂等途径，降低心血管病危险因素，有效预防心血管病发生，促进心血管病患者康复。体育锻炼可使患心血管病的风险降低 33%。

2. 预防高血压

身体活动不足的成年人患高血压的风险要比坚持身体活动的成年人高 30%。世界卫生组织指出，通过生活方式的调整可降低 55% 的高血压患病率。

3. 预防 2 型糖尿病

有规律的体育活动可以调节糖代谢，降低血糖，提高靶细胞对胰岛素的敏感性，有效预防与治疗 2 型糖尿病，延缓并发症的发生、发展。体育活动可以促进糖尿病患者身体健康，提高糖尿病患者生活质量。据估计，在全世界有记录的 2 型糖尿病病例中，27% 的病例主要是由身体活动不足引起的。如果全世界所有身体活动不足的人都活动起来，就可以消除 7% 的 2 型糖尿病负担。2016 年，世界卫生组织公布全球糖尿病患者总人数为 4.22 亿，占世界人口的 8.5%；我国糖尿病患者为 1.13 亿，占总人口接近 10%，预计到 2040 年，我国糖尿病患者将达到 1.5 亿。

4. 预防、改善超重和肥胖

超重和肥胖与多种慢性疾病有关，包括高血压、冠心病、糖尿病、某些癌症和多种骨骼肌肉疾病。从幼年开始，身体活动就是能量平衡和体重控制的重要组成部分（表 2–12）。对于 0 ～ 5 岁儿童，较低水平的身体活动与肥胖增加有关。体育活动是防控肥胖最积极的方法，也可以帮助肥胖者控制体重、改善生理功能，防止减重后体重反弹，减少与肥胖相关的慢性疾病的发生。经常性的身体活动可以改善 3 ~ 5 岁儿童的骨骼健康和体重状况。身体活动水平越高的女性，怀孕期间身体超重的可能性就越低，患妊娠期糖尿病或产后抑郁症的可能性较不太活跃的同龄人更低。这些结论表明，身体活动是维持健康的重要工具，对建立终身健康行为关键时期产生影响。

表 2–12　体重指数分类标准

BMI 分类	世界卫生组织标准（BMI 范围）	亚洲标准（BMI 范围）	我国参考标准（BMI 范围）	相关疾病发生风险
体重过低	< 18.5	< 18.5	< 18.5	低（但其他疾病风险性增加）
正常范围	18.5 ≤ BMI < 25	18.5 ≤ BMI < 23	18.5 ≤ BMI < 24	平均水平
超重	≥ 25	≥ 23	≥ 24	增加
肥胖前期	25 ≤ BMI < 30	23 ≤ BMI < 25	24 ≤ BMI < 28	增加
Ⅰ度肥胖	30 ≤ BMI < 35	25 ≤ BMI < 30	28 ≤ BMI < 30	中度增加
Ⅱ度肥胖	35 ≤ BMI < 40	30 ≤ BMI < 40	30 ≤ BMI < 40	严重增加
Ⅲ度肥胖	≥ 40	≥ 40	≥ 40	非常严重增加

注：BMI 指身体质量指数。

5. 癌症预防和管理

体育活动可以降低乳腺癌、结肠癌、肺癌、前列腺癌、膀胱癌、子宫内膜癌、食管癌、肾癌、肺癌和胃癌等多种癌症的发病风险，减缓癌症患者术后的治疗疼痛，提高癌症患者的生存率和生活质量。身体缺乏活动被认为是 21% ~ 25% 的乳腺癌和结肠癌的主要发病原因；如果所有身体活动不足的人群变成活动达标人群，就可以消除全世界乳腺癌和结肠癌负担的 10%。据世界卫生组织估计，有超过 30% 的癌症可以通过体育活动干预达到预防效果。

6. 预防肝病

身体活动和锻炼可以在降低肝脏脂肪含量方面发挥有价值的作用。脂肪肝与癌症是有关联的。脂肪肝如果不加干预，就容易导致脂肪肝炎的反复发作，进而有可能发展到肝硬化，甚至肝癌。

7. 预防骨质疏松

体育活动有助于增加骨量，改善骨骼结构，减缓由年龄增大引起的骨量丢失，通过增强肌肉力量和平衡能力，预防跌倒，减少骨质疏松性骨折的发生风险。不爱活动的人发生骨质疏松的风险是爱活动的人的 1.59 倍。青春期早期的负重活动能使骨骼矿物质密度积累达到峰值，这可能有助于防止晚年的骨折。女性在绝经前从事高强度运动（如跳跃）有可能使髋部骨折的风险降低 3.6% ~ 6.4%。有证据表明，爱活动的女性比不活动的女性在绝经后脊柱骨密度丢失要少 0.85% ~ 3.2%，髋部骨密度丢失要少 1.03%。

8. 降低全因死亡风险

世界卫生组织 2012 年的估计数据显示，全球有超过 23% 的成年人和 80% 的青少年没有足够的身体活动，如果进行更多的身体活动，每年全球可避免 500 多万人死亡。仅在英国，如果所有缺乏身体活动的人都变成活动达标的人，就可以避免 16.9% 的过早全因死亡。另据英国顶级医学期刊《柳叶刀》文章（2018 年），乒乓球等挥拍类体育运动能减低 47% 的全因死亡率（游泳为 28%、有氧运动为 27%），每次锻炼最佳时长范围为 45 ~ 60 分钟。图 2-1 概述了身体活动对健康的益处。

图 2-1 身体活动对健康的益处

图片来源：Public Health England。

（三）提高心理健康、生活质量和幸福感

体育健身活动是心理干预的有效手段。体育健身活动可增加人的愉悦

感，使人精神放松，缓解压力，形成良好的心理状态，获得生理和心理满足感，使青少年充满朝气，中老年人充满活力，残疾人提高幸福指数。

1. 儿童和少年

世界卫生组织指出，“幼儿增加身体活动，减少久坐时间，确保睡眠质量，将促进他们的身心健康和福祉，并有助于预防儿童肥胖症及此后一生的相关疾病”。5 岁以下儿童要想健康成长，必须减少坐下来看屏幕或被限制在婴儿车和座椅上的时间，他们应当获得更高质量的睡眠，并有更多的时间积极玩耍。经常性的身体活动可以改善 6 ~ 13 岁少年儿童的认知能力，可以有效减轻抑郁、焦虑、心理困扰、情绪障碍，可显著提高自尊和自我意识。

2. 成年人

体育健身活动可以改变成年人大脑的化学成分，引起良好的情绪和状态反应，有效预防抑郁症，并对轻度至中度抑郁症患者有积极的干预效果。经常进行身体活动的成年人患抑郁症、忧郁症和痴呆症的风险降低 20% ~ 30%。有证据表明，中等强度到大强度体育活动可以提高睡眠质量，包括缩短入睡所需的时间，增加深度睡眠的时间，减少白天的困倦。

3. 老年人

在晚年进行身体活动有助于从以下方面提高生活质量：精神健康、认知和情感功能、心理健康、生活满意度（减少孤独感）、情绪、身体功能。在健康的老年人和已经被诊断为抑郁症的老年人中，身体活动水平与抑郁水平成反比。身体健康的老年人有更好的认知功能。在无痴呆症的老年人中，运动能显著提高记忆力、注意力和信息处理速度。与久坐的老年人相比，体育活动参与程度高的老年人认知能力下降的风险降低了 38%，且低到中度参与程度的老年人认知能力下降的风险降低了 35%。

4. 特殊人群

在患有骨关节炎的人群中，身体活动可以显著改善疼痛、生理功能和心理健康。在癌症幸存者中，身体活动，特别是步行，对治疗期间和治疗后生活质量的改善有积极作用。此外，身体活动不仅可以减少心理疾病的发生或发展，而且可以减少其对生活质量、自尊、精力的负面影响。

体育活动的一些好处可以立即显现，如降低焦虑感、调节血压、改善睡眠、提高认知能力和改善胰岛素敏感性；其他好处，如增强心肺功能、增加肌肉力量、减少抑郁症状和持续调节血压，需要几个星期或几个月才能显现。体育活动对健康的益处一般与体重无关。各种身材和体形的成年人都可以通过经常性的体育活动来获得健康。体育活动的益处也大于其可能造成的损伤和心脏病发作的风险，而这两个风险又可能是妨碍人们参加体育活动的两个方面。

二、社会功能

如前所述，体育具有教育、政治、经济、文化等多项社会功能。这里列举健康益处及经济价值以外的其他社会功能。

（一）增强社会凝聚力，促进和谐社会建设

用体育来促进社会包容、社会凝聚力、社会融合和社会资本发展是各国政府的一项战略。体育与生俱来的人文精神，使之与社会建设的价值取向高度契合。体育多方面的社会功能，使之在扩大社会参与、促进社会融合、改善社会治理、传播社会价值等诸多领域具有促进社会建设，构建和谐社会的独特功能。体育可以在以下四个方面促进社会建设。

1.促进社会参与

社会参与是社会建设的前提条件。体育具有的包容性、平等性、社会化特征，以及独特的教育功能，使得体育参与具有扩大社会参与的广度和深度的功能。

2.促进社会融入

体育是社会包容度最大的社会文化活动，可以在外来人口和当地人口的社会互动中发挥积极作用，从而加速社会融合过程。体育具有促进社会融合和社会资本发展的益处。体育是一种“社会胶水”。体育的积极作用还包括缓解社会和族裔紧张关系，可通过体育，特别是志愿服务，采取更多的集体行动和社区参与。体育活动给社区带来了巨大的利益，因为涌现出成千上万的体育活动参与者、志愿者、教练、工作人员和观众，这本身就是其社会价值的生动体现。

3.促进社会治理

社会治理的核心措施之一是构建和完善社会组织。现代社会体育在各个国家都是社会组织最为发达的一个领域，体育组织具有的自我服务、自

我管理的自组织性，对于其他社会组织的建设和治理具有借鉴意义。体育参与能改善亲社会行为，减少犯罪和反社会行为。体育参与可降低某些危险行为出现的概率，如累犯、醉酒驾驶、使用非法药物、在学校的犯罪和停学、财产犯罪、商店盗窃和青少年犯罪等。

4. 弘扬社会价值和优秀文化

社会建设的根基在于有一个社会认同的价值体系。体育是积极健康的社会文化活动。以卓越、友谊、尊重为核心的奥林匹克主义三大价值观，具有鲜明的人文价值取向，不仅具有普适性，而且与我国社会主义核心价值体系的三个层面高度契合。体育在传递社会价值方面的特殊功能，在国际社会已经得到普遍认可和应用。

（二）强化国家品牌，提高国际声誉和影响力

体育是一种通用的语言，在塑造和展示一个国家的特性、价值观和文化方面发挥着独特的作用。体育的价值——竞争、团队合作和公平竞争有助于在各国之间建立信任，使人们团结在一起。1971 年 4 月，我国邀请美国乒乓球代表团访华，打开了隔绝 22 年之久的中美交往的大门。这就是具有历史意义的“小球转动大球”的“乒乓外交”，它不仅推动了中美两国关系正常化的进程，也加速了新中国走向世界的步伐，是体育强化国家品牌、提高国际声誉和影响力的典型实例。当然，在这一点上，人们会更多地想到在奥运会、残奥会等各类高水平国际体育赛事上升国旗、唱国歌的激动人心的场面。其实，参加现代体育赛事的，除了通常由运动员、教练员、工作人员组成的国家体育代表团，还有运动员亲友团、球迷粉丝团、新闻媒体团等，在参加体育赛事的整个过程中，所有这些团体的每个成员的表现都会对所代表国家的形象产生影响。一个国家在国际体育方面的卓越成就可以提高该国的国际声誉，促进社区参与，建立民族自豪感。

（三）提高学习和工作效率

体育对儿童的教育成果起着积极的作用。从事体育活动的儿童有更好的认知发展，在学校更专注，学业成绩更好。体育还教会儿童关键的生活技能，如团队合作、公平竞争和复原力，这些都是未来成功的重要驱动力。体育活动能促进执行功能的快速改善。执行功能包括大脑帮助组织日常活动和规划未来的过程。一个人的计划和组织能力、自我监控、抑制或促进行为、

启动任务和控制情绪等都是执行功能的一部分。体育活动能改善所有年龄段的人的身体机能，使他们能够精力充沛地进行日常生活，而不会过度疲劳。此外，体育活动有助于提高青少年的学习效率和学习成绩，延长成年人的有效工作时间，提高工作效率，因为运动增加了血液和氧气流向大脑的速度；运动所带来的满足感不仅会培养出更强壮、更健康的身体，还能培养出更平和、更满意、更自信的头脑。身体强壮了，自然就相信自己只要用心去做事就能做成，并且有能力以比身体不适时更积极的方式去实现其个人目标、事业目标和人际关系目标。

（四）延缓老年期护理需求

1. 跌倒

体育活动可以减少跌倒和与跌倒相关的损伤，预防或延缓与老龄化有关的慢性疾病的发生。通过定期身体运动，老年人患功能障碍的风险可降低 30% ~ 50%。

2. 支持独立生活

老年人功能状况下降的危险因素包括：抑郁、认知障碍、功能受限（如跌倒、四肢活动功能下降）、社交活动能力低。体育活动有助于延缓身体机能衰退，增强独立生活能力。

3. 阿尔茨海默病

体育活动有助于延缓老年人认知功能减退的发生，延缓阿尔茨海默病的发展。

三、经济价值

体育的经济功能是其社会功能的重要组成部分。传统观念认为，体育投入是消费，不属于投资，这种认识严重影响了政府和社会对体育的重视和投入。实践证明，体育不仅具有重要的社会效益，也有巨大的经济价值和财务效益，具体体现在以下几个方面：①节省医疗保健费用；②扩大就业；③促进消费；④提高生产率；⑤降低社会维稳和治理成本；⑥贡献国内生产总值（GDP）。

大量研究表明，从运动经济学的角度分析，运动和节约医疗费用的关系是1 ∶ 8 ~ 1 ∶ 10。也就是说，运动方面投入1元，会节约医疗支出8 ~ 10元。

据估算，体育产业对全球国内总产值的贡献率高达1%，刺激体育产业的发展将产生更多效益。例如，在欧盟，体育已成为重要的经济产业，在各国国民经济中所占份额可与农业、林业和渔业加在一起相媲美，而且有望继续增加。体育相关总增加值在欧盟经济总增加值中所占比重为1.76%。再如，体育每年为澳大利亚提供830亿澳元的综合经济、卫生和教育效益；在体育上每投资1澳元可获得至少7澳元的回报，对GDP的贡献率达到2% ~ 3%，与旅游业相当。

我国对体育经济价值的研究和分析工作越来越重视，且有了一些初步研究成果。我国医药卫生费用中，80%用于慢性病的防治，慢性病导致的死亡人数占我国总死亡人数的85%，导致的疾病负担占总疾病负担的70%，慢性病经济负担的增长速度远超过GDP的增长速度。有研究表明，从2010年起，30年内，如果每年能够使心血管病死亡率降低1%，其总体净经济效益就会相当于2010年中国实际GDP的68%，或10.7万亿美金。

四、体育是实现可持续发展目标的重要推动力

联合国在《改变我们的世界——2030年可持续发展议程》中宣布了17项可持续发展目标（SDGs）和169个具体目标，文件第37款中专门列出体育的作用，“体育也是可持续发展的一个重要推动力。我们确认，体育对实现发展与和平的贡献越来越大，因为体育促进容忍和尊重，增强妇女和青年、个人和社区的权能，有助于实现健康、教育和社会包容方面的目标”。这一文件延续了以往承认和倡导利用体育促进人类和社会发展的主要国际宣言。联合国确认，体育是可持续发展的重要推动力且为实现发展与和平做出了越来越多的贡献。2018年，世界卫生大会通过《2018—2030年促进身体活动全球行动计划：加强身体活动，造就健康世界》（2018年，瑞士日内瓦）。同年，联合国大会通过了一项题为“体育促进可持续发展”的决议，重申体育是可持续发展的重要推动力量；鼓励会员国有效利用体育及其价值观提供的契机，执行《2030年可持续发展议程》，落实可持续发展目标。

可持续发展目标是一项国际指令性任务，大力开展体育活动，提高健康水平，就是实现可持续发展目标的先决条件。我国高度重视《2030年可持续发展议程》，2016年全国人大会议审议通过了“十三五”规划纲要，

将可持续发展议程与国家中长期发展规划进行了有机结合，并在2016年9月公布《中国落实2030年可持续发展议程国别方案》。目前，可持续发展议程各项落实工作已经在我国全面展开。

五、特别关注残疾人体育独特的功能和价值

鉴于残疾特征，残疾人体育的功能和价值有着一些独特的方面。“残疾人体育是一种富有感染力的特殊的体育运动”（中国残联名誉主席邓朴方）。“残疾人运动是唤醒人们良知的运动”[国际奥委会第七任主席胡安·安东尼奥·萨马兰奇（Juan Antonio Samaranch，1920—2010，西班牙）]。残疾人体育在以下三个层面的益处尤为突出：个人健康、个人发展、社会环境。

（一）个人健康

各种研究表明，残疾人获得体育活动机会对他们的健康和福祉至关重要。与特定类型残疾有关的许多治疗方案已经包括体育活动，这些体育活动有助于减轻疼痛、压力或抑郁。体育和休闲活动对残疾人的好处不仅限于康复和治疗方案，还有助于减少残疾人罹患慢性病和二级疾病的风险。

研究证明，进行健身训练对中风患者具有重要意义；患有多发性硬化症的人，如果身体活动超过一定的阈值，他们的总体健康状况就会得到改善；患有脑瘫的儿童和青少年在参加力量训练后，在力量和行走、跑步或爬楼梯能力方面有所提高。此外，体育对改善精神和心理健康有好处。特别是有氧锻炼可以改善精神病人的一般情绪，并减少抑郁和焦虑。

（二）个人发展

体育运动可以促进残疾人的个人发展，因为它增强了残疾人的自信和自尊。参与体育运动有可能是一种增强残疾人权能的机制，通过促进积极的身份认同和群体认同，通过增强自尊，为目标导向的工作提供一个学习场所。从这个意义上讲，参加体育活动的残疾人有更强的自尊、更好的身体形象和更高的学业成功概率。

（三）社会环境

在残疾人参与的背景下，必须区分“体育运动”和“身体活动”，因为“体育运动”意味着一个社会层面的活动。与其他人一起参加体育运动的机会被认为不仅对增强残疾人的个人赋权有益，也对他们的社会包容有益。正

如联合国《关于体育和残疾问题》所指出的，“体育实施方案是社会动员和社会凝聚力的有效工具，是如同艾滋病毒 / 艾滋病教育和免疫运动一样支持健康的活动”。体育社会效益的学术研究和实证研究已经非常广泛。值得注意的是，在一项关于特殊奥林匹克的研究中，从特殊奥林匹克运动员的父母那里收集到的反馈意见显示，90% 的受访家庭成员和 95% 的受访教练认为，特殊奥林匹克运动员参加比赛活动后，社交技能和社会关系都有了改善。对轮椅足球运动员进行的研究强调，残疾人群体进行体育运动的主要好处与环境和个人特征有关；体育运动使残疾人拥有社会互动的机会，并对他们的自信产生积极影响。还有一些证据表明，竞争也可视为残疾人体育活动的一个有益特征。竞赛是体育实践的一个基本方面，因此是残疾人在达到成年年龄时进一步参与和融入体育活动的一个重要因素。

2008 年联合国大会上指出：鼓励各个国家重视和推进将体育作为促进发展和教育的工具，包括促进残疾人的包容和福祉。 联合国在论述残疾与体育时指出，体育能以两种方式改善残疾人的包容和福祉：①改变社区对残疾人的思维和感受。体育能够帮助减少与残疾相关的污名和歧视，因为它可以通过突出残疾人的技能，减少人们总是盯着残疾而不是残疾人本身的倾向来改变社区对残疾人的态度。通过体育运动，普通人可以在积极的情景下与残疾人展开互动，重塑关于残疾人能做什么和不能做什么的预设。②改变残疾人对自身的思维和感受。体育运动能够以赋予残疾人权能的方式改变残疾人，充分发挥其潜力，倡导社会变革。残疾人可以通过体育运动获得重要的社会技能，增强独立性，被赋予权能，成为变革的推动者。体育教会人们如何有效地沟通，让人们意识到团队合作和尊重他人的重要性，使残疾人的身体和心理更加强壮，从而减少依赖性，增强独立性。这些技能可以转移到其他新领域，如就业和生活等，进一步提升残疾人自力更生的能力。

我国关于残疾人体育价值和意义的认识主要有以下几点。

（1）残疾人体育是残疾人事业和全民体育的组成部分。参加体育活动是残疾人的重要权利，是残疾人康复健身、平等参与社会、实现自身价值的重要途径。

（2）发展残疾人体育有利于促进残疾人事业发展。残疾人体育对于展示残疾人体育才华，激励残疾人自尊、自信、自强、自立，倡导社会理解、尊重、关心、帮助残疾人具有重要作用。

（3）发展残疾人体育有利于弘扬爱国主义、集体主义和革命英雄主义精神，激励自强不息的民族精神。

（4）残疾人体育是我国向世界展示经济社会发展成就，彰显人权保障和社会文明进步成果的重要舞台。

第三节 国际残疾人群众体育发展新视点

世界卫生组织披露，随着各国经济发展水平的提高、交通模式的变化、信息技术的增强、城市化进程的加速，人们缺乏身体活动的程度逐渐加重，一些国家缺乏身体活动的人口高达 70%。加之受人口老龄化、无序的快速城市化和全球化三大趋势的影响，当代全球人口健康水平急剧下降。当前全球死亡率的主要风险是高血压（占全球死亡人数的 13%）、吸烟（占全球死亡人数的 9%）、高血糖（占全球死亡人数的 6%）、缺乏身体活动（也称“身体活动缺失症”，占全球死亡人数的 6%）、超重和肥胖（占全球死亡人数的 5%）。目前，从世界卫生组织到各国政府都在采取综合措施，调动广泛资源，发挥体育力量，积极应对“身体活动缺失症”这一全球卫生危机，群众体育发展呈现出一些新的特征。由于西方发达国家大都实行普通人体育和残疾人体育一体化管理体制，群众体育发展采取统一的政策和措施，发展特征具有同一性。了解、借鉴国外体育政策、战略的调整变化和发展残疾人群众体育的新思想、新实践，对更好地促进我国残疾人群众体育发展具有重要意义。

一、加强身体活动，造就健康世界——世界卫生组织应对全球公共卫生危机路线图

鉴于身体活动对于公众健康的重要性，以及其承担的在全球范围促进身体活动和预防慢性非传染性疾病的工作任务，世界卫生组织于 2010 年发布了《关于身体活动有益健康的全球建议》，分别对三个年龄组别（5 ~ 17 岁年龄组、18 ~ 64 岁年龄组和 65 岁及以上年龄组）人群阐明身体活动的

频度、时间、强度、形式和总量与预防慢性非传染性疾病之间的关联性；2018年发布了《2018—2030年全球体育活动行动计划》（WHO，2018），为所有国家提供了一张旨在增加身体活动和减少久坐行为的国家和地方行动得以实施的“基于系统的”路线图，形成了覆盖整个生命周期的身体活动指南，核心是在人群中通过促进身体活动，实现慢性非传染性疾病的一级预防，造就更加健康的人类世界。《2018—2030年全球体育活动行动计划》提出，到2025年实现减少缺乏身体活动人口10%，到2030年实现减少缺乏身体活动人口15%的总体目标。为此，世界卫生组织设定了4个具体目标。

（1）创建富有活力的社会（活跃社会）——社会规范和态度。根据能力和不同年龄段，通过增强对常规身体活动的多重益处的认识和理解，在整个社会中创造范式转变。

（2）创造利于活动的环境（活跃环境）——空间和场所。创建和维护能够确保所有年龄段的人在其所在城市和社区公平获得和使用安全场所和空间，依据其能力进行定期身体活动的环境。

（3）培养热爱活动的人群（活跃人群）———方案和机会。创建和促进能帮助所有年龄段、不同能力的人，无论是作为个人、家庭还是社区都能在各种地点环境下从事经常性身体活动的机会和实施方案。

（4）建立支持活动的系统（活跃系统）——治理和政策的促成要素（赋能器）。加强跨部门的领导、治理、多部门伙伴关系、从业人员能力、宣传和信息系统，在资源调动和协调一致的旨在增加身体活动和减少久坐行为的国际、国家和地方各级行动计划上取得卓越成绩。

值得关注的是，《2018—2030年全球体育活动行动计划》将行动目标瞄向“减少缺乏身体活动人口比例”，号召各国在培育活跃人群的方案和机会上“优先实施针对最不活跃人群的方案”。鉴于残疾人群体在全球范围内是缺乏身体活动人口比例较高的群体，各国在制订和实施行动计划上多把推动残疾人参加体育活动列为重点工作对象之一，这就为残疾人群众体育发展带来了新挑战和新机遇。

二、充分发挥体育力量，切实造福国家和人民——体育战略调整对英国残疾人群众体育发展带来重要影响

2015 年，英国颁布了 21 世纪第二个国家体育战略——《体育未来：积极国家新战略》（以下称《新体育战略》），提出了实施三大领域行动计划，实现三大产出目标（图 2–2）。该战略的最大创新之处有三个方面。

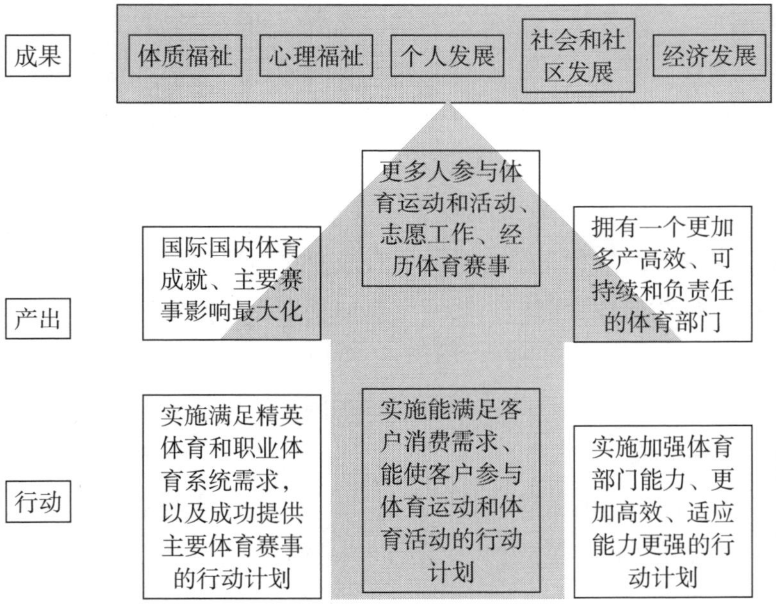

图 2–2 英国《新体育战略》架构

（1）提出了评判体育成功的新思想：体育成功就是要让每个人都从能参与体育运动和活动中受益，能充分利用体育的力量使人们的生活变得更好，社会更有凝聚力，国家的国际影响力更大。为此，对两个关键术语做出了新界定：①“体育参与”，将体育参与扩展为经常性地和有目的地参加体育运动或锻炼，做体育教练工作、体育相关志愿工作，现场体验、观看体育比赛等；②“精英体育”，将精英体育的范围从奥运会、残奥会项目扩展到所有代表英国、英伦四国参加的世界、欧洲和英联邦赛事的运动项目。

（2）提出了体育发展三大核心理念：①利用好体育的力量，给整个社会带来益处；②为所有体育人才发展提供投资；③建立起新的体育治理体系，支撑体育的公正和纯洁。

（3）创设了评价体育成就的 5 项成果说：①身体福祉，增加参与身体活动达标人口比例，减少缺乏身体活动人口比例；②心理福祉，改善客观福祉水平；③个人发展，提高预期自我效能水平；④社会和社区发展，增加生活幸福感，增强社区凝聚力，提高社会诚信水平；⑤经济发展，增加就业机会，驱动出口，提高体育对英国经济价值的贡献率。

以前，人们对体育影响的评价多集中于身体福祉和经济发展两项；现在心理福祉、个人发展以及社会和社区发展 3 项成果成为《新体育战略》体育影响测评的核心。为了做好 5 项成果的测评，《新体育战略》设计了一套包括 9 个领域、共计 23 项关键效能指标的体育产出测评体系。这 9 个领域是：①更多人参加体育运动和体育活动；②更多人从事体育志愿工作；③更多人亲历体育赛事；④国际体育表现最大化；⑤国内体育表现最大化；⑥主要赛事影响最大化；⑦一个更富有成效的体育部门；⑧一个在财务和管理上都可持续的体育部门；⑨一个更加负责任的体育部门。它要求政府投资决策以服务基层为原则，以产生积极成效为依据，重点是降低包括残疾人在内的重点人群缺乏身体活动人口比例，让那些最不活跃的人、活跃程度低的人动起来。

在英国，缺乏身体活动的残疾人人口比例（43%）是非残疾人人口比例（21%）的两倍以上（有 3 种以上损伤的残疾人缺乏身体活动人口比例达到 51%）。英国《新体育战略》提出的更加重视心理福祉、个人发展以及社会和社区发展的体育发展策略，更符合残疾人体育发展的特点；在体育投资政策上强调，确保妇女、老年人、残疾人和经济社会地位较低的人群从中受益，以有效减少这些重点人群缺乏身体活动的人口比例的体育投资原则，为残疾人群众体育发展带来更多的资金投入。例如，英格兰就将至少 25% 的投资（达到原先投资的 3 倍多）用于人们解决缺乏身体活动问题。

三、着力提升身体素养，全力促进终身运动——《体育 2030——国家体育计划》给澳大利亚残疾人群众体育发展带来新机遇

身体素养已成为一个统领当代体育改革与发展的理念。身体素养是指为了生活而重视并承担参与身体活动的责任所需要的动机、信心、身体能力

及知识与理解。换言之，身体素养是在运动和身体活动背景下获得和应用的、伴随一生的整体学问。拥有良好身体素养的人能够利用其综合的身体、心理、社会和认知能力来促进整个生命周期内的身体活动开展和健康水平的提升。2018 年，澳大利亚颁布了首个国家体育计划——《体育 2030——国家体育计划》，提出在 2030 年实现澳大利亚成为世界上最活跃、最健康的体育强国愿景。类似英国《新体育战略》，《体育 2030——国家体育计划》也提出了“五大目标成果”，即增进身体健康、增进心理健康、扩大个人发展、加强社区建设、促进经济发展。值得特别关注的是，《体育 2030——国家体育计划》把身体素养放在重要地位，强调身体素养是终身运动的基础，并将其作为“更聪明的体育运动提供方式和活动衡量方式”，以及展现和衡量体育运动与身体活动对澳大利亚人健康的积极影响的一个重要工具。为确保每个澳大利亚人都具备必要的身体素养，澳大利亚强调培养身体素养要从婴幼儿抓起，重点放在婴幼儿时期和学校阶段，并贯穿整个生命过程。为此，澳大利亚一是制定了《澳大利亚人身体素养框架》，用于规范身体素养发展工作；二是联邦政府与各州政府以及负责课程、评估和报告的国家机构合作，研究探讨支持澳大利亚课程中关于身体素养教学的机会。

依据《澳大利亚人身体素养框架》，身体素养由四个相互关联的领域组成（图 2–3），每个领域又由若干相互作用的要素组成（表 2–13）。

《体育 2030——国家体育计划》在促进全民终身参与体育活动方面，将重点放在减少重点人群缺乏身体活动人口比例上，阶段性目标是到 2030 年减少缺乏身体活动人口的 15%。重点人群包括老年人、残疾人、原居民、妇女以及女孩等。在努力提高国民身体素养、奠定终身运动基础的过程中，强调让残疾人拥有发展身体素养的机会，为残疾人提供学习基本体育运动技能和成为终身运动者的同等机会，并为此开发多种资源来支持教练、教育工作者、娱乐领导者、保健从业者和家长们，满足他们不断增长的对体

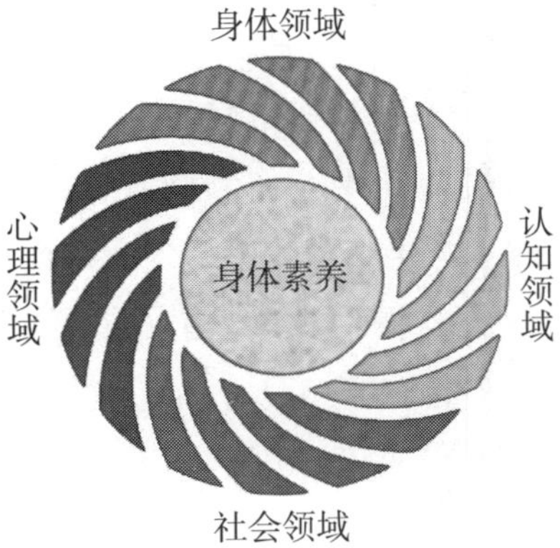

图 2–3　身体素养构成

育活动和积极体验的需求。

表 2–13 身体素养各领域构成要素

身体领域		心理领域	社会领域	认知领域
运动技能	敏捷性	参与和享受	相互关系	内容知识
使用设备运动	力量	自信心	合作、协作精神	安全和风险
物体操纵能力	肌肉耐力	动机	道德规范	规则
协调能力	心血管耐力	与场所的联系	社会和文化	目的与推理
稳定 / 平衡能力	反应时间	自我意识	—	策略和规划
柔韧性	速度	自我调节（情绪）	—	战术、策略
—	—	自我调节（身体）	—	知觉意识

身体素养的理念已为越来越多的国家所接受。我国《体育强国建设纲要》提出，“到 2050 年，全面建成社会主义现代化体育强国。人民身体素养和健康水平、体育综合实力和国际影响力居于世界前列，体育成为中华民族伟大复兴的标志性事业”，首次将身体素养作为核心理念写入国家文件，列为体育强国建设的战略目标。人人有权拥有发展身体素养的机会，采取措施提高残疾人的身体素养水平，是落实国家体育强国战略的基本要求。

四、以科学证据为基石，分 6 类群体做指导——美国新版《美国人身体活动指南》强调残疾人运动处方要与其身体能力相匹配

2018 年，美国发布了《美国人身体活动指南》（第二版，以下简称《指南》）。《指南》最突出的特点是依据 2008—2018 十多年的科学文献中关于身体活动有益健康的科学新证据，将建设国民身体更加活跃的美国的发展目标牢牢建立在最新的科学证据之上。《指南》具体创新点包括以下方面。

（一）从观念上确认了对健康的新认识

表 2–14 列出了新确认的健康益处。

（二）在身体活动方面提出一些新的观点

（1）提供了更多与大脑健康、癌症部位和跌倒损伤有关的健康益处证据。

（2）提供了人们在感觉、功能和睡眠方面直接和长期的健康益处证据。

（3）提供了对老年人和其他慢性疾病患者更多健康益处的证据。

（4）讨论并阐述了久坐行为的风险及其与身体活动的关系。

表 2-14　新确认的健康益处

短期益处	长期益处	疾病管理
√ 改善生活质量 √ 降低焦虑 √ 降低血压 √ 改善胰岛素敏感性 √ 改善睡眠情况	√ 年轻人：改善认知能力 √ 成年人：预防 8 种癌症——乳腺癌、结肠癌、膀胱癌、子宫内膜癌、食管癌、肾癌、肺癌和胃癌，第一版仅认可预防乳腺癌和结肠癌 2 种 √ 成年人：降低罹患阿尔茨海默病（包括痴呆症）的风险 √ 老年人：降低跌倒受伤的风险 √ 孕妇：降低产后抑郁的风险 √ 所有群体：减少体重过度增加的风险	√ 减轻骨关节炎疼痛 √ 防止高血压疾病进一步发展 √ 防止Ⅱ型糖尿病进一步发展 √ 减轻焦虑和抑郁症状 √ 改善痴呆症、多发性硬化症、多动症和帕金森病患者的认知能力

（5）增加学龄前儿童（3 ~ 5 岁）身体活动指南。

（6）取消成年人每次身体活动至少持续 10 分钟的要求。

（7）提供了一些经过验证能促进身体活动的策略。

适用于个人或小群体的策略：①寻求专业人员或同龄人的指导；②寻求其他人的支持；③借助于技术。

适用于社区的策略：①设立决策点位提示；②改进学校的政策和实践；③获得和使用室内或室外娱乐设施或社区的经销店；④设计、实施好社区性活动；⑤社区设计实现便利、安全、无缝衔接。

（三）分 6 类群体开展身体活动，给出科学指导

《指南》依据充分科学证据，对学龄前儿童（3 ~ 5 岁）、儿童和青少年、成年人、老年人、处在怀孕期和产后期的妇女、患有慢性疾病或有残疾的成年人等安全、有效开展身体活动分别给出了具体指导。关于患慢性疾病或有残疾的成年人开展身体活动的准则包括以下几项。

患有慢性疾病或有残疾的成年人，如有能力做到，应每周至少进行 150 ~ 300 分钟中等强度的有氧运动，或 75 ~ 150 分钟大强度的有氧运动，或相当的中等强度和大强度有氧运动的组合。最好将有氧运动分散在一周内进行。

患有慢性疾病或有残疾的成年人，如果有能力做到，应该进行中等及以上强度的肌肉增强活动，包括每周有 2 天或更多的时间进行主要肌肉群的增强活动，因为这些活动能提供额外的健康益处。

当患有慢性疾病或有残疾的成年人不能达到上述指南要求时，应根据自身的能力进行经常性的身体活动，避免缺乏身体活动。

患有慢性疾病的成年人应接受保健提供者的护理，可以咨询保健专业人员或体育活动专家，了解适合其能力和慢性病的活动类型和数量。

《指南》还特别对有骨关节炎、Ⅱ型糖尿病、高血压、癌症和特定肢体残疾（帕金森病、多发性硬化症、脊髓损伤、中风）的成年人从事身体活动的益处做了具体阐述，强调残疾人开展身体活动可以咨询卫生保健专业人员或体育活动专家，以确保其身体活动计划与自身能力相匹配。

第三章　我国残疾人体育发展概述

第一节　基本健全的法律保障框架

参加体育活动是世界公认的一项基本人权，为保障残疾人享有这一权利，我国已经建立起基本健全的、有利于残疾人体育发展的法律法规保障体系。

一、相关法律中有关残疾人体育的规定

（一）《中华人民共和国宪法》

《中华人民共和国宪法》第二十一条规定："国家发展体育事业，开展群众性的体育活动，增强人民体质。"第三十三条规定："中华人民共和国公民在法律面前一律平等。国家尊重和保障人权。任何公民享有宪法和法律规定的权利，同时必须履行宪法和法律规定的义务。"

（二）《中华人民共和国残疾人保障法》

为了维护残疾人的合法权益，发展残疾人事业，保障残疾人平等地充分参与社会生活，共享社会物质文化成果，根据《中华人民共和国宪法》，我国颁布实施了《中华人民共和国残疾人保障法》。《中华人民共和国残疾人保障法》规定："国家保障残疾人享有平等参与文化生活的权利。各级人民政府和有关部门鼓励、帮助残疾人参加各种文化、体育、娱乐活动，积极创造条件，丰富残疾人精神文化生活。"

具体措施包括：残疾人文化、体育、娱乐活动应当面向基层，融于社会公共文化生活，适应各类残疾人的不同特点和需要，使残疾人广泛参与；组织和扶持残疾人开展群众性文化、体育、娱乐活动，举办特殊艺术演出

和残疾人体育运动会，参加国际性比赛和交流；文化、体育、娱乐和其他公共活动场所，为残疾人提供方便和照顾。有计划地兴办残疾人活动场所。

（三）《中华人民共和国体育法》

《中华人民共和国体育法》第十六条规定："全社会应当关心、支持老年人、残疾人参加体育活动。各级人民政府应当采取措施，为老年人、残疾人参加体育活动提供方便。"第十八条规定："学校应当创造条件为病残学生组织适合其特点的体育活动。"第四十六条规定："公共体育设施应当向社会开放，方便群众开展体育活动，对学生、老年人、残疾人实行优惠办法，提高体育设施的利用率。"

二、国务院有关条例中关于残疾人体育的规定

2003 年国务院颁布实施的《公共文化体育设施条例》中明确规定，公共体育设施对残疾人免费或优惠开放。《全民健身条例》（国务院令第 560 号）明确提出，公民有依法参加全民健身活动的权利；县级以上地方人民政府根据本地区的实际情况制定本行政区域的全民健身计划和全民健身实施计划时，应当充分考虑残疾人的特殊需求。

第二节　有力支撑的政策和发展战略

一、将残疾人体育纳入国民经济和社会发展规划纲要

我国从 1953 年开始制定五年计划（"十一五"起改为"五年规划"），全称为《中华人民共和国国民经济和社会发展五年规划纲要》，主要是对国家重大建设项目、生产力分布和国民经济重要比例关系等做出规划，为国民经济发展规定目标和方向。截至目前，已发布、实施 13 个"五年规划"。我国高度重视残疾人体育，将残疾人体育作为残疾人事业的重要组成部分纳入五年规划统筹管理，并在《国家基本公共服务体系"十二五"规划》中将"残疾人基本公共服务"单独列为第十一章，明确指出"十二五"时期，政府"为残疾人提供盲人阅读、聋人手语及影视字幕、特殊艺术、自强健身等公共文化体育服务"，将残疾人体育健身服务纳入残疾人基本服务范

畴（表 3–1）；在《“十三五”推进基本公共服务均等化规划》中进一步明确残疾人文化体育服务的指导标准和责任单位（表 3–2）。

表 3–1 残疾人基本服务中有关残疾人体育健身服务的要求

服务项目	服务对象	保障标准	支出责任	覆盖水平
残疾人体育健身服务	残疾人	免费享有体育健身指导服务	中央和地方财政共同负担	建立 1200 个残疾人体育健身示范点，经常参加体育健身的残疾人比例达到 15% 及以上

表 3–2 《“十三五”推进基本公共服务均等化规划》中有关残疾人体育服务的要求

服务项目	服务对象	服务指导标准	支出责任	牵头负责单位
残疾人文化体育	残疾人	为基层残疾人体育活动场所和残疾人综合服务设施配置适宜的器材器械	地方人民政府负责，中央财政适当补助	中国残联、文化部、国家新闻出版广电总局、国家体育总局

《国民经济和社会发展第十三个五年规划纲要》提到：“推进基本公共文化服务标准化、均等化。”“加强老年人、未成年人、农民工、残疾人等群体的文化权益保障。”

《“十三五”加快残疾人小康进程规划纲要》要求各省、自治区、直辖市人民政府，国务院各部委、各直属机构更好保障残疾人平等权益，使残疾人受教育水平明显提高，就业更加充分，文化体育生活更加丰富活跃，自身素质和能力不断增强，社会参与更加广泛深入。

《“十三五”加快残疾人小康进程规划纲要》还规定：公园、旅游景点和公共文化体育设施对残疾人免费或者优惠开放；实施“残疾人体育健身计划”，推动残疾人康复体育和健身体育广泛开展；创编、推广残疾人康复体育和健身体育项目，研发适合不同类别和等级残疾人使用的小型体育器材，推动残疾人体育进社区、进家庭；加强特教学校体育教学和课外体育锻炼。促进残奥、特奥、聋奥运动均衡发展；加强残疾人运动员队伍培养、管理、教育和保障，提高残疾人体育竞技水平；实施“冬季残奥项目振兴计划”，推动残疾人冰雪运动发展，提高残疾人冬季残奥运动项目的参与率和竞技水平；积极备战北京 2022 年冬季残奥会；建立健全县级残疾人康复、托养、职业培训、辅助器具适配、文化体育等基本公共服务平台，辐射带动乡镇（街道）、村（居）残疾人工作开展。

二、全民健身计划

2016年，国务院颁布的《全民健身计划（2016—2020年）》提出：“鼓励举办不同层次和类型的全民健身运动会，设立残疾人组别，促进健全人与残疾人体育运动融合开展。”“进一步加大对国家全民健身助残工程的支持力度，采取优惠政策，推动残疾人康复体育和健身体育广泛开展。”2021年，国务院颁布的《全民健身计划（2021—2025年）》提出：“加强对公共体育场馆开放使用的评估督导，优化场馆免费或低收费开放绩效管理方式，加大场馆向青少年、老年人、残疾人开放的绩效考核力度。”“支持举办各类残疾人体育赛事，开展残健融合体育健身活动。”“完善公共健身设施无障碍环境，开展残疾人康复健身活动。”

三、国务院专项文件

2007年，国务院办公厅颁发《国务院办公厅关于进一步加强残疾人体育工作的意见》，要求进一步加强残疾人体育工作，并从加强残疾人体育工作的意义、工作措施、组织领导等方面提出具体要求。

2008年《中共中央国务院关于促进残疾人事业发展的意见》中提出：“繁荣残疾人文化体育事业；组织残疾人开展形式多样、健康有益的群众性文化、艺术、娱乐活动，丰富残疾人精神文化生活，激发残疾人参与社会主义先进文化建设的热情和潜能……落实全民健身计划，开展残疾人群众性体育健身活动，增强体质、康复身心；开展残疾人体育科研和体育教育。实行公共文化、体育设施对残疾人优惠开放。开展残奥、特奥、聋奥运动，举办和参加国内外重大残疾人体育赛事。”

2015年《国务院关于加快推进残疾人小康进程的意见》提出：“强化残疾人服务设施建设。推动各县（市、区）建成一批残疾人体育健身示范点，通过社会体育指导员普及一批适合残疾人的体育健身项目。公共文化体育设施和公园等公共场所对残疾人免费或优惠开放，……各地对残疾人搭乘公共交通工具，应当根据实际情况给予便利和优惠。”

2016年，中共中央国务院发布《“健康中国2030”规划纲要》，在第六章“提高全民身体素质”第四节“促进重点人群体育活动”提出：“制定实施青少年、妇女、老年人、职业群体及残疾人等特殊群体的体质健康干预计划。”“推动残疾人康复体育和健身体育广泛开展。”

2019年，国务院办公厅印发《体育强国建设纲要》，提出：“到2050年，全面建成社会主义现代化体育强国。人民身体素养和健康水平、体育综合实力和国际影响力居于世界前列，体育成为中华民族伟大复兴的标志性事业。”重申：“促进重点人群体育活动开展。制定实施青少年、妇女、老年人、农民、职业人群、残疾人等群体的体质健康干预计划。……推动残疾人康复体育和健身体育广泛开展。”

第三节　富有成效的管理体系和运行机制

残疾人体育是残疾人事业的重要组成部分，我国已经建立起富有成效的残疾人事业发展管理体系和运行机制。同样，我国残疾人体育已经形成从中央到地方，涵盖行政部门、事业单位、各类协会、训练基地和科研中心的较为完善的组织管理和运行保障体系（图3-1、表3-3），促进了我国残疾人体育的快速、高质量发展。

一、我国残疾人体育行政管理机构

（一）残疾人工作委员会

残疾人工作涉及众多业务领域，政府各个管理部门之间的协调工作是做好残疾人工作的重要保障。1993年设立的国务院残疾人工作委员会（原为“国务院残疾人工作协调委员会”）是国务院议事协调机构之一，委员会主任由国务院领导兼任，成员由国务院各部门领导组成。其主要职责是：协调国务院有关残疾人事业方针、政策、法规、规划的制定与实施工作；协调解决残疾人工作中的重大问题；组织协调联合国有关残疾人事务在中国的重要活动，具体工作由中国残疾人联合会承担。省、市（地级）、县（市、区）各级政府也相继建立了本级残疾人工作委员会，负责协调本级有关残疾人事业方针、政策、法规、规划的制定与实施工作；协调解决残疾人工

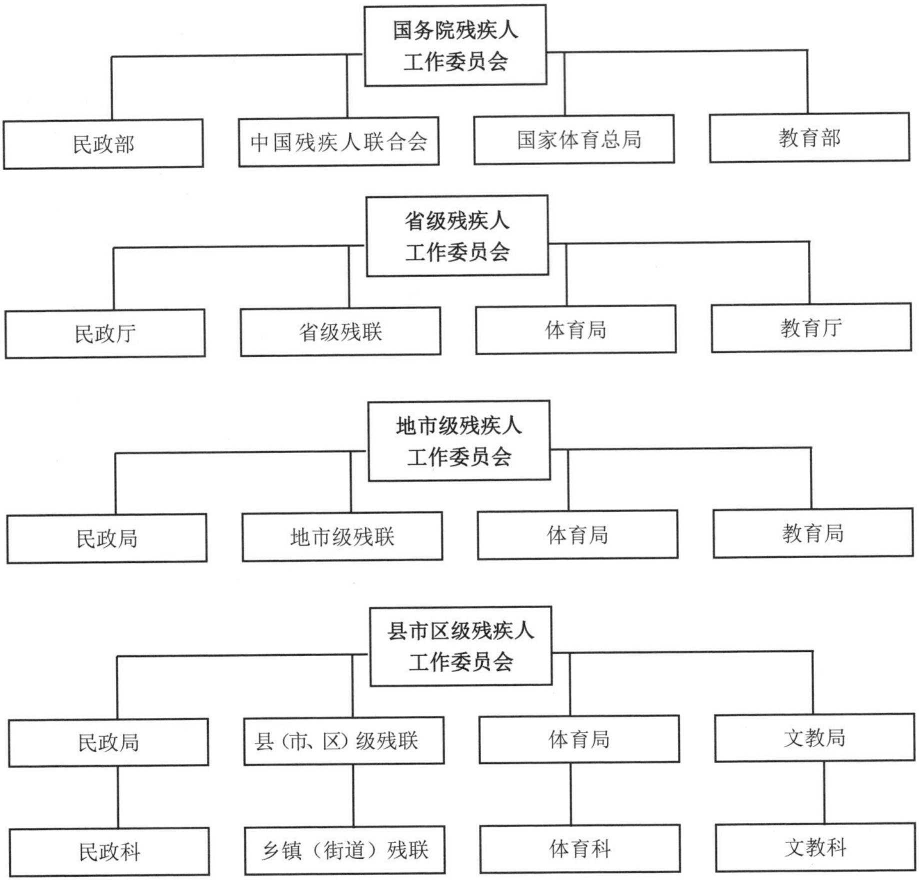

图 3–1　残疾人体育管理运行结构简图

表 3–3　残疾人体育行政管理机构表

各层级	残疾人工作委员会	残联系统			体育系统		民政系统	教育系统
		残疾人联合会	事业单位	三体协*	体育局	体协		
国家级	√	√	√	√	体育总局	体育总会	民政部	教育部
省级	√	√	√	√	体育局	体协	民政厅	教育厅
地市级	√	√	√	√	体育局	√	民政局	教育局
县（市、区）级	√	√	√	√	文体局	√	民政局	文教局
乡镇（街道）	√	√	√	√		√		

注：* 中国残奥委员会、中国聋人体育协会、中国特奥委员会。

作中的重大问题，残疾人事务具体工作由各级残疾人联合会承担。

（二）残疾人联合会

国家、省（自治区、直辖市）、市（地级）、县（市、区）、乡镇（街道）各级都建立了残疾人联合会。残疾人联合会是由残疾人及其亲友和残疾人工作者组成的人民团体，是各类残疾人的统一组织，国家赋予其代表、服务、管理残疾人三项职能，在组织性质上属于特殊社团，但被赋予了一定的行政职能。中国残疾人联合会（1988 年成立）是国家法律确认、国务院批准成立的国家级残疾人联合会，是全国各类残疾人的统一组织，具有在国家层级代表、服务、管理残疾人三项职能。

（三）体育部门

国家体育总局是国务院负责全国体育工作的主管部门。残疾人体育是体育事业的重要组成部分，因此，我国残疾人体育归口中国残疾人联合会管理，并接受国家体育总局的业务指导。国家体育总局群众体育司负责研究拟定群众体育工作的发展规划，对全国残疾人体育工作进行指导和监督。残疾人体育工作归口各级残联管理之后，各级体育部门协助残联开展残疾人体育活动，为残疾人体育发展提供指导和帮助。

（四）民政部门

民政部门主要负责社团的登记管理工作。在残疾人体育领域，民政部门对残疾人三大体育协会进行业务指导，为残疾人体育事业的发展提供帮助。2009 年发布的《关于切实加强新时期残疾人群众体育工作的意见》中要求，各级民政部门要结合实际情况，在场地、器材、设施等方面支持、帮助各地残疾人福利企业、单位，每年至少开展一次体育活动。

二、残疾人体育管理与服务的事业机构

中国残疾人体育运动管理中心（原为“中国残疾人奥林匹克运动管理中心”）于 2003 年经中央机构编制委员会办公室批准成立，2004 年 4 月 1 日挂牌。作为中国残疾人联合会直属的公益性事业单位，该中心负责组织开展残疾人体育活动，承担残疾人运动员的注册、分级，残疾人体育科研和反兴奋剂工作，负责其所辖的国家残疾人体育综合训练基地的运行和管理工作，履行残疾人体育训练、竞赛、培训等业务管理职能。

随着我国残疾人体育事业的不断发展，全国各地对残疾人体育的重视程度不断加强，残疾人体育组织机构建设有了较大发展。目前，北京、天津、河北、辽宁等17个省市也纷纷成立了专门承担本地区残疾人体育工作组织管理的残疾人体育运动管理中心等事业性机构，专门负责本地区残疾人体育工作组织管理。

三、残疾人体育社会组织

体育社会组织是指体育社团、体育民办非企业单位、体育基金会和自发性群众体育组织等。社会团体、民办非企业单位、基金会三类组织被民政部统称为民间组织。残疾人体育社会组织是指包括残疾人体育社会团体、残疾人体育类民办非企业单位等在内的以发展残疾人群众体育为目的的非营利性组织。

（一）残疾人体育社会团体

以中国残奥委员会、中国特奥委员会、中国聋人体育协会三大全国残疾人体育协会为代表的残疾人体育社会团体在推动我国残疾人体育发展中具有十分重要的作用。随着我国残疾人体育事业的发展，根据残疾类别的不同，各地也纷纷成立了各级各类残疾人体育协会组织。目前，各省市残疾人体育协会组织在中国残联牵头、各地残联大力支持的格局下，已逐步发展成为有专职人员负责、有固定经费投入、有相应办公地点的残疾人体育常设组织管理机构。

（二）残疾人体育类民办非企业单位

体育类民办非企业单位是指企业事业单位、社会团体、其他社会力量和公民个人利用非国有资产举办的，不以营利为目的的，以开展体育活动为主要内容的民办的中心、院、社、俱乐部、场馆等社会组织。随着残疾人体育事业的发展，残疾人体育类民办非企业单位的数量越来越多，已逐步成为活跃在残疾人身边，从事基层残疾人体育活动组织和提供体育健身服务的主力军。

四、残疾人体育训练基地

为适应残疾人体育事业的发展，满足残疾人健身需求和残疾人运动员科学化、系统化训练的要求，我国残疾人体育训练基地的建设力度逐年加大，各级残联通过自建、依托体育系统训练基地、依托社会体育资源等方式挂牌成立了一批残疾人体育训练基地。在各级残联建设的残疾人体育训练基地中，符合《国家残疾人体育训练基地管理办法》规定的，可向中国残联申报中国残疾人体育训练基地。根据《中国残疾人联合会关于命名国家残疾人体育训练基地的决定》，目前已挂牌的国家级残疾人体育训练基地达到32个，其中命名北京市残疾人文化体育指导中心、河北省残疾人体育运动管理中心、浙江省塘栖盲人门球训练基地等17家单位为国家残疾人体育训练基地；命名哈尔滨体育学院等15家单位为国家残疾人体育专项训练基地，如命名哈尔滨体育学院为国家残疾人冬季运动训练基地；命名八一雪上运动大队旅顺基地、河北省体育局崇礼高原训练基地、北京万科石京龙滑雪场、邯郸四季滑雪场为国家残疾人雪上训练基地；命名黑龙江省冰上训练基地、北京中体奥冰壶运动中心为国家残疾人冰上训练基地；命名河北正定乒乓球训练基地、成都市全国重点乒乓球运动学校为国家残疾人乒乓球训练基地。这些基地的设立对残疾人运动员开展系统训练，提高身体机能、技战术水平和广泛开展残疾人群众性体育活动发挥着重要的作用。

五、残疾人体育科学研究中心

北京体育大学中国残疾人体育研究中心于2011年12月19日在北京体育大学挂牌成立。该中心是经中国残疾人联合会和国家体育总局批准并在其指导下，通过国际交流、教育与培训、科学研究、社会服务等多种方式与途径，专门为推动残疾人体育事业发展提供智力支持与专业服务的学术研究机构，是我国首个依托高校资源设立的残疾人体育研究中心。

福建省残疾人体育研究指导中心于2009年8月在福建师范大学挂牌成立。成立以来在福建省残疾人联合会的业务指导下，致力于通过科研、教育、培训、资源开发和社会服务等手段探索改善和提高残疾人身心健康的途径，提升高校社会助残服务的影响力。该中心由3位博士生导师、3名博士以及3名博士生和10余名硕士生组成的科研攻关小组，曾承担国家级、省部级、横向委托课题10余项，科研成果丰富。此外，在社会服务方面，该中心积极承担中国残联和省市残联委托的各项残疾人社会体育指导员培训工作，常年为重度残疾人参与体育健身活动开展方法设计与服务指导，是我国首个专门从事残疾人体育科研与服务的省级研究指导中心。

残疾人体育发展专业委员会于2017年11月21日由残疾人事业发展研究会批准成立，秘书处设在中国残疾人体育运动管理中心，主要职能为开展残疾人体育事业政策理论研究和学术交流，推动残疾人体育事业又好又快地发展。残疾人体育发展专业委员会成立后，通过召开第一届全国残疾人体育学术交流会和第五届全国残疾人体育科学报告会，组织实施“冬残奥运动员运动表现提升的关键技术”研发计划和开展残疾人康复健身体育基础研究，加强残疾人体育科研领域国际交流等举措，助力我国残疾人体育事业的发展。

第四节　坚持中国特色发展之路，勇创世界瞩目的辉煌成就

我国残疾人体育发展经历了相关法律体系逐步健全、政策措施不断完善、投资力度不断加大、管理日益规范、包括科技服务在内的残疾人体育综合服务能力和服务水平不断提高的过程。我国残疾人竞技体育受惠于举国体制优势，持续保持高速发展，取得了世界瞩目的成就。2007年上海世界特奥会和2008年北京奥运会、残奥会的举办，使我国残疾人体育事业得到了更为广泛的社会宣传，各级政府残疾人群众体育的工作力度逐渐加大，残疾人参与体育活动的意愿逐步增强、参与人数稳步增加，但整体仍处于相对较低的水平。

新中国残疾人体育事业70多年的发展历史，是坚持中国特色发展道路、勇创世界瞩目的辉煌成就的历史。其发展历程可大致分为四个时期。

一、萌芽起步，蹒跚行进时期（1949—1983）

中华人民共和国成立之初，百废待兴，保障政权稳定和促进经济建设成为国家的第一要务，但国家对体育事业的发展仍然给予了高度重视，提倡发展全民体育运动。中央人民政府政务院《关于改革学制的决定》（1951年）要求各级人民政府设立聋哑人特殊学校，开设体育课程，鼓励残疾学

生积极参与体育锻炼。与此同时，在国家发展全民体育运动的决定和毛泽东主席为中华全国体育总会成立大会的题词“发展体育运动，增强人民体质”的号召下，国家为残疾人设立的福利工厂和为抗日战争与解放战争中受伤致残军人建设的荣誉军人休养院等机构，都不同程度地开展了各种体育活动，成为新中国残疾人体育的萌芽形态。1950 年 10 月 4 日，为庆祝国庆节，无锡市聋哑学校邀请常州市聋哑学校进行了友谊比赛；1957 年 6 月，第一届全国青年盲人运动会在上海举行，北京、上海、沈阳等 8 个城市的盲童学校选拔出 56 名运动员（男 34 人、女 22 人）参加了多项田径比赛，这也是我国有史以来第一次全国性盲人运动会；1958 年，武汉举办了第二届全国青年盲人运动会，参赛单位和人数均有所增加。

在国际交流方面，1957 年国家选派 56 名运动员参加了捷克斯洛伐克承办的国际青年盲人田径通讯赛（所谓通讯赛，就是各参赛国依照统一的比赛项目、规则、评分标准在各自国家举行比赛，将优胜者成绩报送组委会评比后公布赛事比赛结果），参赛国家有苏联、匈牙利、捷克斯洛伐克、民主德国、波兰和中国，这是我国参加的第一次具有国际意义的残疾人体育比赛。至 1962 年，此项赛事共举办过 5 次，我国 3 次参赛、2 次派人观摩学习。

在聋人体育方面，1959 年举行了全国聋人篮球赛，北京、上海等 20 个省、自治区、直辖市的 20 支聋人篮球队参加了预赛，选拔 6 支球队参加决赛。

中华人民共和国成立后的 10 余年间，我国残疾人体育萌芽起步，有了一些发展，但接下来的 10 多年，由于各种原因，残疾人体育处于停滞状态。直到 1978 年，党中央领导全国人民拨乱反正，实行改革开放政策，各项事业才开始逐步恢复、重启发展之路。1982 年，我国首次组团参加了在香港举办的第 3 届远东及南太平洋地区残疾人运动会（简称“远南”运动会），由 15 名运动员组成的代表团参加了田径、游泳和乒乓球 3 个大项的比赛，取得了 6 金、12 银、7 铜的好成绩，标志着我国残疾人竞技体育雏形的形成。至此，虽然中华人民共和国成立已经 30 余年，但由于受当时经济社会发展、法制建设以及对残疾人体育的认知水平等多种因素的制约和影响，我国残疾人体育处在一个积极探索、缓慢发展的时期。

二、奠定基础，稳步成长时期（1983—2001）

伴随改革开放政策的有效实施，我国法制建设水平不断提高，综合国力日益增强，人道主义思想得到了进一步弘扬，包括体育在内的残疾人事业得到快速发展，人权保障事业和社会文明程度取得极大进步。与此同时，由于改革开放所带来的思想解放，特别是随着我国恢复联合国合法席位以及重返奥运会，包括残疾人体育在内的国际体育交流日趋活跃，国家对体育工作的重视程度和参与国际体育的力度不断加大，人们对残疾人体育也有了全新的认识。残疾人体育不仅是残疾人身体康复的手段，更成为社会文明进步、人权发展的一个重要标志。在此期间，我国残疾人竞技体育率先得到发展，取得了令世界瞩目的成就，残疾人体育迈入了奠定基础、稳步成长时期。这一时期对残疾人体育发展有重要影响的事件有以下几个。

（一）建立了残疾人体育有效管理机构和运作组织

1983 年 10 月，天津市体育委员会、民政局、红十字会联合发起并举办了残疾人体育邀请赛，全国 13 个省、直辖市、自治区共 200 多名视力残疾和肢体残疾运动员参加了田径、游泳、乒乓球等项目的比赛，这是中华人民共和国成立以来首次举办的全国规模的残疾人体育赛事。赛事期间，国家体委、民政部、劳动人事部、教育部、卫生部、中国红十字会、全国总工会、共青团中央、中国盲人聋哑人协会等召开了全国伤残人体育工作者和运动员代表大会，宣布成立中国伤残人体育协会（1983 年 10 月 21 日，1991 年 7 月更名为“中国残疾人体育协会”，对外称“中国残奥委员会”），归口国家体委管理，并发出了《关于积极地、有计划地开展伤残人体育活动的通知》。随后，中国弱智人体育协会（1985 年 6 月 17 日，归口民政部管理）和中国聋人体育协会（1986 年 12 月 10 日，归口中国残联管理）相继成立，并成为国际残奥委员会（IPC）、国际特殊奥林匹克委员会（SOI）和国际聋人体育联合会（CISS，我国 1988 年 4 月加入）等国际残疾人体育组织的成员，标志着我国残疾人体育事业进入了一个新阶段。在国家残疾人体育协会成立后的几年里，各省、自治区、直辖市也都陆续成立了相应类别的体育协会。

我国政府将残疾人体育视为体育事业的组成部分，更是残疾人事业的组成部分，因此，我国残疾人体育要在国家体育总局和民政部的领导下开展工作。1993 年 7 月 16 日，中国残联和国家体委发布《关于理顺中国残疾人体协工作关系，进一步加强残疾人体育工作的磋商纪要》，将此前由国家体委、民政部和中国残联三家分别管理的中国残疾人体育协会、中国弱智人体育协会、中国聋人体育协会统一归口中国残联管理，并接受国家体育总局和中华全国体育总会的业务指导。中国残联宣文部（2006 年后改为体育部）具体负责残疾人体育的管理工作，省（直辖市、自治区）、地级市、县（市、区）、乡镇（街道）各级残联宣文 / 体育部门或专兼职人员负责残疾人体育的日常管理工作，形成了从中央到乡镇（街道）残疾人体育管理机构和运作组织体系，为积极、有计划地开展残疾人体育活动、促进残疾人体育事业发展提供了有力的组织保障。

（二）形成了基本健全的残疾人体育发展相关的法律法规体系

这一时期，正值国家法制建设的重要时期，国家颁布实施的法律法规中有多项与残疾人体育相关，包括《中共中央关于进一步发展体育运动的通知》《中华人民共和国残疾人保障法》《中华人民共和国体育法》《全民健身计划纲要（1995—2010 年）》《全民健身计划（2011—2015 年）》《公共文化体育设施条例》《国务院办公厅关于进一步加强残疾人体育工作的意见》《国务院关于促进残疾人事业发展的意见》《国务院关于加快推进残疾人小康进程的意见》等，在国家层面形成了基本健全的残疾人体育发展相关的法律法规体系，为残疾人体育发展提供了重要政策、法规保障。

（三）确立了残疾人体育发展的重要机制和发展格局

从 1983 年首次举办全国性残疾人体育邀请赛，特别是自三个残疾人体育协会体系陆续建立后，全国各级各类残疾人赛事，包括省级残疾人运动会、全国残疾人运动会、全国残疾人体育锦标赛等纷纷在各地组织举行。1984 年 10 月在安徽合肥市举行了第一届全国残疾人运动会，1987 年 3 月在广东深圳市举行了第一届全国特殊奥林匹克运动会，1988 年 9 月在河北省唐山市举办了第二届全国残疾人运动会，至 1992 年 3 月第三届全国残疾人运动会在广东省广州市举办，形成了全国残疾人运动会列入国务院审批的大型运动会系列、每四年举办一届的重要制度。四年一度的全国残疾人运动会加上年度全国残疾人单项锦标赛，构成了我国残疾人体育的重要发展机制和发展格局，对我国残疾人体育的发展发挥了不可替代的作用，更是我国残疾人体育发展的重要成功经验。

（1）通过对全国赛事（运动会、锦标赛等）的报道、宣传，让社会各界了解、认识残疾人和残疾人体育，从而改变人们的认知。

（2）全国赛事在普及运动知识、展示运动成就的同时，利于国家发现体育人才，将各个运动项目展现出的优秀运动员、教练员纳入国家队，为保障我国在国际赛场取得优异成绩奠定基础。

（3）对于新上的或薄弱的运动项目，成绩优异的运动队所在省（自治区、直辖市）一般会得到国家重点支持，以发展该项运动。

（4）运动员在赛场上展现出的超越自我、顽强拼搏的精神风貌，激发、激励更多残疾人参与到体育中来，推动体育发展、增进国民健康。

（5）省、自治区、直辖市各级政府、残疾人联合会和体育部门都十分重视和关注本籍代表队、运动员在全国赛事上的成绩和表现；为了在全国赛事上取得优异成绩，我国绝大多数省、自治区、直辖市也都建立起与国家赛事制度相呼应的赛事机制。正是这种使各级政府、残疾人组织、体育部门感到有一定压力的国内残疾人体育发展竞争机制，有力地保证了我国残疾人竞技体育的可持续发展。

（6）全国残疾人运动会举办地的选择，要充分考虑运动会对举办地及其周围区域的影响力和辐射作用，从而对残疾人体育的均衡发展起到一定作用。

三、投入加大，快速发展时期（2001—2009）

（一）申奥成功，残疾人体育迎来历史性发展机遇

2001年，我国赢得2008北京奥运会、残奥会的举办权，这是我国首次举办相关赛事。党中央、国务院对此高度重视，号召举全国之力，办好运动会，实现“两个奥运，同样精彩”的目标。这意味着，一是作为承办国要举全国之力办好两个运动会；二是作为东道主，各个运动队要全力备战、参加好两个运动会，要在家门口用最好的表现和成绩向祖国和人民交上满意的答卷。国家对残疾人体育的投入史无前例，在2003—2008年，国家每年从彩票公益金中拿出一个亿，主要用于发展残疾人竞技体育，备战、参加北京残奥会（表3-4）。

表 3-4　1983—2012 残疾人体育经费统计表　（单位：万元 / 年）

年份	1983—1992	1993—1999	2000—2001	2002	2003—2008	2009	2010—2011	2012
经费	16	400 ~ 1200	1600	2000	11600	4500	5000	6500

注：上述经费不包括各级政府用于优秀运动员、教练员的奖励资金。

（二）厚积薄发，昂首竞技体育强国行列

我国综合国力的持续、快速增长，为各项事业的发展奠定了强大的国力基础，加之法制建设进步、发展环境改善，残疾人体育投入大幅增加，残疾人体育厚积薄发。为备战奥运和开展国际交流需要，以中国残联体育部、中国残疾人奥林匹克运动管理中心的相继成立和一批符合残疾人运动员科学化、系统化训练要求的残疾人体育训练基地的建立为标志，残疾人竞技体育进一步调整和完善发展结构，同时积极推动科技攻关、国际交流合作、体育器材装备研发、运动训练及人才队伍建设水平取得全面、快速提升，我国残疾人竞技体育的组织、管理格局基本形成。由此带来的是我国残疾人竞技体育的不断超越，在 2004 年雅典第 12 届世界夏季残奥会上，中国体育代表团荣获 63 金、46 银、32 铜的好成绩，由 2000 年悉尼奥运会金牌总数第六位，跃居金牌、奖牌榜首，实现历史性突破，跻身世界一流。2008 年北京残奥会上，我国以东道主身份再次以 89 金、70 银、52 铜的优异成绩蝉联金牌、奖牌榜首，奠定了我国残疾人竞技体育在世界的强国地位。

截至 2019 年 10 月，我国共举办了 10 届全国残疾人运动会、7 届全国特殊奥林匹克运动会（表 3-5、表 3-6），残疾人竞技体育运动水平一届比一届高。

表 3-5　历届全国残疾人运动会情况一览表

届次	时间	举办地	代表队	运动员人数	项目数
1	1984 年 10 月	安徽合肥	30	500	4
2	1987 年 8 月	河北唐山	31	900	5
3	1992 年 3 月	广东广州	33	1153	6
4	1996 年 5 月	辽宁大连	34	1200	8
5	2000 年 5 月	上海市	34	1800	11
6	2003 年 9 月	江苏南京	35	2229	14
7	2007 年 5 月	云南昆明	35	3000	20

续表

届次	时间	举办地	代表队	运动员人数	项目数
8	2011 年 10 月	浙江杭州	35	3041	21
9	2015 年 9 月	四川成都	35	5763	29
10	2019 年 8—9 月	天津市	35	6121	43

表 3–6　历届全国特殊奥林匹克运动会情况一览表

届次	时间	举办地	代表队	运动员人数	项目数
1	1987 年 3 月	广东深圳	14	304	3
2	1991 年 3 月	福建福州	19	300	4
3	2002 年 9 月	陕西西安	35	1065	7
4	2006 年 7 月	黑龙江哈尔滨	36	1500	10
5	2010 年 9 月	福建福州	39	1712	11
6	2015 年 6 月	四川绵阳	35	1544	9
7	2019 年 8—9 月	天津市	35	1479	9

与此同时，自成为国际残疾人体育组织的会员之后，我国积极派队参加国际体育赛事。1984—2019 年，我国组团参加了 9 届夏季残奥会、5 届冬季残奥会、8 届夏季听障奥运会、4 届冬季听障奥运会、7 届“远南”运动会、4 届亚洲残疾人运动会、9 届夏季特奥运动会、7 届冬季特奥运动会和多项残疾人体育赛事，我国残疾人运动员在国际舞台上创造了一个又一个辉煌（表 3–7 至表 3–12）。连续 6 届“远南”运动会、2 届亚残运会跻身金牌榜首；残奥会金牌榜五连跳雅典登顶，4 届蝉联第一；聋人体育不断进步，屡创历史最好成绩，进入金牌榜前 4 名（2009 年）。残疾人运动员在国际赛场上取得世界瞩目的成就，充分展示了中国残疾人自尊、自信、自强、自立的良好形象，展示了中国残疾人事业和人权事业的显著成就，展示了中华民族昂扬向上的精神风貌，为祖国赢得了巨大荣誉，祖国和人民非常感谢他们，为他们感到无比骄傲。

表 3–7　我国代表团参加历届夏季残奥会情况统计表

届次	年份	举办地	参赛运动员数	项目	金牌	银牌	铜牌	金牌榜排名
7	1984	美国纽约	24	3	2	13	9	23
8	1988	韩国汉城	43	4	17	17	10	14
9	1992	西班牙巴塞罗那	24	5	11	7	7	12

续表

届次	年份	举办地	参赛运动员数	项目	金牌	银牌	铜牌	金牌榜排名
10	1996	美国亚特兰大	37	6	16	13	10	9
11	2000	澳大利亚悉尼	87	6	34	22	17	6
12	2004	希腊雅典	200	11	63	46	32	1
13	2008	中国北京	332	20	89	70	52	1
14	2012	英国伦敦	282	15	95	71	65	1
15	2016	巴西里约	307	17	109	83	53	1

表 3-8　我国代表团参加历届冬季残奥会情况统计表

届次	年份	举办地	参赛运动员数	项目	金牌	银牌	铜牌	金牌榜排名
8	2002	美国盐湖城	4	1	0	0	0	—
9	2006	意大利都灵	8	2	0	0	0	—
10	2010	加拿大温哥华	7	1	0	0	0	—
11	2014	俄罗斯索契	10	2	0	0	0	—
12	2018	韩国平昌	26	5	1	0	0	20

表 3-9　我国代表团参加历届夏季听障奥运会情况统计表

届次	年份	举办地	参赛运动员数	项目	金牌	银牌	铜牌	金牌榜排名
16	1989	新西兰基督城	8	1	0	0	0	—
17	1993	保加利亚索非亚	0	0	0	0	0	—
18	1997	丹麦哥本哈根	13	3	1	0	0	—
19	2001	意大利松德里奥	15	5	2	3	2	—
20	2005	澳大利亚墨尔本	69	6	5	8	4	—
21	2009	中国台北	78	6	12	9	17	4
22	2013	保加利亚索非亚	67	6	12	5	8	5
23	2017	土耳其萨姆松	107	9	14	9	11	5

表 3-10　我国代表团参加历届冬季听障奥运会情况统计表

届次	年份	举办地	参赛运动员数	项目	金牌	银牌	铜牌	金牌榜排名
16	2007	美国盐湖城	1	1	0	0	1	—
17	2011	斯洛伐克 高塔特拉	—	—	0	0	0	—
18	2015	俄罗斯 汉特曼西斯克	22	2	1	1	2	8

续表

届次	年份	举办地	参赛运动员数	项目	金牌	银牌	铜牌	金牌榜排名
19	2019	意大利 松德里奥	37	4	2	0	2	5

表 3-11　我国代表团参加历届夏季世界特殊奥林匹克运动会情况统计表

届次	年份	举办地	参赛运动员数	项目	金牌	银牌	铜牌
7	1987	美国印第安纳	23	4	18	20	13
8	1991	美国明尼苏达	15	3	21	10	2
9	1995	美国康涅狄格	—	—	—	—	—
10	1999	美国北卡罗来纳	58	5	18	14	15
11	2003	爱尔兰都柏林	34	6	19	10	3
12	2007	中国上海	1274	25	471	342	257
13	2011	希腊雅典	97	11	80	35	22
14	2015	美国洛杉矶	93	10	83	52	29
15	2019	阿联酋阿布扎比	105	10	60	61	37

表 3-12　我国代表团参加历届冬季世界特殊奥林匹克运动会情况统计表

届次	年份	举办地	参赛运动员数	项目	金牌	银牌	铜牌
5	1993	奥地利萨尔茨堡	58	—	—	—	—
6	1997	加拿大多伦多	75	3	—	—	—
7	2001	美国阿拉斯加	27	3	18	10	7
8	2005	日本长野	68	5	37	22	16
9	2009	美国爱达荷	86	5	33	34	27
10	2013	韩国平昌	76	5	34	14	26
11	2017	奥地利	76	5	24	22	25

在此期间，我国还相继成功举办了精彩纷呈、令人难忘的 2007 年上海第 12 届世界夏季特殊奥林匹克运动会，美轮美奂、无与伦比的 2008 年北京第 13 届残奥会和树立标杆、成为典范的 2010 年广州第 10 届亚洲残疾人运动会 3 项重大国际残疾人体育盛会，赢得了国际社会的广泛赞誉，给世界残疾人体坛增添了绚丽的色彩，留下了宝贵的精神财富，为人类文明进步做出了积极贡献。

（三）发展特殊奥林匹克，群众体育日趋活跃

两个残疾人奥运会的举办全面提高了我国残疾人体育事业的发展速度，竞技体育的榜样示范作用得到了充分发挥，残疾人体育的社会宣教力度有

效加强，使公众逐渐意识到残疾人体育同样是发展我国群众体育和全民健身事业、实现体育强国目标的重要组成部分。由此积极带动了残疾人公共体育服务体系的建设与发展，尤其是残疾人社区体育、学校体育和康养机构开展健身活动中急需配备的必要场地设施和无障碍硬件条件得到了极大改善，各类别、各层级残疾人群众体育健身活动日趋活跃（表 3–13），而在这段时期表现最为突出的当属特殊奥林匹克运动（简称“特奥运动”）。

表 3–13　2001—2010 年残疾人群众体育开展情况统计

年份	2001	2002	2003	2004	2005	2006	2007	2010
省级活动场所（处）	113	126	142	148	169	176	188	174
地市级活动场所（处）	776	626	1455	710	857	1148	1264	1735
挂牌省级训练基地（个）	83	98	75	95	126	175	199	221
挂牌地市级训练基地(个)	—	307	273	291	338	405	476	—
省级教练员（人）	299	355	356	403	453	595	579	785
地市级教练员（人）	1103	1325	944	1077	1148	1269	1409	2331
省级开发健身项目（种）	20	40	56	75	80	73	104	—
省级运动会及比赛（次）	130	116	101	77	171	148	95	109
参与人数（人次）	3213	8644	9047	8205	13110	17585	10157	20000
地市级赛事（次）	757	579	665	537	828	771	838	3370
参与人数（万人次）	2.4	3.05	2.59	2.79	4.95	5.36	5.2	24.3

特殊奥林匹克运动是智力残疾人参与的体育运动。特奥运动的理念是“重在参与”，特奥运动的口号“勇敢尝试，争取胜利”就充分表达了这一理念。它为智力残疾人参加体育运动的训练和竞赛创造了良好的机会。智力残疾人通过参加特殊奥林匹克运动，可以显示勇气、增强自信、挖掘潜能、提高技艺；与其他智力残疾人和家人分享快乐，增进友谊，融入社会，获得成功。

自 1985 年 7 月加入世界特殊奥林匹克组织以来，我国特奥运动取得了巨大的成就，尤其是 2002 年上海成功取得第 12 届世界特殊奥林匹克运动会的举办权后，我国的特奥运动进入了一个快速发展时期。这期间，我国先后颁布了《关于进一步加强和改进特奥工作的意见（2006 年—2010 年）》（2004 年）、《中国残疾人事业“十一五”发展纲要》（2006 年）、《中国残疾人事业“十一五”发展纲要配套实施方案》（2006 年）等政策和法规文件，其中明确指出了特奥运动的地位和发展方向，提出了改进工作的各项措施等内容，为我国特奥事业的发展奠定了政策基础。这一时期，我国特奥运动发展迅速，截至2005年底，我国的特奥运动员由2000年的5万名发展到50万名。我国成为国际社会公认的特奥运动发展最快的国家。

四、调整布局，协调发展时期（2009至今）

以北京奥运会为转折点，我国体育事业发展开始由追求“量”转向追求“质”，由过度追求“竞技金牌”转向关注其背后的体育文化和精神，更加注重全民健身，注重人民对体育的健康需求、切身感受及体育获得感，使得群众体育在“体育强国”建设中的地位得以进一步确立，竞技体育、群众体育协调发展思想逐步成为社会共识，我国开始由“体育大国”向“体育强国”迈进。

2013年11月19日，习近平总书记会见国际奥委会主席巴赫时说道：“努力提高人民健康水平，同步发展竞技体育和群众体育，由体育大国向体育强国迈进。”2017年8月27日，习近平总书记在天津接见全国体育先进单位和先进个人代表时发表重要讲话，强调“加快建设体育强国，就要把握体育强国梦与中国梦息息相关的定位，把体育事业融入实现‘两个一百年’奋斗目标大格局中去谋划，深化体育改革，更新体育理念，推动群众体育、竞技体育、体育产业协调发展，就要坚持以人民为中心的思想，把人民作为发展体育事业的主体，把满足人民健身需求、促进人的全面发展作为体育工作的出发点和落脚点，落实全民健身国家战略，不断提高人民健康水平”。由此，“群众体育、竞技体育、体育产业、体育文化、国际交往、体育法制、体育科技和体育教育等领域均在国际达到先进水平”（国家体育总局局长刘鹏在全国体育局局长会议上的讲话，2010）的体育强国的特征表现基本明确。在此期间，《全民健身条例》《“健康中国2030”规划纲要》《群众冬季运动推广普及计划（2016—2020年）》《体育强国建设纲要》以及“六个身边”建设工程、“百万公里健身步道”工程、“周末我们一起去运动”行动计划等国家性政策法规和意见举措相继出台，原本占据主体地位的“金牌优先”、举国体制背景下竞技体育先行的体育发展战略发生了根本性转变，取而代之的是“五大发展理念”指引下的群众体育、竞技体育、学校体育、体育产业全面协调发展。

随着国家体育总体发展战略的不断深化和转变，为适应新时期国家体育战略和残疾人事业发展的新要求，残疾人体育作为群众体育的一个重要内容，工作重心、发展导向也随之做出调整和转型，主要体现为竞技体育继续保持向制度化、规范化、体系化高速发展，群众体育普惠性不断增强，公共体育服务体系建设力度持续加大，康复体育、健身体育、竞技体育协调发展机制和格局不断完善。具体表现在以下方面。

（一）加强治理，夯实竞技体育发展基础

当前，我国残疾人体育的一个鲜明特色是实行举国体制，主要体现在：一是政府负责残疾人体育工作；二是残疾人体育作为残疾人事业的一部分纳入各级政府经济和社会发展计划和中长期发展规划，体育经费纳入年度预算；三是政府投资建设或租用训练基地，提供训练经费；四是全国残疾人运动会纳入国务院大型运动会审批系列；五是国家对优秀运动员、教练员实行给予荣誉称号和奖励资金的激励政策。每个运动员在全国残疾人运动会上的表现和成绩，以及在国际赛场上的表现和成绩是衡量运动员所在籍或所代表的地方政府残疾人工作成就的一个重要指标，这种国内和国际赛场上的表现和成绩联动的效应，成就了我国残疾人体育发展的总体特征，那就是残疾人竞技体育优先发展，以残疾人在国际赛场上的良好表现、优异成绩、体育精神来鼓舞、激励、带动、促进全国残疾人体育事业的全面发展。

为了保持残疾人竞技体育的持续发展，借助2008年北京奥运会、残奥会的巨大影响力，将奥运会、残奥会激发起来的运动激情固化为经常性参与体育活动的行动，促进残疾人群众体育的发展，我国从完善残疾人体育各项制度入手，加强了残疾人体育治理。从2009年至今，中国残联先后出台了《全国残疾人体育竞赛管理办法》《全国残疾人体育分级员管理办法》《全国残疾人运动员注册管理办法》《国家残疾人运动员技术等级管理办法》《全国残疾人体育竞赛裁判员管理办法》《中国残联残疾人体育专项经费管理办法》《全国残疾人体育赛事分级管理办法》《国家残疾人体育集训队领队教练员选拔任用办法（试行）》《国家残疾人体育集训队工作规范》等制度性文件，印发了《关于切实加强新时期残疾人群众体育工作的意见》，与国家体育总局等部委联合印发了《关于组织开展全民健身日活动的通知》《关于进一步加强残疾人康复健身体育工作的指导意见》，研究出台《残疾人自强健身示范点建设办法（暂行）》《残疾人康复体育关爱家庭计划（试行）》，将“残疾人体育”纳入《全民健身计划（2011—2015年）》，推动实现了全国残运会与全运会、2022年亚残运会与亚运会同城同年举办，开创了我国残奥会与奥运会、亚残运会与亚运会、全国残运会与全运会全部同城同年举办的新模式，对残疾人体育各项工作做出了进一步的规范和部署。

2015年7月，我国北京、张家口申办2022年冬季奥运会、残奥会获得成功，标志着我国残疾人体育，特别是残疾人冬季体育运动迎来发展的历史机遇。为做好备战2022年冬季残奥会的各项工作，中国残联启动实施《冬季残奥项目振兴计划》，邀请国外技术官员、教练员来华指导训练，填补了冰橇冰球、高山滑雪、单板滑雪、冬季两项等项目的国内空白，组织开展轮椅冰壶、冰橇冰球、越野滑雪、冬季两项、高山滑雪和单板滑雪夏季集训。积极举办全国残疾人冰壶锦标赛、国际冰壶邀请赛、国际冰橇冰球邀请赛，以及首届全国残疾人越野滑雪锦标赛等冬季残奥项目比赛。组织选拔、培训一大批冬季残奥运动员、教练员、分级员和裁判员，并积极参与冬季残奥会筹办工作。

为满足残疾人体育事业发展要求，同时对残疾人体育基础性工作做出针对性调整，进一步优化工作布局，我国将残疾人群众体育、科研、反兴奋剂、体育装备和器材采购等工作的具体职责移交中国残疾人体育运动管理中心，实施专项管理。2015年9月，中国残联分管体育工作的王梅梅副理事长在成都举行的第四届全国残疾人体育科学论文报告会上，发出了“加强残疾人体育科学工作、助力残疾人体育更好发展”的号召。自2016年起，中国残联从每年的体育事业经费中划拨专项资金，用于为国家集训队提供科技服务和开展残疾人体育相关研究工作，下大力补齐残疾人体育科研工作短板。上述举措对这一时期不断提升残疾人体育治理能力、管理水平，实现规范化、体系化和可持续发展，确保竞技体育运动成绩保持国际领先地位和冬季残疾人体育运动水平实现快速提升发挥了重要作用。

（二）抓好布局，适时推出“残疾人自强健身工程”

2011年8月7日，首届全国“残疾人健身周”暨“残疾人自强健身工程”启动仪式在天津举行。重点举措为建设一批残疾人体育健身示范点和培养残疾人社会体育指导员。

1. 建设残疾人体育健身示范点

建设残疾人体育健身示范点是实施“残疾人自强健身工程”的一项重要内容。在“十二五”时期完成1200处健身示范点建设既定任务的基础上，中国残联为进一步改善基层残疾人体育健身服务条件，不断满足残疾人体育健身基本需求，融入国家体育总局“六个身边”工程服务大局，在《残疾人文化体育“十三五”实施方案》中又进一步制定了在全国范围内建成1万处残疾人体育健身示范点的任务目标。截至2019年，全国各地累计建成基层残疾人体育健身示范点1.3万余处，超额完成了“十三五”任务指标。

这一时期，通过在乡镇、社区（村）公共服务场所、残疾人康养和特殊教育服务机构，以及全民健身公共站点、健身路径、体育俱乐部等开展残疾人体育健身示范点建设工作，极大改善了基层残疾人康复健身服务的条件，为基层残疾人就近、就便参与日常康复健身锻炼提供了场所和硬件服务器材、设施保障，为推动残疾人纳入全民健身工作大局，提升残疾人体育公共服务水平，促进残疾人共享全面小康成果，提供了重要支撑。

2. 培养残疾人社会体育指导员

培养残疾人社会体育指导员是残疾人“自强健身工程”建设的另一项重要内容。截至2019年，全国各级残联通过自主组织开展和联合同级体育部门联合培养的形式，累计培养、发展残疾人社会体育指导员13万余名，涉及残联体育干部、社区残疾人体育专干、残疾人特教学校教师和残疾人康养机构服务人员等多领域人群，他们在日常指导残疾人康复健身、组织社会宣传、开展残疾人体育赛事和健身活动组织工作中发挥了重要的支撑作用。残疾人社会体育指导员培养工作已成为残疾人体育公共服务体系建设中的一项重要内容。

（三）惠及重残，启动《残疾人康复体育关爱家庭计划》

2014年前后，围绕推动健康中国建设、落实全民健身工作要求和促进残疾人同步实现小康等目标任务要求，中国残联不断加大对残疾人体育事业发展的重视程度和工作力度，进一步明确了促进残疾人康复体育、健身体育、竞技体育协调发展的工作格局。面对残疾人康复体育这一发展薄弱领域，中国残联确立了优先使广大不易出户的重度残疾人参与居家康复体育锻炼，共享基本康复体育服务的康复体育工作思路，残疾人“康复体育关爱工程”于“十三五”期间全面启动。作为此项工程的重要举措，《残疾人康复体育关爱家庭计划（试行）》于2015年正式印发，拟在“十三五”期间为10万名不易出户或家庭困难的重度残疾人实施康复体育家庭关爱服务，内容包括入户为重度残疾人提供适宜的康复体育器材、配套发放康复体育器材使用的光盘、康复体育指导员进家庭指导，即“三进提供服务”。

按照《中国残联办公厅关于“十三五”残疾人体育健身示范点、体育社会指导员和康复体育关爱家族计划任务的通知》要求，各地认真研究、统筹部署，逐级分解任务，压实主体责任，有计划、分步骤地推动“残疾人康复体育关爱家庭计划”在基层的深入开展。截至2019年，全国累计实施康复体育入户服务达32万余户，提前并超额完成“十三五”期间共计10万户的服务目标。总体来看，项目的实施对于推动残疾人公共体育服务体系建设和促进残疾人体育工作的协调发展发挥了重要作用：一是通过项目实施为残疾人体育纳入政府公共服务大局搭建了平台，努力将残疾人群众体育与国家体育基本公共服务体系挂钩，争取政府渠道资源支持；二是进一步推动残疾人体育服务重心下移，促进了康复健身体育服务“六个身边”；三是为丰富、完善残疾人体育公共服务内容建立了抓手，并在“十三五”时期加快残疾人小康进程、努力推动残疾人“人人享有康复服务”和推动健康中国建设的大背景下，对实现残疾人体育与康复工作有机结合和促进国家“体医结合”工作在残疾人领域的深化发展进行了积极探索；四是积极撬动社会资源进一步融入残疾人体育事业，依托项目实施广泛与社会组织、企业建立联系，争取社会资源支持，促进残疾人群众体育包容发展。

（四）多措并举，动员残疾人广泛参与健身活动

1.举办丰富的残疾人群众性体育赛事

目前，经常性组织开展的全国及区域性群众性体育比赛项目主要有飞镖、象棋、围棋、聋人篮球、盲人跳绳、足球、轮椅舞蹈、旱地冰壶、大众迷你越野滑雪、乒乓球、羽毛球、聋人柔力球、排舞、轮椅马拉松、定向行走、徒步、盲人板铃球、自行车等。其中飞镖、象棋等11个项目，通过2019年天津第十届全国残运会赛事改革，立项为全国残运会群众体育正式比赛项目，积极推动了基层相关项目预赛、海选赛等赛事活动的分级开展，部分地区还积极推动残疾人大众健身项目纳入本地区健全人综合运动会和残运会比赛立项，残疾人比赛参与人数大幅提升。与此同时，一批极具社会影响力和品牌号召力的残疾人群众性体育赛事不断出现。如已连续举办5届的残疾人民间足球争霸赛，此项赛事分设盲人、聋人、智力残疾人多个组别，采取分级办赛的模式组织开展，参与的基层残疾人足球运动队伍年均近百支，已成为基层残疾人足球爱好者一年一度展现足球技艺、分享足球运动快乐的一个重要舞台。另外，由中国肢残人协会牵头举办的肢残人轮椅马拉松、中国盲人协会组织的盲人象棋交流挑战赛、中国聋人协会定期开展的全国聋人柔力球，以及为响应国家“三亿人参与冰雪”号召而持续打造的残疾人旱地冰壶年终总决赛等赛事活动也深受基层各类别残疾人朋友的欢迎。这些赛事积极为基层残疾人参与体育比赛，展示体育技能，实现自身价值搭建平台、创造机会，极大调动了广大残疾人参与体育健身运动的热情。

2. 形成多项残疾人品牌性体育活动

目前，具有广泛影响力的全国性残疾人群众体育品牌活动共有3项，分别是于每年8月8日全民健身日前后集中开展的“残疾人健身周”活动，目前已连续举办9届；每年冬季为残疾人参与冰雪健身活动专门提供服务的“中国残疾人冰雪运动季”，已连续举办了4届；每年7月20日专为智力残疾人举办的“全国特奥日”活动，已连续举办了15次。上述活动均由中国残联牵头主办，并积极寻求有关部委作为支持单位参与活动开展，各地、各级残联，各残疾人组织和有关社会及民间团体也响应号召，积极联动，采取多种形式为广大基层残疾人参与体育锻炼创造条件，提供服务；通过组织残疾人喜闻乐见的康复健身体育赛事和活动，传播残疾人体育运动文化，举办康复健身运动知识技能培训，开展包括大众冰雪运动项目在内的运动体验和康复健身器材及摄影图片展等形式多样、内容丰富、贴近残疾人生活的康复健身体育活动，极大地活跃了广大基层残疾人的健身热情。随着品牌体育活动的开展，越来越多的残疾人参与到日常健身活动中来，通过康复健身增强了自信，提高了参与社会的能力和积极性。通过各级残联层层动员，广泛造势，不断加大宣传力度，我国残疾人体育和全民健身工作获得了充分发展，工作成果也得到充分展示，社会各界也越来越了解、关注残疾人事业发展，助力残疾人体育健身活动的开展，加快了残疾人共享体育公共服务的步伐，带动残疾人事业的社会美誉度不断提升（表 3–14）。

表 3–14　2011—2018 年残疾人群众体育开展情况统计

项目	2011 年	2012 年	2013 年	2014 年	2015 年	2016 年	2017 年	2018 年
省 / 地级健身活动（次）	171/3922	218/3953	254/4568	241/5544	9055	—	190/5416	284/4131
省 / 地级参加人数（万人次）	3.60/48.40	4.90/52.50	5.80/63.60	6.20/69.40	80.6	—	14.67/15.00	8.70/16.48
建设省 / 地级示范点（个）	201/598	351/1040	596/1591	839/1930	3591	5433	9053	11931
省 / 市级培训健身指导员（人）	885/3265	2386/6616	5352/12000	11000/18000	42148	64016	97889	114858
体育比赛（次）	100	80	114	151	126	—	228	319
参赛运动员（万人次）	1.20	1.30	1.30	2.30	1.50	—	1.9905	3.66
省级训练基地（个）	220	200	207	234	225	—	224	251

第五节　残疾人体育发展的挑战和策略

众所周知，我国残疾人体育发展取得了世界瞩目的辉煌成就，主要体现在：举办了 10 届全国残疾人运动会；举办了 7 届全国特奥会，全国拥有超过 120 万余名特奥运动员；“远南”运动会和亚洲残疾人运动会连续 9 届金牌榜、奖牌榜双第一；夏季残奥会获金牌榜“四连冠”、夏季聋奥会获金牌榜第四名；听障人冬季奥运会获金牌榜前八名的好成绩；成功举办 1994 年北京“远南”运动会、2007 年上海特奥会、2008 年北京残奥会、2020 年广州亚洲残疾人运动会。这些成就反映了我国残疾人竞技体育的发展和进步。尽管竞技体育仍面临着一些挑战，如覆盖面窄、运动项目发展不平衡、科技服务水平不高，特别是冬季残奥运动与国际水平差距较大，但我国残疾人竞技体育发展的成就和经验告诉我们，只要我们在以下方面做出进一步努力，包括完善选拔运动员、教练员的机制，使之更加公开、公平、公正；

克服奖牌至上思想，积极有序拓展集体项目和重残运动项目，加快发展冬季运动；加大科研和科技服务工作力度，提高运动员、教练员的科学素养，提高残疾人体育科技含量等，我们就有充分的信心和底气，确保我国残疾人竞技体育保持优势、实现可持续发展。我国残疾人体育发展的真正压力和挑战是在群众体育发展上，这里仅就我国残疾人群众体育发展所面临的挑战和策略做出简述。

一、充分认识压力和挑战，紧紧抓住重要发展机遇

（一）残疾人群众体育发展面临巨大压力

数据显示，“十三五”期间，我国残疾人经常参加文体活动的人口比例增幅较大，2019 年达到 14.6%（表 3–15）。需要注意的是：第一，这是文化活动、体育活动合并在一起的统计测算数字；第二，根据中国残联《全国残疾人基本服务状况和需求信息数据动态更新残疾人登记表填写说明》，“经常参加村（社区）组织的文化体育活动”指的是残疾人在一年时间内参加文化、体育方面的活动或者有关的辅导、培训活动的次数达到 10 次以上（含 10 次），且强调的是“公家出面组织的集体活动”，参与者至少 3 人，如 4 个人在一起打麻将、玩扑克、纸牌都算是文体活动，与通常使用的“经常参加体育锻炼”概念有所差别。可以肯定，残疾人经常参与体育活动的人口比例会比表 3–15 所示的数字要低，这与我国残疾人竞技体育辉煌成就形成强烈反差，也与我国城乡居民经常性体育锻炼的参与率（2014 年为 33.9%）有较大差距。《健康中国行动（2019—2030 年）》设定全民健身行动目标是：到 2022 年和 2030 年，经常参加体育锻炼人数比例分别达到 37% 及以上和 40% 及以上。《体育强国建设纲要》设定的目标是，到 2035 年，我国城乡居民经常参加体育锻炼人数比例达到 45% 及以上。可见，残疾人群众体育发展要达成上述目标，压力巨大。

表 3–15　残疾人经常参加文体活动人口比例　（单位：%）

年度	2015	2016	2017	2018	2019
参与活动人口比例	6.8	9.6	10.9	12.9	14.6

资料来源：中国残联“全国残疾人基本服务状况和需求专项调查及信息数据动态更新”数据。

（二）发展残疾人群众体育面临诸多挑战

加快发展残疾人群众体育，降低其与我国残疾人竞技体育卓越成绩的反差；提高残疾人经常参加体育活动人数比例，缩小其与我国居民经常参加体育锻炼人数比例的差距，是摆在我们面前的重大实践课题，主要面临以下几方面挑战。

1. 亟待提高残疾人体育的认知水平和参与意愿

政府和社会对残疾人体育的认知决定和影响着国家与地方政府的政策及行动，而残疾人及其家人对体育的认知直接决定并影响着残疾人参加体育活动的意愿和参与水平。调研数据显示，尽管近几年来各级残联在各级政府和社会的支持下，残疾人群众体育工作力度有所加强，健身示范点建设、社会体育指导员培养工作取得了很大进展，但残疾人群众体育基本建设水平、保障条件仍然处于较低水平，投入和资源距离实际需求仍有很大差距（表 3–16）。另据 2015 年中国残疾人体育运动管理中心调研数据：“缺少组织人员”“缺少经费”“缺少指导人员”成为制约残疾人参加体育健身的主要客观原因，而“没有参加健身体育的意识”和“怕暴露缺陷，遭别人观察或者嘲笑”成为影响残疾人参与体育活动意愿和参与水平的主要主观因素（图 3–2）。在 2019 年中国残疾人体育运动管理中心对全国部分地区残疾人体育公共服务状况的实地调研和访谈中也发现，残疾人参与体育活动的意愿比人们预想的低，残疾人的收入和总体生活水平不高，良好的健康生活观念不强等都是造成这一状况的重要因素。

2. 亟待建立和完善残疾人群众体育协调工作机制

残疾人群众体育既是残疾人事业的组成部分，也是群众体育的组成部分，兼具社会性、多元性特点，个性化突出。发展残疾人群众体育、满足残疾人康复健身需求需要动用的资源多，涉及面广，难度大，急需进一步加强政府在推动残疾人公共体育服务建设和发展中的主体责任，形成政府体育部门主导、各部门配合、残联兜底保障、社会积极支持参与的残疾人群众体育发展新格局。世界上多数国家实行体育一体化管理体制和机制，我国则实行残疾人体育由各级残疾人联合会、普通人体育由各级政府体育部门管理的体制。体育一体化管理体制在调配、共享资源方面有着天然的优势，分设管理体制对加强管理协调机制有着更高的要求。我国目前亟待

表 3–16　体育场地和社会体育指导员统计表

项目	残疾人（2019 年）	全国居民（2015 年）	2022 年目标	2030 年目标
人均体育场地面积（平方米）	0.01（基于残疾人健身站点建设）	1.57	1.9	2.3
每千人拥有社会体育指导员（人）	1.47	1.7	1.9	2.3

资料来源：《健康中国行动（2019—2030 年）》。

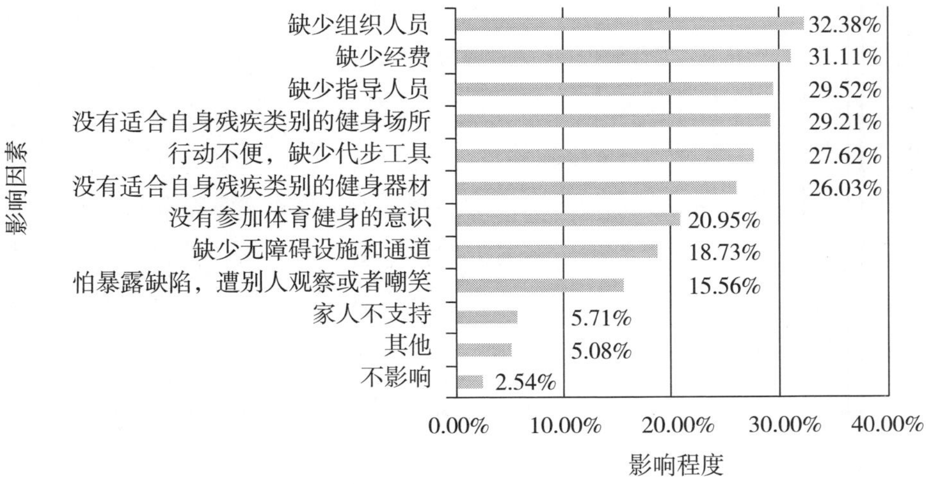

图 3–2　影响残疾人体育健身的因素

建立和完善国家体育分设管理体制、残疾人群众体育跨部门协调工作机制，以便更好地调动和共享发展残疾人群众体育所需的各种资源，加快残疾人群众体育的发展。

3. 急需加快残疾人群众体育发展具体而有效的政策和实施方案

在残疾人群体切实落实国家关于发展群众体育、实施全民健身的政策和战略措施，尚有很大的改进空间。以《全民健身计划（2011—2015 年）》为例，关于普通人（非残疾人）体育部分的政策、措施有全面、充分、详尽的阐述，而关于残疾人体育部分则显得笼统，缺乏具体而有效的实施举措和量化指标，尤其是残疾人体育投入没有明确的保障机制，导致工作指导和激励力度有限，急需出台并落实有效促进残疾人群众体育发展的具体政策和实施方案。

（三）残疾人群众体育发展迎来重要战略机遇期

《“健康中国2030”规划纲要》（以下简称《纲要》）指出，“未来15年，是推进健康中国建设的重要战略机遇期”。体育是健康中国建设的重要举措和重要推动力。《纲要》将残疾人列为开展体育活动的重点人群之一，并针对性地提出，要制订实施残疾人体质健康干预计划，推动残疾人康复体育和健身体育广泛开展。党的十九大做出了“广泛开展全民健身活动，加快推进体育强国建设，筹办好北京冬奥会、冬残奥会”的战略部署。2019年，国务院先后颁布了《健康中国行动（2019—2030年）》《体育强国建设纲要》，将“金牌优先”、竞技体育先行的体育发展战略调整为贯彻“五大发展理念”，促进群众体育、竞技体育、学校体育、体育产业全面协调发展的战略格局。国家战略的重大调整使我国群众体育迎来加速发展的重要战略机遇期，这必然为残疾人群众体育发展带来重大而深远的影响。如何抓住机遇，乘势而为，采取有效措施，加快发展残疾人群众体育，是摆在各级政府和残联面前的重大实践课题。

二、提高认识是更快、更好地发展残疾人群众体育的前提

发展残疾人群众体育涉及面广、难度大，是一项离不开多部门支持、协作和配合的社会工程，是一项需要政府和社会、中央和地方多元投入、合力推进的系统工程。开创残疾人体育事业发展新局面，离不开对发展残疾人体育事业的认识，特别是政府和社会对残疾人群众体育的认识高度，决定和影响着政府和社会对发展残疾人体育事业的责任承担、重视程度和支持力度，也影响着残疾人参与体育活动的意愿和积极性，因而是开创残疾人体育事业发展新局面的基础和前提。下述6个方面的认识都会对残疾人群众体育的发展产生重要影响。

（一）对残疾、残疾人的认识

提高对残疾、残疾人的认识，核心是将传统的医学模式转变为现代的社会模式，反对“基于残疾的歧视”，承认并采取有效措施保障残疾人享有一切人权和基本自由。这就要求政府和社会建立并实践现代残疾人工作理念，从过去的关注残疾、基于同情、以慈善医疗方法照顾对待残疾人转向关注能力（潜能）、基于人权、以社会人权方法尊重、平等对待残疾人。

（二）对残疾人群众体育法律地位的认识

残疾人参加体育活动是联合国《残疾人权利公约》和我国法律明确规定的一项基本人权。我国作为《残疾人权利公约》签约国，负有采取有效措施确保残疾人能够在与其他人平等的基础上参加娱乐、休闲与体育活动的责任和义务。

（三）对残疾人群众体育功能和价值的认识

体育的所有功能和价值，包括各种健康益处、多方面的社会功能、可观的经济价值，以及在推动实现可持续发展目标上的重要作用，同样可以在残疾人群众体育上体现和表现出来。与此同时，残疾人群众体育的功能和价值又有着一些独特的方面。邓朴方同志说："残疾人体育是一种富有感染力的特殊的体育运动。""残疾人运动是唤醒人们良知的运动。"体育能够减少与残疾相关的污名和歧视，能给残疾人赋能，帮助减轻残疾人被隔离孤立的程度，使其更充分地融入社会生活。

（四）对发展残疾人群众体育本质的认识

实践证明，体育具有伟大的力量，可以改变人们的生活，可以促进体质福祉、心理福祉、个人发展、社会和社区发展、经济发展。发展残疾人群众体育的根本是让所有残疾人能够平等享有体育权利，提高身体素养和健康水平，更好地参与社会。

（五）对残疾人群众体育发展现状的认识

总体上说，我国残疾人体育经过30多年的快速发展，取得了世界瞩目的成就，但这主要体现在残疾人竞技体育上，残疾人群众体育发展仍严重滞后，基本保障条件与实际需求差距较大，残疾人群众体育活动参与率很低，缺乏身体活动导致慢性病这一全球性公共卫生危机在残疾人群体表现更为突出。加快发展残疾人群众体育，尽快缩小差距，迫在眉睫。

（六）对残疾人群众体育发展理念的认识

要重点转变政府和社会关于体育投入是消费、不是投资的陈旧观念。许多国家实践证明，投资发展体育，包括残疾人群众体育，不仅具有重大社会效益、经济价值，还有巨大的财务收益。

三、改革创新是更快更好发展残疾人群众体育的关键

（一）坚定走包容性发展残疾人群众体育之路

群众体育是体育强国的根本，是健康中国的基础，是人民幸福的保障，是竞技体育的沃土，也是体育产业的前提。开展残疾人群众体育工作，各级残联必须与体育、教育、卫生、民政等多部门协调合作，广泛发动社会力量参与，结成伙伴关系，资源共享，研究、探索建立一种具有包容性的组织开展残疾人群众体育的工作机制，进而创造出一条适合我国国情的包容性发展残疾人群众体育之路。

所谓包容性发展残疾人群众体育就是倡导走残疾人群众体育包容性发展计划和专项发展计划相结合的发展之路。残疾人群众体育包容性发展计划，就是在贯彻落实《全民健身计划（2011—2015年）》的过程中，结合健康中国、体育强国目标要求，设计和实施包容性计划内容：将残疾人群众体育发展纳入国家全民健身“六个身边”工程，包括纳入“三个创建”建设和考核范围（运动休闲城市、体育强县、运动休闲特色小镇），发展包容性全民健身路径、体育中心（俱乐部）、健身中心（点）；倡导和鼓励各单项体育协会为残疾人群众体育提供专业服务。构建残疾人群众体育包容发展的整体架构是一项开创性举措，各级残联需要在理念上大胆突破、做法上大胆创新，主动争取政府支持，克服管理体制局限，打开残疾人群众体育发展的新天地。

残疾人群众体育专项发展计划就是为确保残疾人切实平等地享有体育权利，考虑残疾人的特殊情况和需求。实施残疾人群众体育专项发展计划，包括为残疾人专门设计或适应性改编体育活动项目、开发研制残疾人体育器材、建设专项残疾人体育中心（俱乐部）、开发健身中心（点）。要在目前实施的健身示范点建设、社会体育指导员培养、康复体育进家庭等专项工作的基础上，结合健康中国、体育强国目标要求，进一步充实完善专项发展计划内容。

构建残疾人群众体育包容性发展框架和机制，是开创残疾人体育事业发展新气象、新局面、新作为的必经之路，任务繁重，面临挑战巨大。一方面要提高认识、转变观念，特别是拥有、支配各种资源的政府部门的领

导和工作人员的认识和观念；另一方面要创新实践，研究制订克服管理体制不利因素、创建有效工作机制的具体实施方案。

（二）让举国体制和市场机制发挥更大作用

党的十八大以来，我国积极推进全面深化改革举措，创新和改善政府管理，将工作重点放在创造良好发展环境、提供优质公共服务、维护社会公平正义上来。改革中心是要让市场在资源配置中发挥基础性作用。近几年，残疾人群众体育管理也从购买服务入手积极推进改革，取得了一些进展。但要让市场真正发挥作用，就必须尊重、遵循市场规律，包括尊重建立在市场价格之上的价值规律、竞争规律和供求规律。

让市场发挥作用，不仅体现在政府职能转变、通过市场购买服务上，还要在提高投资效益，政府投资保基本、做导向上下功夫，在解决依靠政府单一投资渠道无法满足群众体育发展对资金、设施、社会体育指导员以及志愿者、照护者等资源的巨大需求的现实问题上花力气，更要将残疾人群众体育打造成对投资者有吸引力、对人才有吸引力的行业，吸引更多资源，特别是资金和人才，从事残疾人体育事业的发展，形成政府和社会、公共和私营多元化投入发展格局。在这方面，我们要研究探讨、学习借鉴国外成功的经验和做法。举国体制办体育是我国的一个制度优势，引入市场机制后，如何发挥好举国体制与市场机制相结合的重要作用，是更快更好发展残疾人群众体育的一项重要实践课题。

（三）运用科技力量助推发展、夯实基础

残疾人群众体育从一开始就与科学技术结下不解之缘，随着科学技术的不断发展，二者的关系日趋紧密。自 2015 年第四届全国残疾人体育科学论文报告会之后，我国加强了残疾人体育科技工作，在残疾人竞技体育方面，设立科研攻关与服务项目，聘请国家顶级专家指导把关，为国家残奥队、聋奥队开展了科技攻关与服务工作，为我国在 2016 年里约残奥会取得“四连冠”、2017 年听障奥运会取得佳绩提供了有力的科技支持，做出了实质性贡献；在群众体育方面，组织开展了残疾人体质监测标准研究、残疾人康复体育理论框架和发展战略的研究等一批残疾人群众体育相关领域的研究课题和项目。实践证明，在竞技体育发展上，科研攻关和服务可助力提高运动训练和比赛成绩、减少伤病、预防二次伤害，为保持我国残疾人竞技体育处于世界领先地位提供科技支撑；在残疾人群众体育发展上，科研攻关和服务的作用更加广泛：可助力开发残疾人群众体育项目、装备、辅具等；可为残疾人科学锻炼、科学健身提供科学支撑和依据；可以监测残疾人群众体育发展情况，帮助我们认识和了解残疾人群众体育功能和作用发挥情况，服务于科学决策。如何构建残疾人群众体育包容性发展的框架和机制、如何发挥好举国体制与市场机制相结合的重要作用、如何更好地监测和评价残疾人群众体育的发展等许多重要课题需要加大科学研究工作力度。

（四）处理好三个重要关系

1.政府主导与社会参与的关系

国家体育总局实施“六以”战略，抓好“六个身边”工程，推动“大体育”，实现“大健康”。“六以”战略第一个就是“以各级政府为责任主体”。政府不再扮演市场主体角色，不再直接组织融资和操办项目，不用行政手段设立市场准入等，而是负责以下工作：①制定残疾人体育发展政策、方针、规划和战略；②明确中央和地方的主导责任，提供公共投入资金，建设基本公共体育服务体系；③指导和监督公共事业机构代表政府具体负责管理投资、协调社会组织、建立伙伴关系，出台激励政策调动社会资源，实现政府的发展目标；④组织监测和评估政策实施和体育发展情况，承担实现公共体育服务公平、普惠的最终责任。

社会参与指的是社会组织参与市场竞争，签定服务协议、合同等，以有偿服务形式提供公共体育服务，以投资方式参与体育事业发展，以志愿者方式参与提供公共体育服务。

政府要研究制定社会参与残疾人体育发展的指导性意见，激励社会组织在公平、公正、公开的环境下，通过合法渠道和程序参与体育政策的制定过程、规划与战略的形成过程、计划与措施的执行和反馈过程，对残疾人体育发展发挥积极作用。

2.发展残疾人群众体育与发展残疾人竞技体育的关系

发展残疾人群众体育重在扩大覆盖面、提高参与率、增强获得感。残疾人群众体育覆盖面包括开展群众体育运动项目数、参与群众体育运动人数、日常体育活动锻炼人数和人群（不同人群中不同残疾类别和不同残疾程度的残疾人）。在参与率方面，一种是传统的体育运动和体育活动的参与率，另一种是包括体育志愿工作和观摩体育比赛人数的参与率。获得感除了实实在在的体育机会、运动成绩、锻炼实效外，还包括参与体育过程中享有的尊严和权利。我国在提高残疾人群众体育覆盖面、参与率和获得感上任重道远，需要加倍努力。

群众体育是竞技体育的根基和沃土。今后残疾人体育发展重心必须放在群众体育上，体现在投资数额及增长幅度、资源聚集、工作安排上。要采取措施将我国残疾人竞技体育的强势转化为我国残疾人群众体育的优势，从发挥示范和引领作用做起，为残疾人群众体育发展做出实质性贡献，如制定要求国家队运动员、教练员有责任和义务为残疾人群众体育发展做出实质性贡献的政策和措施。

3. 组织体育宣教活动与提供日常体育机会的关系

举办运动会、比赛、节日体育活动和健身周等展示、宣教活动，对于让更多残疾人了解残疾人群众体育运动和活动，扩大残疾人群众体育的影响，激发残疾人对体育的热情和激情具有重要意义。但评价残疾人群众体育发展，不是看活动场面多么壮观、声势多么浩大，归根结底是将宣教活动激发出的残疾人对体育活动的激情和热情固化为一种经常参加体育锻炼的意愿和生活习惯，建立起一种健康的生活方式，提高身体素养和健康水平。组织展示、宣教活动要控制在合理、适当的水平上，决不能用组织一时的宣教活动代替为残疾人提供日常参加体育运动和锻炼的机会。残疾人群众体育投入应主要放在为残疾人建设可以经常参加体育运动和体育活动的设施和场所上，提供日常锻炼所需要的体育活动指导和支助人员。要全面落实国家体育总局提出的“六个身边”工程，要将带项目、带经费、带教练进校园、进社区开展推广活动和为残疾人经常性参与体育锻炼提供场地、设施、项目、指导有机结合起来，真正做到让残疾人开展体育活动和锻炼有场地和设施、有项目和组织、有指导和照护。

（五）做好四个方面的基本保障

1. 法律法规保障

2008 年，我国对《中华人民共和国残疾人保障法》进行了全面的修改完善，特别是首次引入“禁止基于残疾的歧视”条款，在观念和事实上取得重大突破，对残疾人群众体育的发展发挥了重要保障作用。为适应新时代残疾人事业发展的需要，急需对《中华人民共和国保障法》进行第二次修改和完善，使其从理念到具体条款与联合国《残疾人权利公约》相一致；对所有涉及残疾事务的相关法律、条例、政策和规定等进行全面审核，并做出一致性修改和调整，为残疾人事业更好发展提供坚实法律保障，提高全社会对残疾、残疾人的认识水平，根本改变残疾人事业发展的社会环境。

2. 组织和制度保障

市场化运作的前提是要有足够的社会化组织。首先，要采取有效措施发展残疾人群众体育社会组织，鼓励多样化组织形式，如专业的、业余的，营利的、非营利的，公益的、慈善的等，并通过经常性评估检查，确保其规范运作，合法经营。其次，贯彻国家关于社团改革的要求，借鉴国外关于体育治理的经验和做法，加强残疾人群众体育现代化治理，建立和完善与新时代要求相适应的体育社会服务组织治理规范和服务标准，确保为残疾人提供高效、优质服务，让残疾人在获得服务的过程和结果上切实平等享有权利和尊严。

3. 场地设施和活动经费保障

明确中央和地方政府的主体责任，做好场地设施建设规划，提供场地设施保障和活动经费保障。可以借鉴国外经验，中央提供国家残疾人竞技体育和群众体育引导性投资，地方负责当地残疾人群众体育发展的基本投资，吸引社会资金进入残疾人体育领域，建立多元化残疾人公共体育供给体系，中央和地方共同负责竞技体育精英人才的发掘和培养。逐步实现体育投资总体上与国民经济发展水平相适应、占到国民经济总产值适当的比例，残疾人体育投资占到各级体育总投资合理的比例。

4. 人力资源保障

抓好适应残疾人群众体育事业发展需求、思想水平和业务能力都过硬的队伍建设，包括管理干部队伍、技术干部队伍、志愿者队伍。采取积极、有效的人事政策和措施，解决好建立队伍、稳定队伍、真正发挥作用的问题，核心是消除“基于残疾的歧视”，保证从事残疾人群众体育工作的人员在工资、福利、技术职务评聘诸方面，享有与从事其他工作的人员平等的尊严和权利，特别是解决好残疾人群众体育业务技术人员的技术职务评聘问题。

我们相信，经过努力一定能实现如下发展愿景。

（1）残疾人群众体育事业发展环境更好。国家和各级政府对残疾人群众体育事业重视程度更高、社会认知度更高、政府主导力度和社会参与力度更大。

（2）残疾人参与体育活动的意愿更强、积极性和主动性更高，爱好体育、经常锻炼的残疾人数大幅提高。

（3）残疾人群众体育覆盖面更宽，残疾人参与体育运动和身体锻炼的机会更多，更加便利，参与率更高。

（4）残疾人群众体育发展更加均衡、可持续。

（5）残疾人对体育的多样化需求得到更好的满足，身体素养和健康水平得到提高，平等享有体育权利的获得感更强。

第四章　残疾人群众体育的服务与支持

第一节　残疾人群众体育服务理念

从事残疾人群众体育服务，必须遵循一定的服务理念和伦理准则。伦理是人类道德的原理，是一种规范人类的思考、言行与社会关系的道德理想标准，其目的是使人类社会达到真善美的境界。提倡残疾人群众体育指导中的服务伦理，是对各类残疾人公民权的最大尊重，体现对残疾人自我决定的尊重、接纳、了解，完美诠释了公平、正义、信任等词语的深层含义。

一、残疾人群众体育服务伦理的概念与范畴

伦理准则与公正、公平、权利、自由、平等等观念相关且相互联系。在残疾人群众体育服务领域，伦理准则还没有得到足够重视，但随着社会发展，所有从事相关服务的人员都必须了解基本伦理守则并严格遵守。在残疾人群众体育服务体系中，用来规范或衡量残疾人社会体育服务人员行为对错的准则，就是残疾人群众体育服务的伦理。

在世界范围，比较受推崇的是美国国家生物医药和行为研究人体受试者保护委员会发布的经典文件——《贝尔蒙特报告》，其中有适用于残疾人群众体育服务的伦理要素。

（1）尊重人（respect for persons）。尊重人至少包括两个伦理要求：一个是应将每个人作为自主的行动者对待，另一个是自主性降低的人理应得到保护。

（2）有利（beneficence）。必须以合乎伦理的方式对待人，不但要尊重他们的决定，保护他们不受伤害，而且要努力保证他们的安康。有利行

动有两条互补的原则：一是不伤害原则，二是使可能的收益最大化和使可能的伤害最小化原则。

（3）公正（justice）。当一个人理应从活动中受益却没有充分理由而被拒绝，或者当负担不正当地强加在一个人身上时，就发生了不公正，这些情况需要避免。

残疾人群众体育服务的伦理并非一成不变，但应包含两个层面：一是“服务人员伦理”，二是“管理人员伦理”。无论是哪一类人员，在服务伦理上，最重要的一点就是谨守本分：在参与服务时，学习分工合作，融入团体生活；在提供服务时，让自我成长，并学会尊重每一个人。简单概括，所谓残疾人群众体育服务伦理，就是不管有没有人在场，有没有人看见或听见，我们都会这么做、这么说、这么表现。

二、残疾人群众体育服务伦理的必要性

伦理是一种传承，它不仅可以维持健康的人际关系，还可使人了解何为本分，让所有事情更有效率。专业服务必须讲究伦理。其一是为了维护服务对象的权益。志愿服务的本质是“服务利他”，从积极方面，必须规范服务人员以服务对象的最佳利益作为优先考量；从消极方面，则应规范服务人员不得伤害服务对象的权益。其二是为了提高专业服务的效果。无论是服务哪一类残疾人，都必须根据服务对象的特点，尽最大努力让他们以自己能接受的方式获得体育活动的权利，并从中获得健康、尊严和快乐。

对服务对象遵循必要的伦理守则，反映了社会工作对人的关怀、对人的基本权利的关注，以及对社会发展和进步的重视。“尊重”在残疾人群众体育服务指导过程中，主要体现为尊重生命、尊重权益、尊重人格和自我决定，具体表现为真诚、有责任感、完整接纳、一视同仁、以礼待人、信任服务对象、保护隐私等。在与残疾人的互动过程中，服务人员符合伦理的行为是有效专业关系建立的核心，也有助于激发残疾人的潜能，促进目标的顺利达成。

三、残疾人群众体育服务的人际交往伦理与服务理念

（一）服务人员与管理者之间的伦理

服务人员与管理者之间的关系，可以说是服务人员所面临的各种社会

关系的基础，决定了服务人员的法律地位。服务人员与管理者是完全处在平等和相互尊重的法律地位上的。服务人员以管理者制定的规章制度或活动规则作为唯一的行为准则，平等地享有权利和履行义务，任何一方怠于履行义务或故意造成对方利益受损，都必然要承担违约的法律后果。

（二）服务人员与服务对象之间的伦理

对于服务人员与服务对象之间的伦理要求是：重视服务对象的人权，保护服务对象的生命安全，遵守对服务对象的承诺，顾及文化与社会多元的因素，避免利益冲突，保护隐私，注意肢体接触，杜绝性骚扰。

对于服务人员自身的伦理要求是：尊重隐私与保密；能力的自我要求；培养良好的修养与服务态度，要求自己谨言慎行，勿提供超越个人能力的服务，勿给予服务对象不当承诺，勿因服务对象个人背景或问题而有刻板印象或先入为主的观念，避免在服务过程中造成对服务对象的伤害（包括语言、态度、双重关系建立等），主动提出个人服务中的困境与限制，不断地充实自我。

（三）服务人员之间的伦理

现代的专业服务讲究团队作业，服务人员常需与其他同伴一起服务，因而服务人员之间也有一定的伦理、彼此尊重、凡事沟通协调、避免私事介入、避免争功诿过。

（四）残疾人群众体育指导员的基本责任

服务人员应相信每一个人都有发展的潜质，因而有责任鼓励和协助个人在顾及他人权益的情况下实现自我，这是“助人自助”的工作目标在实践中的具体体现。要着重于挖掘残疾人自身的优点，在协助残疾人体育锻炼的过程中，使残疾人增能，从而改善身体状况，建立积极、主动、健康的生活状态。

残疾人群众体育服务是一种科学的助人方法，需要在实践中根据解决问题的需要，综合而巧妙地运用科学方法进行健身指导的实践活动。社会问题的类型层出不穷，服务对象的需求多种多样，这要求服务人员不断地学习，提升自身的专业知识和技能，进而提供更科学的服务；还应认同人际关系的重要性，尽力加强人际关系，提高个人、家庭、社团、机构、社群的福祉，帮助残疾人预防及减少参与体育的障碍。

第二节　残疾人群众体育服务礼仪与技巧

一、服务残疾人的通用礼仪

（一）接纳残疾人

服务人员与残疾人初次交谈时要注意不谈不相关的话题，不谈个人隐私话题，不谈与残疾人本身残障有关的话题，还要注意文化差异。有些残疾人口齿不清，不善于控制自己的情绪。对这样的服务对象，服务人员首先要了解和接纳他们，进而理解他们，只有这样才能发自内心地尊重他们，为他们提供热情而恰到好处的服务。

（二）注意交往举止

服务人员不要过多注视残疾人的残障部位，更不能嘲笑他们由残疾造成的非常态言谈举止。与残疾人交谈时应以信任、友好的心态和举止对待他们，并注意自己的语言表达速度与内容适当；要了解服务对象的民族和国家的风俗忌讳和宗教信仰，避免造成无意的伤害或误会。

（三）不要过分全面地提供帮助

残疾人在长期生活实践中，大多已建立起属于自己的独特生活方式，并且可以自行处理一些日常生活事务。从这个角度讲，服务人员的帮助应更多地体现服务方的善意和关心，必须先征得服务对象的同意与配合，切不可强行或过分热情地提供服务。

（四）使用正面称呼

在称呼上一定要做到尊重，在称呼的口气、语调上要亲近、亲切。对不同类型残疾人应使用正确的称呼，如对视障者应称之为“视障人士”，而不能说“瞎子”；对聋人应称之为“听障人士”，而不能说“聋子”；对小儿麻痹症人士应称之为“肢体障碍人士”，而不能说“瘸子”；对需要使用轮椅的重度肢体残疾的人士应称之为“轮椅使用者”，而不能说某人是坐轮椅的；对智力残疾人士应称之为“智障人士”，而不能说“傻子”“呆子”等。当然，有些约定俗成的习惯用语如“盲人按摩”“盲人足球”等，仍可延续使用。

（五）遵守公共场所基本礼仪

凡是有视障者在场，出于礼貌和对他们的尊重，应尽最大可能将现场情况、他们面对的主要人员进行描述，使其有身临其境之感，使他们能很快地融入即将参与的活动之中。如有聋人在场，应及时将大家交谈的内容转达给他们，以免引起猜疑或误解。与聋人朋友交谈时，应微笑地提前打招呼，多注视他们的眼神和手势，如看不懂他们的手语，可进行笔谈。此外，要准时、守时，以体现对他人的尊重；还应熟悉无障碍环境。

和肢体障碍人士谈话时，除了要特别注意回避与其生理缺陷有关的词语和内容，一般情况下，应像和普通人交往一样，使其感到人们并没有对他们另眼看待。如果要谈及与残疾有关的事情，就多引导其谈一些正面的、积极的话题。

二、各类残疾人群众体育服务礼仪

（一）肢体残疾人的群众体育服务礼仪

（1）尊重肢体残疾人。无论他们由于肢体缺损而行动艰难，还是行动怪异，作为服务人员都要接纳他们，进而理解他们，尊重他们，为他们提供热情周到的服务。

（2）与之交往时，要充分尊重对方的心态，谈及运动和出行的话题时需注意其身体限制。

（3）要了解肢体残疾人的残疾状况及使用器械的情况，有针对性地提供服务。

（4）应事先询问肢体残疾人的需求，而后才能决定是否需要提供帮助；当提供帮助时，应主动、耐心、细致。

（5）引领肢体残疾人行进时，应选择最短路线，行进速度适宜。

走平路时，应适当关注肢体残疾人。不过分热情地帮助他们推着轮椅前行，也不要主动扶着他们前行。

遇到坡道时要慢行。上坡时，应走在肢体残疾人侧后方或肢体不便的一边，征得同意后，可推着轮椅上坡或协助他们行进；下坡时，根据坡度决定轮椅是否倒推。路面不平、路滑或有积水时，应提醒肢体残疾人注意。

肢体残疾人自主解决问题时，不包办代替，要记住：此时没有服务，就是最好的服务。

出入无人服务的电梯时，服务人员应先入后出；出入有人服务的电梯时，服务人员则应后入先出。进入电梯内，服务人员应靠边侧站立，注意不要背对服务对象。在电梯轿厢内，服务人员应表情自然，站立端正，不东张西望。出电梯时，服务人员应在轿厢内按住电梯按钮，使门保持敞开状态，用手示意请服务对象先行，然后跟出。

（6）服务人员要特别注意不要过多地注视肢体残疾人的残障部位，更不能嘲笑他们由残疾造成的非常态的举止行为。

（7）当与使用轮椅的肢体残疾人交谈时，如果时间超过一分钟，服务人员最好采用蹲姿，此时双方的目光在同一水平线上，体现彼此之间的尊重。

不要倚靠肢体残疾人的轮椅或者其他辅助设备，以免使设备移位；不要拍轮椅使用者的头或肩，用居高临下的方式向他们表示友好；没有征得同意，不要帮助他们推轮椅。

（8）对失去双臂的残疾人而言，他们已在长期的生活实践中练就了一套独特的自理方法，要特别注意适度地帮助。需要强调的是，面对这些残疾人，除非他们提出具体的求助方式，在帮助他们就餐时只要询问他们需要什么餐具即可，最忌讳喂他们吃东西。

（9）要熟悉周围的环境，尽可能为肢体残疾人提供“无障碍服务”。

（10）尽可能掌握肢体残疾人需要使用的辅助器械（轮椅、拐杖等）的性能与操作方法，做到“为残疾人服务好，让他们行动自如”。

（二）视力残疾人的体育服务礼仪

（1）与视力残疾人第一次见面时，服务人员可以尽量多地告知对方关于自己的信息，以取得他们的信任，让他们更有安全感。

（2）来到他们的身边和离开他们的身边时，一定要有声音或动作示意。

服务人员在与视力残疾人交谈前，距离他们一两米远时，应先有个声音提示，让他们知道自己在附近，然后再进行交谈。

必要的身体接触，会让视力残疾人知道是在跟他说话，例如，可以轻拍对方的手背，但不要拍后背；或者通过打招呼或击掌的方式告知。

服务人员要离开时，须事先告知对方。视力残疾人要离开时，服务人员要做到“有迎有送”，告别礼数周到。

（3）谈话时语调应诚恳而低沉。视力残疾人一般比较拘谨，切勿大声疾呼或突然与其握手和拥抱，使其受到惊吓。避免与其他人员长时间交谈而冷落视力残疾人。

（4）凡是有视力残疾人在场时，出于礼貌，应请在场的人员做简单的自我介绍，使视力残疾人可依据声音来辨别现场的人员。同时，尽最大可能描述现场情况，使其有身临其境之感，能很快地融入即将参与的活动之中。

（5）尽量不要让视力残疾人独处。让视力残疾人等待时一定要让他们有所倚靠，以免产生“广场恐惧症”。

（6）与视力残疾人握手前应首先进行语言提示；如果视力残疾人伸出手，应主动相迎；当两位视力残疾人需要握手时，服务人员要及时提示他们，必要时帮助他们互相握手致意。

（7）遇到两个以上视力残疾人时，不仅要和认识的视力残疾人打招呼，也要与不认识的视力残疾人打招呼。

（8）在引领视力残疾人时，一般不走盲道，引导动作要规范，要注意他们的习惯。

（三）听力残疾人的体育服务礼仪

（1）在活动场所，如有听力残疾人在场，应以信任、友好的心态和表情面对他们，对听力残疾人的困难要给予及时的帮助。

（2）与听力残疾人交谈时，面部表情应放松自然，多注视他们的眼神和手势，如看不懂手语，可进行笔谈。

（3）与听力残疾人交谈时，尽量直截了当，以免引起误解，真诚、坦诚是与听力残疾人沟通的根本。

（4）服务人员可以参加手语社团学习一些手语，力求准确打出规范手语，方便与听力残疾人的交流。

（5）在信息时代，听力残疾人也在广泛使用手机进行社交联络，当我们给他们发送短信或微信时，要特别注意言简意赅和用语礼貌。

特别提示：

打手语时要特别注意准确性和表情的配合，因为部分手语打法可能相似，如果没有特定的表情配合，会产生歧义。例如，“等一等”和“活该”

的手语，打得不准确就容易造成误解；这两个词的手语所配合的表情也大不一样，要表达“等一等”时一般面带微笑，而表达“活该”时肯定是生气、愤怒的表情。

（四）智力残疾人的体育服务礼仪

（1）尊重、帮助智力残疾人，尽一切可能帮助他们排忧解难。对智力残疾人提供帮助更需要细心、耐心和爱心。

（2）智力残疾人由于智力发展程度的不同，会出现各种行为或语言障碍，服务人员要用爱心和耐心化解障碍：

①与智力残疾人中的语言残疾人交往时，可以配合体态语与其交流。

②与出现言语和复杂认知障碍的智力残疾人交流时，服务人员可以事先制作简单的图示卡片，如将饮水、毛巾、厕所、休息室、水果等图案让他们看，他们看到自己所需的标志时会有新的表示和反应，表现出高兴的神情，这样就能够了解智力残疾人所需，达到帮助的目的。

③重度智力残疾人在生理协调与控制能力方面存在障碍，可能出现大小便失禁或者由于紧张在卫生间将自己的衣裤弄脏的现象，要充分理解他们的难处，并采取合适的方式帮助其解决问题。

④智力残疾人由于自理能力较差，需要相对固定的服务人员提供近身服务，但是否需要完全协助则视具体情况而定。

⑤服务人员在为智力残疾人提供帮助前，要尽可能了解他们的生理、心理特点以及需求，做好预案的策划、准备与演练，特别注意不要遗漏需要特殊服务的环节。

三、残疾人体育服务技巧

（一）语言沟通技巧

1.展开话题的技巧

展开话题前，可以先观察一下对方的行为态度。如果对方有微笑、有眼神接触且面部表情自然，则表示可以交谈。如果对方正在忙于某些事情，或正处于情绪不稳定状态，则表示谈话时机不成熟。常用的展开话题的方式有两种：一是邀请式，如“你今天的这套拳打得很好”“祝贺你取得了胜利”；二是提问式，如“你明天还会来学健身操吗？”

2. 恰当地提问

恰当地提出问题，可以找到共同的话题。在实际交往中，采用开放式问题、中立性问题、一般性问题、探索性问题或非语言问题比封闭式问题、多重性问题或引导性问题更能促使交谈进行下去。例如，“你什么时候开始练习太极拳的？”（开放式问题）就比“你对明天的太极拳比赛有把握吗？”（封闭式问题）更能展开话题。

3. 应避免的三类沟通方法

（1）傲慢无礼型——评价、安慰、扮演或自我标榜为心理学家，讽刺挖苦，过分或不恰当地询问。

（2）发号施令型——命令、威胁、多余地劝告。

（3）回避型——模棱两可、保留信息、转移注意力。

4. 维持话题的技巧

（1）聆听。集中注意力，保持谈话的专注。留意对方说话时的内容及语气，可能有助于了解对方的感受或言外之意。记住对方的一些重要字眼和资料，之后便于有针对性地回应。

（2）回应。在谈话时，简单总结对方的内容，讲出对方观点及感受，表示已明白对方感受和话语背后的含意，对方会更喜欢和你倾谈，也能够促进彼此了解。

（二）非语言沟通技巧

按照非语言沟通信息传递的介质分类，非语言沟通可以分为副语言沟通、身体语言沟通以及环境语言沟通。

1. 副语言沟通

副语言是指有声音但没有具体意义的辅助语言，包括说话者的音质、音调、语速以及停顿和叹词的应用，如所谓的“抑扬顿挫”等。副语言虽然有声音，但因为本身没有具体的语义，所以不能称为语言。

同样的一句话，通过不同的音质和语调说出来，会表达出不同的意思。比如“你真聪明”这句话，可以是热情褒奖，也可以是冷嘲热讽。因此，服务人员在与服务对象沟通时要善用副语言，以获得更好的沟通效果。

2. 身体语言沟通

身体语言沟通包括肢体语言沟通、面部表情语言沟通和形象语言沟通。

三种方法配合使用，能最大化拉近与服务对象之间的距离，提升服务效果。

肢体语言沟通是非语言沟通的重要组成部分。肢体语言是一种无声的语言、广义的语言，它作为口头语言和书面语言的补充形式，可以帮助人们获得更好的沟通效果。善用多种形式的肢体语言可以提升服务工作的效果。身体接触式肢体语言是沟通双方通过身体某一部位的接触，传递某种沟通信息，最典型的应用是握手、拍肩膀、拥抱等。

面部表情语言沟通，即通过五官的动作形态传递信息。美国学者巴克研究发现，单是人的脸就能做出上万种不同的表情。由于面部表情往往是心灵最直接的反映，因此也是最容易用来解读、交流双方真实想法的非语言因素。所谓“察言观色”，就是通过关注、分析别人面部表情及其变化，揣摩、把握别人的内心世界和真实观点。谈话时要轻松自然，记得时常保持微笑。因为，在多数情况下，微笑表示友善和礼貌，皱眉表示怀疑和不满。

形象语言包含服饰和妆容。在服务过程中，仪容是最引人注意的地方，服务人员应注意着装整洁，穿搭文明、雅观，服务中尽量少佩戴或不佩戴饰品。面部应干净清爽，妆容宜淡，注意口腔卫生；手部干净，不留长指甲；不穿拖鞋；发型应整洁，长短适当，最好不染发。总体而言，要最大限度地传递给服务对象亲和、友善、积极、乐观的感觉。

3. 环境语言沟通

环境是沟通必备的要素，所有的沟通必然都发生在特定的环境中。同时，环境是沟通的工具，通过时间环境、空间环境能进行信息和情感的交流。时间环境可以理解为沟通的时机和强度，需要服务人员有很好的观察能力，选择恰当的时机和话题进行沟通。例如，在服务肢体残疾人时，一般不要在对方穿脱假肢时与之交流。一对一交流时话题可以深入，而多人在场的情况下就需要斟酌话题。另外，服务人员是否守时，也反映对沟通的重视程度。不同的空间距离表达不同的意义和情感，一般情况下，为残疾人提供服务的距离为 0.5 ~ 1.5 米，可根据服务对象的具体情况适当调整。

（三）服务过程中的沟通原则与方法

在服务人员工作的过程中，沟通是非常必要的。有效的沟通可以使工作事半功倍，获得让服务对象满意的效果。因此，服务人员必须掌握沟通的原则和方法。

1. 有效沟通原则

（1）妥善运用沟通的三大要素：对象、环境（场合）与内容。换位思考是非常有效的方法。例如，服务对象是聋人，就需要使用其熟悉的手语或文字进行沟通。

（2）信息明确的原则。服务过程中要让服务对象迅速了解服务内容和步骤，就需要用简明扼要的语言表达，同时提示语要准确。例如，服务盲人时，就要准确指明方位，而不能含糊其词地用“向前一点”或“向下一点”这样模棱两可的提示语。

（3）及时的原则。无论在与服务对象交谈还是指导锻炼时，都应回应及时，这样才能帮助服务对象建立正确概念，同时让其感受到专心的服务。

2. 有效沟通方法

（1）创造良好的沟通环境。在沟通中多用描述性语言，少用判断性语言，与服务对象共同寻找解决方案，而不是试图控制服务对象，要设身处地为服务对象着想，不妄下结论，以行动强化语言，这样才能真正提高沟通效果，达到沟通目的。沟通最重要的前提就是要设定一个目标，之后因人而异地选择沟通的方法。主动寻找与服务对象的共鸣点，可以从共同话题、兴趣爱好上去寻找同频共振的契机。除此之外，营造与沟通目的相适应的气氛尤为重要。影响沟通气氛的要素有外部环境和内在表现两部分。外部环境包括沟通的场合、时间、对象，沟通地点的布局、灯光、颜色，沟通双方的坐姿、空间距离，等等。内在表现包括微笑、赞美、幽默、寒暄、鼓励、倾听、沉默等。

（2）学会适当提问。在沟通过程中，80% 是倾听，其余 20% 是对话。而在说话中，提问又占了 80%。就提问而言，越简单明确越好，答案非是即否，并以自在的态度、和缓的语调为之，这样一般人都很愿意接纳。

（3）学会聆听与回应。在交谈中，要全神贯注，保持谈话的专注和聆听。做一个好的聆听者，留意对方说话的内容和语气，了解对方的感受和言外之意，并记住对方谈话的重点，适时给予有针对性的回应，以示对对方的尊重，使对方体会到自己的价值，这样对方会更愿意与你交流。有效聆听的要点有：①少讲多听，不要打断对方的讲话；②交谈轻松、舒适，消除拘谨不安情绪；③表示有交谈兴趣，不要表现出冷淡或不耐烦；④集中精力，尽可能排除外界干扰；⑤站在对方立场上考虑问题，表现出对对方的同情；⑥要有耐心，不要经常插话，打断对方的谈话；⑦要控制情绪，保持冷静；⑧不要妄加评论和争论；⑨提出问题，以显示自己充分聆听和希望了解的心境。

（4）尽量使用通俗易懂的语言。在沟通中应使用对方最容易理解的语言。表达不同意见时，用“很赞同某一些意见，同时不同意另一些意见”的模式。即使并不赞同对方的想法，也要仔细倾听其话中的真正意思。若要表达不同的意见，最好说：“你的意见，我觉得非常好；同时，我有另一种看法……”“我赞同你的观点，同时……”，尽量不用“可是”“但是”，这两个词语可能会中断沟通的桥梁。

（5）学会“韧”性沟通。对于沟通对象，要有“锲而不舍”的精神，抓住沟通中的每个机会、每个细节，进行反复沟通、深入沟通，直到达到沟通目的。

（6）重视沟通细节。沟通细节包括声调、语气、节奏、面部表情、身体姿势和轻微动作等。一方面，服务人员应给予服务对象合适的表情、动作和态度，并与所要传达的信息内容相配合。另一方面，服务人员需要给予服务对象口头语言和身体语言以灵活机动的反应，以满足服务对象的需要。

（7）在沟通中合理运用“我”。沟通时难免遇到对方误解，甚至双方会说出不满的言语：“你都不理解我说的话！”“你都不替别人着想！”“你知道你的问题出在哪里吗？”人们在沟通的时候，尤其是情绪发泄（抱怨、愤怒等）状态下，都会表达出指责与不满。当用“你”作为开头时，会把说话者心中的指责意味表露无遗，促使对方急于为自己辩护，自己把沟通大门关闭，从而引发争执。提到自己感受的时候，如果将“你”调整为“我”，将会带来不同的结果。这样会准确地表达出自己的感受，引起正向注意，让对方不会有被指责的感觉，促进双方沟通的顺利进行。

（四）服务各类残疾人的技巧

1.服务视力残疾人的技巧

在带领视障者行走的过程中，带领者为导引，视障者为随行，统称“导盲随行”。导盲随行的方式虽然很多，但都是在导盲随行基本动作的基础上，做不同形式的改变。

（1）导盲随行的基本动作。导盲随行的基本动作包括导盲者与视障者的“接触”，视障者对导盲者的“抓握”，视障者与导盲者的“站位”和视障者的“随行”。导盲者首先要建立正确的基本动作概念，切不可随意拉着视障者的手行走，以免置视障者于被动状态，不方便主动感知导盲者传递的信息。

①接触。接触是导盲者主动与视障者建立联系的触摸动作。动作方法是：导盲者走近视障者，与之同向并排站立，用右手背轻轻触及视障者的手或臂，告诉视障者他将被带领。需要注意的是，导盲者在走近视障者时应事先有所预示，避免视障者受到惊吓。

②抓握。抓握指视障者得到接触的信息后，及时与导盲者建立联系的动作。动作方法是：视障者左手背沿导盲者手臂外侧轻快上移，抓握导盲者手或臂的适当位置。需要注意的是：抓握要稳，不宜过松或过紧。

③站位。站位指视障者抓握后，调整与导盲者的相对位置。动作方法是：视障者抓握后立即后退半步，站在导盲者侧后方。这种站位不仅便于随行，也有利于视障者准确接收导盲者的信息。

④随行。随行指视障者正确站位后跟随导盲者行走。动作方法是：当导盲者迈步后，视障者根据抓握手所获得的信息及时跟随行进。需要注意的是：导盲者行走时要保持适当的速度，不要过快过慢或忽快忽慢。视障者在随行过程中常常会出现抓握不稳和动作变形的现象，要及时予以提醒和纠正。

（2）一人导多盲。一人导多盲指一个导盲者带领多个视障者同时随行的方式。动作方法是：导盲者先将多个视障者由高到矮纵队排列。视障者以接触、抓握、站位的动作方法交互抓握前人的异侧臂。导盲者接触最前一个视障者，待所有人抓握、站位完成后进行导盲与随行。这里特别要注意几点：导盲者要帮助视障者逐个做好抓握和站位；导盲者应保持匀速行进，避免忽快忽慢；要不断提醒视障者保持随行过程中动作的规范性，以免队列变形；由于导盲信息经多次传递后会逐渐失真，所以导盲者要随时注意后面视障者的随行情况。

（3）导盲随行中的特殊情况处理。

①关于进出门。用语言提示视障者后，再将门打开。遇到门槛时，再次语言提示并帮助视障者安全跨越。

②关于进出电梯。告诉视障者要进电梯或出电梯，进出电梯时导盲者

要用手抵住电梯门，防止电梯门突然关闭将视障者卡住。

③关于上楼。导盲者语言提示上楼后，视障者向前迈出半步与导盲者并肩站立，视障者可以用脚试探一下楼梯的边缘；导盲者起步上楼时，视障者身体应前倾。导盲随行上楼过程中，导盲者始终先于视障者上一级楼梯。

④关于下楼。导盲者站在楼梯前沿用语言提示下楼后，视障者向前迈出半步探知楼梯前沿位置后与导盲者并肩站立。下楼过程中，导盲者始终保持先踏在视障者的下一级楼梯上，视障者的身体应稍向后仰。

（4）需要注意的事项。

①导盲随行上下楼梯时，最好让视障者走在楼梯扶手一侧，以便视障者手扶楼梯扶手上楼或下楼，更为安全和舒适。行至楼梯转弯处时，导盲者的语言或动作提示应清晰明确。

②导盲者在导盲过程中要与视障者积极沟通，建立良好的关系。不一定严格按照上述要求执行，可以征求视障者的意见，灵活变通。

③带领视障者到陌生的环境时，应沿途说明交通状况，并提示可能造成伤害的障碍物及危险地区，让其熟悉四周环境，协助其建立独立的定向行动技能。例如，走到转角狭窄处应放慢行走速度，落差特别高或路幅特别窄处应提醒视障者，并以视障者的步幅作为引导标准。当低视力者无法看清招牌、路标、公车站牌上的文字，必要时念给他们听。

④指挥方位要清楚准确。特别要避免使用“你坐这儿”“坐那儿”这类的语言使视障者对方向、位置难以把握。引领他们就座时要明确地告知他们，如我坐在你左边或右边、前面或后面的位子等，给他们一个十分明确的指示。

2. 服务肢体残疾人的技巧

（1）服务不使用轮椅的肢体残疾人。

当肢体残疾人进入服务区域后，服务人员要引导走最短路线，行进速度要慢，特别要提醒路面情况，当路滑或有水时要给予提示；在平路上，应主动走在他们侧前 1.5 米之内，上坡道要慢，要走在他们的侧后或不方便的一侧。帮助前需观察、了解这类残疾人的习惯。特别是在更衣、如厕时，一定要尊重他们的隐私和习惯，只有得到他们的同意才可进入和给予恰当适时的帮助。在细节上给予残疾人帮助，如提示他们系好鞋带，询问所带的物品是否需要帮助拿放等。

（2）服务使用轮椅的肢体残疾人。

①平稳推车。当轮椅需要前进时，2 米内不得出现障碍，推车人两眼直视前方，双手持住把手，移动时两腿步长要相等，不宜过大，匀速前进，不能急停急起。当需要停车时，提前放慢速度，切忌后拉急停。

②行进中转弯和进小门。行进中靠右行走，转弯前需提示并减速。在通过小门时，身体始终在中间位置，平稳行进，不要东张西望。

③上坡、下坡和通过障碍。上坡时要保持平稳，蹬地腿要慢用力，两臂保持曲位，身体微向前倾。不要把身体重心放在两手上，以避免滑倒和蹬空。下坡时手臂弯曲，身体略后仰，双手控制车的前冲速度。遇有较大坡度时，特别是对重度残疾的人士应采用倒车下坡的技术，缓慢倒退滑行，一定要控制车速，保证安全。遇到小障碍，应先提示服务对象，然后以两臂后压使前支撑小轮通过。

④乘电梯。乘坐电梯要先目测电梯门的宽度和长度，利用窄通道后退推车方法，倒着进入电梯，正着推出，速度要慢，让服务对象看清要去的楼层，并按下电梯指示按钮。当两辆轮椅同乘电梯时，要注意先后顺序，先下后上，同时防止轮椅被电梯门夹住。

⑤辅助乘坐与离开轮椅。当服务对象需坐轮椅时，应把车推至右侧并排位置或斜上位置，这样，服务对象通过手臂支撑就能顺利移到轮椅上。服务对象要离开轮椅时，应首先把轮椅停在服务对象最满意的位置，提示或帮助他下车。

3. 服务听力残疾人的技巧

（1）辨识。

对听力残疾人来说，视觉信息、肢体信息、触碰等比声音信号更加重要。

（2）获得注意。

在与听力残疾人交流前，先要获得他的注意，眼神接触就是一种很好的获得注意的方式。如果需要，可以轻轻地挥挥手或者轻轻地触碰听力残疾人。

（3）交流。

交流时，需要保持处在对方的视野区域内。双方或者多方的眼睛要处于同一水平线上。同时，与听力残疾人交流时可以保持比非听力残疾人稍远一些的距离，以便交流双方将彼此的全部身体语言尽收眼底。

（4）读唇。

如果听力残疾人可以阅读唇语，服务人员要用正常的语速、声调和节奏来交流。当察觉到对方不会读唇语时，可以先尝试用笔和纸来与对方沟通。当和会阅读唇语的听力残疾人交流时，要一直面对他。

（5）沟通中的注意事项。

沟通中应注意，一开始就向听力残疾人阐明对话内容的要点，让听力残疾人大体了解讲话内容和方向，使听力残疾人更容易跟上讲话速度。在对话中，需要不时停顿下来询问对方是否跟上了自己的讲话速度。

4. 服务智力残疾人的技巧

（1）服务人员要提醒智力残疾人外出活动时随身携带信息联系卡片。卡片上写明紧急联系人的电话。信息联系卡片可以做成胸牌或者放在衣物口袋里。

（2）服务人员陪同智力残疾人活动时要保持智力残疾人在自己的视野之内，以便随时关注。

（3）服务人员与智力残疾人沟通时，说话要清晰、简洁、明了，传达给智力残疾人的信息一次不要超过两个，待一个信息完成后再给予另一个新的信息。

（4）智力残疾人可能会无意识地到处乱摸，如捡拾垃圾等。因此，吃东西之前要让他们先洗手。

（5）智力残疾人通常对隐私的保护意识薄弱，因此，服务人员在智力残疾人如厕前可以提醒其把门关上，穿脱裤子的动作要在进入厕所后才能完成。每到一个新环境都要提醒智力残疾人厕所的位置，注意其表情变化，以避免错过如厕时间或如厕时间过长可能产生的问题。

（6）服务人员陪同智力残疾人参与活动前要沟通好活动内容和目标，防止漫无目的地由着智力残疾人行走过长时间，导致智力残疾人疲劳，从而引起各种问题。

（7）随时随地根据实景对智力残疾人进行环境认知和设施使用的训练，教会其用水、用火、用电的安全常识。

（8）不要回避智力残疾人的问题（可能是反复且简单的），要让他们多接触社会环境，多与人交流，建立起他们熟识的社区环境支持系统。

（9）智力残疾人有时也会伴随言语障碍，所以口肌的训练至关重要。例如，重复说出“啊、衣、乌”，以练习嘴唇张开及向前突出的运作（音韵学上叫作“开口呼”“齐齿呼”“合口呼”）。在活动设计上可以玩吹气的游戏，如吹乒乓球、吹泡泡，练习圆嘴的动作，增强唇部及舌肌的控制及活动能力。

（10）智力残疾人也有自己的喜好，有的喜欢做某件事情，就总是反复做这件事情，服务人员可以慢慢丰富其活动内容，多给予正面支持，不要强行制止。

（11）长期服务人员可在智力残疾人的日常生活环境中对不同区域功能进行标示，教其独立使用环境设施。

（12）为了鼓励智力残疾人主动沟通，有时服务人员不要急于给予支持，留一点时间让智力残疾人自己表达出来。

（13）系鞋带这样的精细动作对于一些智力残疾人而言有一定的困难，为了出行方便，可以让智力残疾人穿带有魔术贴的鞋子。

（14）智力残疾人的活动时间通常不宜过长，专注的活动中间要有间歇。同时，服务人员要提醒智力残疾人及时喝水等。

需要注意的是，智力残疾人同样有性需求，对青春期的自身变化等可能表现出好奇或伴有自慰行为。这种情况下，服务人员不要因此害怕或者排斥责备，要给予其正确的引导，让智力残疾人明白，在哪些环境下做出哪些行为是安全的。同时，针对女性智力残疾人，服务人员可以适当地帮助她们了解自己的身体情况，告诉她们哪些部位不可以随意被人看见与触摸等。

第三节　残疾人体育的服务人员

残疾人通过体育教育和体育锻炼改善身心状态的需要比普通人更为迫切，且需以残疾人体育服务人才的定期服务和专业指导为依托。残疾人参与体育锻炼需要广泛的社会支持才能实现，而在诸多的支持性因素中，又以直接服务的残疾人社会体育指导员、社区残疾人工作者以及残疾人亲属最为关键。

一、残疾人社会体育指导员的能力要求与职责

（一）残疾人社会体育指导员的定义与培养途径

残疾人社会体育指导员，是指专门为残疾人提供体育健身咨询、健身指导和活动组织的志愿服务人员。残疾人社会体育指导员有不同等级，需要通过专业知识的培训和考核，具备开展残疾人体育健身活动的基础理论知识，以及为残疾人提供健身指导、开展相关活动的实际工作能力，吸引、组织、指导残疾人参加体育锻炼和社会体育活动。

《残疾人文化体育工作“十三五”实施方案》对残疾人群众体育提出非常具体的指标，即在全国建成1万个残疾人健身示范点，培养10万名残疾人社会体育指导员。在此要求下，每年至少应开展两期国家级残疾人社会体育指导员培训，为各省培养残疾人社会体育指导员骨干。各省市也相应开展二级培训，以满足日益增长的残疾人体育需求。除了在残疾人健身示范点专职或兼职的工作人员之外，具有体育专业或特殊教育专业背景的高校大学生也是潜在的培养对象。

（二）残疾人社会体育指导员的专业服务条件

1.残疾人社会体育指导员的申请资质

（1）从事助残服务两年以上并有相关证明，熟悉并较熟练掌握至少一类残疾人服务的特殊技巧，有较好的运动能力。

（2）能够承诺在获得资格后每年为残疾人服务不少于120小时，服务人数不少于300人次。

2.残疾人社会体育指导员的能力要求

（1）具备为不同类型残疾人拟定运动计划的能力。

（2）能够确定服务对象的锻炼目标并选择适合目标的活动。

（3）能够策划、组织残疾人健身比赛或社区活动。

（4）能针对不同残疾类型进行运动指导并了解运动禁忌。

（5）能运用各种途径倡导包容接纳，促进残疾人的社会融合。

（6）能够根据对象及设施的不同采用不同的指导方法。

（7）能够激励残疾人追求个人最佳状况，以及管理个人和团体行为。

（8）能使残疾人融入团体，养成运动习惯。

（三）残疾人社会体育指导员的基本要求

1. 残疾人社会体育指导员的理念和态度

（1）明确人人有权享有高品质的体育学习、终身运动、体适能和休闲运动。

（2）理解由各种身体障碍导致的体育锻炼困难，通过各种途径减少锻炼障碍，尽最大可能满足残疾人锻炼需要。

（3）接纳个别差异和不同需求，以一种所有残障人士都能接受的方式进行组织和运动指导，计划必须具有足够的灵活性，通过运动指导协助每一个人达成自我实现。

（4）把每一个有身体练习障碍的残障人士视为一种宝贵的资源，并努力促成运动参与过程的平等。

（5）帮助残疾人达成身体、精神和思想各部分的整体和谐，使其能够理解和接受自己的潜力与局限，进而提高自我关怀的能力。

（6）对待残疾人应秉持平等、热情的态度，不要居高临下或过度保护。

2. 指导残疾人健身服务的基本原则

（1）个别化原则。个别化原则是残疾人体育指导的第一原则，它源于因材施教、个别对待的理念。要求指导员以配合残疾人的方式去接触他们，以理解残疾人的方式去指导他们。

（2）发展性原则。发展性原则是指要承认和尊重残疾人发展的可能性和特殊性，并为每一个残疾人创设平等发展的教育条件和机会。

（3）安全性原则。安全性原则是指在活动实施之前，指导员应充分考虑活动内容及运动环境的安全性；活动进行中，应防范残疾人可能发生的不当行为所产生的意外状况。此外，指导员还应具备一些相关的医学知识和处理突发事件的能力。

（4）适应性原则。适应性原则是指在运动中应该认真研究残疾人的特点，选择与之相适应的内容、方法，知识结构的呈现方式必须与不同类型的残疾人的认知学习模式相适应。

（5）成功性原则。成功性原则对于残疾人有非同一般的意义。残疾人由于体能的弱势，比一般人更渴望获得运动方面的成功，所以使其获得最大发展是每一个指导员的责任。

（6）扬优补缺原则。在客观分析残疾状况的基础上，应借助支持系统，使残疾人在补偿缺陷过程中获得发展和自我发展的能力。

3. 残疾人社会体育指导员的工作内容

（1）负责本辖区残疾人服务对象健康状况的摸底筛查、评估和健身计划的制订。

（2）维护健身示范点或工作站的器材，定期指导残疾人及其亲属开展健身娱乐休闲活动。

（3）为残疾人提供健身咨询和开设运动处方，评估残疾人健身活动的效果。

（4）运用各种平台宣传倡导残疾人体育活动的益处，帮助大众接纳残疾人。

（5）定期开展残健融合活动，每年至少在残疾人健身周、特奥日和全国助残日组织残疾人融合体育活动。

（6）每月上门走访、指导、了解、联系残疾人不少于1次（有记录）。

（7）填写《康复训练档案》并管理本辖区残疾人健身档案。

二、基层残疾人工作者的能力要求与职责

（一）基层残疾人工作者的类型

基层残疾人工作者是具体落实残疾人生活保障、康复服务以及其他需求的一线工作人员，一般分为专职和兼职两种类型，分布在街道、社区、乡镇、村委会等部门的残疾人工作站或联络点中，承担着非常繁重且琐碎的工作。这些专兼职工作人员最能够了解残疾人的需求，也对辖区内可利用的资源和环境有较准确的评估。在没有专门配备残疾人社会体育指导员的地域以及有需要入户指导的重度残疾人的地域，残疾人的健身活动很大程度上要依赖这些专兼职工作人员协助开展。因此，基层残疾人工作者也需要具备一些简单的残疾人健身服务指导能力，这样才能把残疾人健身活动落到实处，满足残疾人切身需求。

（二）基层残疾人工作者健身服务基本职责

（1）热心社会公益事业，提供各类残疾人康复健身平台，以人为本，突出个性化服务，以最大努力帮助残疾人回归社会。

（2）严格实行人、财、物管理；建立健全各项管理制度，如入户指导制度、工作人员守则、健身指导须知等。

（3）负责实施本辖区残疾人信息搜集，并及时反馈需求。

（4）根据本辖区残疾人的身心特点，因人而异，安排不同健身内容和方式，以达到最佳康复效果。

（5）要关心、了解残疾人的身心健康状况和生活状况。利用工作站的资源优势，为残疾人提供心理疏导、康复训练指导、康复转介等康复服务。

（6）定期邀请市、区残疾人社会体育指导培训专家进行业务指导，并定期组织残疾人及其家属进行健身知识培训和康复指导。

（7）建立健全残疾人健身档案。

三、残疾人亲属的支持

（一）残疾人亲属支持的意义

1. 宏观层面：促进全民健身计划的实施

残疾人亲属参与残疾人的体育活动可有力促进全民健身计划的实施。2016年6月，《国务院关于印发全民健身计划（2016—2020年）的通知》指出：实施全民健身是实现全民健康的重要途径和手段，是全体人民增强体魄、幸福生活的基础保障，是国家重要的发展战略。家庭是一个社会群体，是个人与社会联系的桥梁。残疾人亲属是残疾人群体接触最多，也是最信任的陪伴者，在参与残疾人体育活动的同时可以带动周边邻里、社区以及亲朋好友参与体育，推动周边体育人口的滚动发展，进而促进全民健身计划的实施。

2. 中观层面：增进家庭成员间的亲密关系

残疾人亲属参与残疾人体育活动可以增进家庭成员间的亲密关系。家庭成员间的亲密关系程度决定了残疾人未来的发展。残疾人亲属参与残疾人体育活动不仅可以增加对残疾人体育活动需求的了解，也可以为自己提供更多的机会接触残疾人、了解残疾人，培养自己与残疾人之间的情感，使整个家庭的氛围和谐美满、朝气蓬勃，增进家庭成员间的亲密关系。

3. 微观层面：促进残疾人的身体康复和社会康复

残疾人亲属参与残疾人体育活动可以促进残疾人身心的发展。参与残疾人体育活动过程是教育的最佳时机。例如，对于残疾孩子来说，亲属可以把握其兴趣与志向进行引导教育。通过在体育活动中的各种角色扮演、体育活动规则的限制等，让残疾孩子学会适应角色、遵守规则，养成终身体育观念，促进残疾孩子的全面发展。成年残疾人与其亲属共同参与体育活动，不仅可以调节身心状态，也可让自己获得更多的社会支持。

（二）残疾人亲属在残疾人体育活动中的角色定位

1.残疾人体育活动的指导者

残疾人亲属不仅是残疾人的监护者，更是其教育的启蒙者。因此，可以说残疾人亲属既是残疾人参与体育活动的启蒙者，也是最好的指导者。学校、社区的体育活动或康复健身指导毕竟时间有限，且无论指导者如何专业尽责，也不可能像残疾人亲属一样对残疾人的行为习惯、脾气秉性有深入了解。残疾人亲属如果能掌握残疾人康复健身的基本知识和方法，将会是最有效的残疾人社会体育指导员，可以随时随地对其进行指导，能大大缓解目前残疾人社会指导员严重不足的压力。

2.残疾人体育活动的合作者

家庭是残疾人生活的主要环境。残疾人亲属有责任和义务为残疾人营造活跃的体育氛围，为残疾人提供丰富的社会资本。在残疾人参与体育活动的过程中，残疾人应是体育活动的主体，而残疾人亲属应是体育活动的组织者和主导者。残疾人亲属应全身心融入残疾人的体育活动中，并充分调动残疾人参与体育活动的积极性，以促进残疾人养成参与体育活动的行为习惯。残疾人亲属可与残疾人共同完成各项家庭体育活动或游戏，既增进家庭成员之间的感情，又可使双方得到锻炼。因此，残疾人亲属在残疾人体育活动中应扮演积极合作者的角色。

3.残疾人体育活动的监督者

一方面，残疾人参与体育活动过程中的安全问题是残疾人亲属考虑是否让其参与体育活动的重要因素。由于残疾人的动作技能掌握和运动控制能力相对薄弱，对周围环境存在的安全隐患的预判能力较差，这就使得残疾人在参与体育活动过程中产生各种损伤的可能性增大。因此，残疾人体育活动必须在志愿者或残疾人亲属的陪同下进行，残疾人亲属应作为整个活动过程中的监督者与保护、帮助者，与残疾人一同完成体育活动，以此来减小发生伤害事故的风险。另一方面，残疾人亲属参与残疾人体育活动，可以作为残疾人学校体育活动或社区体育活动的延伸。残疾人亲属作为监督者，与残疾人一起完成指导员布置的“体育作业”，不仅可以提高残疾人完成“体育作业”的积极性，还能达到家庭与健身服务站点之间合作交流的目的。因此，残疾人亲属可以作为残疾人体育活动的监督者。

（三）残疾人亲属参与残疾人体育活动的途径

1.设计家校合作共育机制，促进家长积极参与残疾儿童体育活动

不同层次的家长对参与残疾儿童体育活动的关注点不同，要调动家长积极参与体育活动并非易事。因此，必须改革家园合作共育的机制，将家长参与上升为学校和社会对家长的刚性要求。具体做法有以下几个。

（1）学校与教师应唤醒家长参与残疾儿童体育活动的意识，注重激发家长参与的热情。

（2）以多种形式对家长进行教育与培训，向家长阐明参与残疾儿童体育活动的必要性。

（3）运用实例向家长证实“边缘参与”与“积极参与”对残疾儿童学习与发展的不同影响。

（4）学校与家庭签订共育责任书，固化家长的参与意识。

（5）学校应创设包容接纳的参与环境，让家长以“主人翁”的角色参与残疾儿童体育活动。

（6）学校应设法打消部分家长可能存在的“局外人”的意念，积极引导家长主动支持残疾儿童体育活动，全力协助残疾儿童的学习和发展。

2.搭建“学习或工作场所—社区—家庭”一体化家庭参与残疾人体育活动的平台

残疾人生活的主要环境是由学习或工作场所、社区、家庭三个环环相扣的同心圆组成的。学校和家庭是残疾人发展最重要的影响源，而社区是残疾人认识社会、接触社会最直接的地方。若希望残疾人亲属参与残疾人体育活动，就必须推动残疾人体育活动的社会化发展，即充分利用社会资源，动员社会力量，构建一个科学化的家庭参与残疾人体育活动的平台，让学校（工作单位）、社区和家庭开展的残疾人体育活动得到有效的统筹管理，真正实现合作共育模式的一体化。残疾人亲属参与残疾人体育活动平台的构建，一方面可以促进学校（工作场所）、社区和家庭三方的协同合作，如

学校可以邀请家长或社区的体育指导员一起甄选残疾儿童体育项目，参与设计残疾儿童体育活动方案，与残疾儿童一同进行体育活动等，这有助于残疾儿童积极体育运动观念的形成；另一方面，在三方互动的过程中，可以使各自所擅长的体育专业知识形成互补，这不仅有助于促进残疾人亲属、指导员、社区管理者之间的有效沟通，而且会提升残疾人亲属参与残疾人体育活动的积极性，对于推动合作共育模式一体化的形成有着重要的意义。

3. 树立正确的残疾人亲属参与残疾人体育的观念

树立正确的残疾人亲属参与残疾人体育的观念是促进残疾人体育活动发展的第一要务。无论是作为特殊儿童教育主要场所的学校，还是残疾人赖以生存的基本空间社区，都应该努力营造无障碍环境，支持残疾人亲属共同参与残疾人体育活动。学校应该认识到，残疾儿童教育的价值既是对其发展的贡献，也包括对家长的教育价值。学校应定期为家长提供相关的残疾儿童体育活动知识讲座，聘请体育专业相关的教师对家长传授一些家庭体育活动知识，举办家长活动日和小小运动会等。家长应主动参与幼儿园、社区举办的体育活动，认识体育活动对残疾儿童身心健康发展的重要作用，打破传统体育观念认识的误区，树立正确的残疾儿童体育教育思想。社区应成立以居委会为核心的体育社会组织，包括健身俱乐部、体育志愿者团体和以老年人为主的社区体育组织，以浓厚的社区体育氛围带动残疾人亲属参与残疾人体育活动，转变残疾人亲属的体育观念。

四、社区残疾人体育活动的策划与组织

社区残疾人体育是惠及千万残疾人身心健康的重要领域，是残疾人健身体育、康复体育开展的重要渠道，是党和国家各项法规条例和文件的真实落脚点，也是开展残疾人群众体育的根基。指导组织开展好社区残疾人体育活动，是一项非常有意义而长期的任务。在各级政府的领导下，把健身体育、康复体育送到残疾人身边，把群众体育活动开展在社区、街道和残疾人的家庭中，把阳光体育、快乐健身带给每个残疾人，是社区残疾人体育发展的基本目标。

（一）社区残疾人体育活动的基本组织形式

1. 社区健康科普知识宣传教育活动

对健康生活的科普知识活动，可以帮助残疾人养成良好的生活习惯。可以利用社区文化宣传的设备，通过板报、橱窗、广播等形式，宣传残疾人体育健身知识，表彰社区残疾人自强健身的事迹；通过广泛宣传活动，发挥社区辐射作用，带动周边更多的社区和残疾人参与体育锻炼。

2. 社区融合体育健身活动

根据社区的特点，可以组织残疾人专项的健身活动，创编一些适合残疾人的舞蹈和健身操，逐渐形成有社区特色的残疾人健身队伍。活动的辅导和设计要让不同程度的残疾人都可以完成，也要让社区其他人员可同时参与。

3. 社区趣味体育活动和综合运动会

在社区开展趣味体育活动和比赛是十分受欢迎的。在设计趣味体育活动中，应满足以下基本条件。

（1）从参与社会活动的实际出发，将兴趣与体育锻炼结合起来。

（2）满足残疾人的愿望和生理特点的需求。

（3）由简到繁，由易到难，符合不同残疾人的需求，使其有提升的空间。

（4）要有群众基础，易学习，能锻炼，可推广。

（5）参与活动的人可以自主完成，也可以在他人帮助下，经过共同努力完成。

（6）活动形式要安全可靠。

4. 组织残疾人外出参与社会活动

根据本地区的实际，可以组织残疾人参加一些社会活动，如参观有特色的展览和社会发展的新景象。有条件的地区也可组织残疾人观摩运动会，观看文艺演出，让更多的残疾人走出家门、走出社区，走进社会的大环境，既开阔他们的眼界又丰富他们的生活。可组织残疾人朋友利用社会公益组织参与登山畅游，欣赏祖国大好河山，也可组织他们参与社会的大步走、轮椅车健步行等公益活动，为残疾人参与社会的各方面活动提供便利的服务。

5. 重度残疾人居家康复健身指导

重度残疾人外出参与社会的健身活动存在困难。居家锻炼康复的工作主要由社区来进行日常的指导与组织。居家的体育辅导要有长期性和持久性。可根据重度残疾人的需求与实际情况，选用可操作的小型器械，安排有效的康复体育锻炼方法，为他们请康复师进行综合的指导。可根据本地区的实际情况调换更新器械，升级锻炼方法，设定康复健身的指标，检查他们实际完成的情况。在辅导中，可让他们通过手机视频进行交流；在社区重度居家康复的残疾人群中建立微信群，进行多种形式的通信比赛；进行自我康复能力的展示；也可做一些运动机能恢复和改善的表演。通过这些方式让残疾人收到参与康复运动的实际效果，同时在交流中，残疾人亲属辅导的能力也能得到提高。

（二）社区残健融合活动介绍

社区体育作为全民健身的主战场，是残疾人体育参与的主要方式。2017年2月，国务院常务会议通过的《残疾预防和残疾人康复条例》指出，要从让残疾人平等、充分参与社会生活出发，加大政府投入，更好地调动社会力量。残疾人的健康状况越来越受到政府的关注。然而，个体的残疾会波及整个家庭，国家在大力提倡加强残疾人体质健康的同时，也要关注残疾人家庭成员的健康状况，特别是残疾儿童家长。目前，国内社区体育的研究和活动开展是一个热点话题，但对残疾人及其亲属的社区体育参与的支持保障却相当匮乏。

在社区里，有多种类别的残疾人和相当数量的老年人。残疾人残疾程度不同，生活境况不同，却都一样需要走出家门，与其他人进行健康的互动交流。老年人也是如此，虽然随着年龄增大，活动范围逐渐减少，但他们一样有参与社区活动的愿望和权利。而且，很多刚从岗位上退休的老年人，特别希望有途径发挥余热，从事各类志愿服务，为他们提供一个残健融合的社区体育活动平台，不仅可以让他们实现自我锻炼，还可以让他们有机会帮助别人，提升他们的自我认同感。社区残健融合活动是残疾人接触和融入社会的重要手段，不仅为残疾人提供了展示自我的机会，也为今后开展各项残疾人工作打下了基础，同时向残疾人表达了源源不断的关爱。社区的残健融合活动应该将老年人和残疾人一起纳入服务范围，打造“老残一体”的新型健康社区文化。在社区开展残健融合活动，不仅丰富了残疾人的业余生活，也增添了他们对生活的自信心。

此外，社区残健融合活动是以提升残疾人的幸福感、满意度为支撑的一种体育文化惠残工程，并且以融合体育活动为载体把残疾人从家庭的封闭状态中吸引出来，以他们爱好、感兴趣的方式融入社区、社会，增强生活信心，做到自信、自尊、自强。这也是对残健共融理念很好的诠释。残健共融的实行为残疾人提供必要的社会环境和条件，缓解并逐步消除残疾人绝对贫困现象，缩小残疾人生活水平与社会平均生活水平的差距，促进残疾人与全体社会成员共享社会文明的物质成果，推动残疾人事业发展。

（三）社区残健融合活动的特征与意义

社区残健融合活动的特征表现为人与人、人与社会、人与自然的和谐统一，是社会主义和谐理论指导下残疾人体育参与的体现，是残疾人与健全人融合交往的媒介。社区残健融合活动展现了公平、公正的社会主义教育观，突出了残疾人和健全人和谐共生、相互促进的关系。社区残健融合活动给予了残疾人和健全人相互接触和相互了解的机会，从而使残疾人勇于正视自己的缺陷，不断挖掘自己的潜能，敢于承担社会责任。从这个角度来看，社区残健融合活动加快了残疾人和健全人一体化的进程，促进了残疾人的身心发展，推动了社会的和谐。通过在社区开展残健融合活动，残疾人获得了更多自尊、自信、健康、快乐，也相应减轻了社会的负担。残疾人和健全人一体化进程的不断推进，有利于提高我国在国际人权保障方面的声誉，推动我国社会主义文明的发展进程。

在社区开展残健融合活动具有重要意义。从残疾人的层面看，社区残健融合活动可以使残疾人走出封闭环境，融入主流社会；可以改善残疾人身体状况，提高他们的体适能；可以给他们心理上带来愉悦感与幸福感，消除他们抑郁的情绪；可以使他们发现自身的价值，有追求的目标，增强他们的社会责任感。从残疾人亲属的层面看，残疾人身心得到全面解放的最大受益者无疑是残疾人亲属，残疾人亲属心理能力的提升不仅会使其更加细心地照顾残疾人，而且在康复与教育方面也会表现得更有耐心；残疾儿童家长参与社区体育不仅可以达到锻炼身体、增强体质的效果，而且在与社区居民的互动过程中可以吸取普通家长教养孩子的经验，也可以与“同病相怜”的家长进行相互沟通、交流，探讨孩子的抚养、教育和康复等问题，从而得到心理慰藉。从社区居民的层面看，在社区体育参与过程中，社区居民与残疾人互动可以增加社区居民对残疾人家庭情况的了解与认识，打破传统的观念，积极为残疾人家庭提供有利资源；能够促使社区居民树立为他人着想、荣辱与共的集体主义观念；能够有效提高社区居民的社会适应能力，强化他们的社会责任心与公德心；还能够感受或学习到残疾人坚强的意志品质，对社区居民今后的工作、学习、生活很有帮助，促使他们树立更高、更远的工作、学习、生活目标。

（四）社区残健融合活动案例展示

××社区残健融合活动策划方案

1. 活动主题：手牵手，心连心，爱同在。

2. 活动目的

（1）通过残疾人及其亲属与社区居民共同参与体育融合活动，增进社区凝聚力。

（2）培养残疾人参与体育活动的能力，增强他们参与体育活动的自信心。

（3）向社会各界宣传、倡导包容理念，更好地促进残健融合。

（4）以融合和发展为基本思路，进一步探索残疾人亲属、志愿者以及社区居民与残障人士融合体育活动的发展空间。

3. 活动时间：××年××月××日。

4. 活动地点：××。

5. 活动对象：××社区成员、残疾人及其亲属、志愿者。

6. 活动内容

（1）场地布置

①划分活动区域，标示活动名称。

②场地的全方位都要保证合理使用。

③规划好场地的各个区域，保障场地的设施。

④活动器材的放置。

（2）注意事项

①安全第一，重在参与。

②着运动装。

③注意沟通。

④突出“平等、合作、共享”。

（3）游戏目录

分组依次进行各个融合体育游戏（列各组负责人名单）。

融合体育活动项目：九宫格、趣味投准、趣味保龄球、运“弹药”。

（注意：每个游戏时间控制在12分钟以内。）

7. 其他说明

（1）本次活动为小型融合活动，将安排残疾人亲属以及社区人员与残疾人共同参与游戏活动。

（2）在活动中，残疾人亲属必须和残疾人共同完成活动，不能单独行动。

（3）活动中应时刻注意残疾人的安全，并保证活动顺利进行。

8. 安全预案

（1）在活动前进行活动场地安全检查，防止残疾人在融合体育游戏期间发生意外受伤事件。

（2）活动前再一次认真考虑活动的各个环节，活动中遵守游戏规则，避免秩序混乱等情况。

（3）活动期间，如发现残疾人受伤等情况，应及时通知活动期间相关负责人，并进行相应的应急处理。

（4）赠送礼品时，为了避免混乱，让××社区成员在主持人的安排下，排好队，等待志愿者依次进行礼物分发。

9. 本规程解释权属承办单位

10. 未尽事宜，另行通知

××社区融合体育活动日程安排表

时　间	内　容	项　目	人员安排
8：40	志愿者、工作人员到场	志愿者进行准备工作	志愿者10名 摄影师2名（全程）
8：40—9：00	××社区成员、残疾人及其亲属报到	分配志愿者，志愿者全程陪同残疾人及其亲属	志愿者10名 残疾人及其亲属××人、社区居民××人
9：00—9：10	领导到场	迎接领导	主持人1名
9：10—9：20	开幕式	××致开幕词	主持人1名
9：20—9：30	热身活动	兔子舞	残疾人及其亲属、社区居民、志愿者集体参与

续表

时 间	内 容	项 目	人员安排
9：30—10：30	融合体育活动	九宫格、趣味投准、趣味保龄球、运“弹药”	残疾人及其亲属或残疾人与社区居民组成小组
10：30—11：00	融合舞蹈	小苹果	残疾人及其亲属、社区居民、志愿者
11：00—11：10	闭幕式	赠送礼物	主持人1名
11：10—11：30	器材整理	器材、场地卫生整理	志愿者若干

第四节 体育助残志愿服务

一、体育助残志愿服务团队建设

（一）体育助残志愿服务团队建设的理念

残疾人的体育需求具有多层次、多样性、多变性的特点，各类专业志愿服务组织和体育社团应该成为残疾人体育服务的生力军。体育助残志愿服务团队的活动时空更为广阔和灵活，可利用自身的优势，通过大量的、多层次的、多方面的、精准的体育志愿服务活动，满足残疾人的体育需求，促进残疾人的全面发展。推动体育助残志愿服务团队的建设，必须理念先行，树立积极阳光的助残品牌。坚持理念创新是体育助残志愿服务创新的出发点。

1.主导理念

指导体育助残志愿服务团队建设，必须坚持民族精神和社会主义意识形态的主导地位；大力弘扬人道主义精神，积极倡导“平等、参与、共享”理念，大力培育和践行社会主义核心价值观；健全残疾人体育权益保障制度和扶残助残体育服务体系，增加残疾人体育公共产品和体育公共服务供给，坚持体育助残志愿服务活动的思想性、知识性、艺术性和创新性相统一，力求在服务形式、服务内容和服务质量上更高效、更公平、更实在地惠及广大残疾人。

2.人本理念

体育助残志愿服务团队，必须以残疾人为本，尊重残疾人、理解残疾人、关心残疾人，把不断满足残疾人的体育需求、促进残疾人的全面发展作为工作活动的出发点。体育助残志愿服务团队应通过深入了解残疾人体育发展现状，以残疾人体育问题为导向，以体育需求为出发点，提供满足残疾人体育需求的精准化、融合化、趣味化、常态化体育助残志愿服务；创新体育助残志愿服务模式，构建多层次、多方式的志愿服务体系，运用信息化、网络化等手段细化服务，抓好落实，出色地完成各项志愿服务工作。

3.品牌理念

树立品牌理念，打造品牌团队，是团队可持续发展的重要策略。打造体育助残志愿服务品牌，首先要有完善的制度保障，制定品牌服务的发展战略，树立团队志愿服务的品牌意识，建立品牌服务标准，提高品牌服务质量。其次，要能够整合优化体育助残志愿服务同类项目，打破行业、部门及各环节间的界限，促进公益资源的有效整合，共同推动志愿服务的品牌化发展。再次，要有准确的服务品牌定位，实现供需有效衔接。助残志愿服务资源的有限性决定体育助残志愿服务必须由一般化、普遍性转向重点化、针对性。最后，要加强体育助残志愿服务品牌的强势宣传。

（二）体育助残志愿服务团队建设的原则

1.共生性原则

共生性原则要求体育助残志愿服务团队的建设做到自我约束和共同成长。应该能够让所有的组织成员，无论在内部还是外部，都有机会有所作为，都有机会创造价值，都有机会成长。首先，社团的内部与外部管理，要发扬民主，努力创造和谐的民主氛围，鼓励社员参与社团的民主管理；管理者须善于吸收各方面良好的建议，在建设中不断改进作风和管理方法。其次，建立民主管理机制，充分发挥社员的积极性、主动性、创造性，为社员的全面发展提供广阔的空间，给社团注入活力，实现社团的自我管理。例如，在社团的干部选举、重大决定等方面，应充分发挥民主作风，保障社员的民主权利。

2.适度性原则

推动体育助残志愿服务团队建设，必须坚持适度性原则，即社团建设要健康、可持续发展。首先，社团的规模要适度，不能一味求大。其次，社团布局要合理。在横向上要建精品，重质量，彰显其体育助残志愿服务的特点，重视其服务残疾人体育的质量；在纵向上要优化管理结构，理顺层级顺序，高效运转、协同工作，满足经济社会和残疾人体育发展的需求。

3. 实效性原则

实效性原则指体育助残志愿服务团队的建设要讲实效，重实际，重成果，重效益，把加强建设与科学求实有机统一起来，把体育志愿服务与残疾人的体育参与有效结合起来。特别强调服务至上和技术穿透，根据服务对象和合作对象的变化随时调整自己的定位；在社团建设中做好切合实际情况的计划部署，采取有效的科学管理措施，力求产生最大的体育助残志愿服务效益和成果。

（三）体育助残志愿服务团队建设的路径

1. 健全社团制度保障

健全的机构和完善的工作制度是推动志愿服务活动可持续发展的有力保障。服务团队的日常监督与各部门的工作协调可由专业教师负责指导。应制定服务工作守则与行为准则、服务团队成员注册办法、服务团队成员管理制度、例会制度等工作制度，以此促进助残志愿服务的科学化、规范化、常态化发展。

2. 建立培训长效机制

志愿者的综合素质是确保志愿服务质量的关键所在，体育助残志愿服务尤其需要志愿者具备专业的服务能力，要建立助残志愿服务培育机制，进一步发展壮大志愿者队伍。第一，抓专业培训。因地制宜制定志愿者培训规划，对志愿者开展培训。第二，抓骨干力量。在成员中选拔具有体育背景的专业志愿者，加强助残志愿者骨干的培训，通过选派志愿者骨干参加残疾人社会指导员资质认证，发展残疾人社会体育指导员队伍，使他们成为志愿服务的中坚力量。第三，利用政府、高校及社会的优势，建设培训基地，组建专兼结合的培训专家团队，研究开发体育助残志愿服务的培训课程与教材，采用团体辅导、集体培训学习与个体自学相结合的培训方式，线上线下相结合，着力提升培训质量，不断满足体育助残志愿服务发展的需求，为残疾人体育提供人性化、细致化、精准化的体育助残志愿服务，为体育助残志愿服务的健康有序发展打好基础。

3. 量身打造体育助残志愿服务产品

残疾人群的体育需求呈现多样化和特殊化的特点，要实现体育助残志愿服务由“粗放型”向“集约型”的转变，就需要提升、优化服务质量和方式。社团要与残联、民政、体育相关部门联合，从协同视角整合社团、政府、社会的各类资源与力量，提升服务实施效果。要依托残联部门跟踪调查统计及动态更新残疾人体育数据，借助数据，了解残疾人体育服务状况和需求，加强走访、交流，甄别出特殊的体育需求，整合资源，创新性地为残疾人提供精准高效的体育助残志愿服务，尝试开展“智慧体育助残志愿服务”和“互联网+”体育助残志愿服务。

4. 完善评价激励机制

基于社团体育助残志愿服务的特殊性，评价主体可以考虑引入“第三方”评价（注重组织管理与服务质量），并结合被服务的残疾人的评价（注重活动服务获益）和社员自身的评价（注重个人成长获益），形成综合性的评价，同时将评价结果及时反馈给社团。社团依据评价结果和反馈意见，完善和改进体育助残志愿服务，以进一步提升体育助残志愿服务质量。

5. 强化支持保障体系

整合政府、社区、社会的力量，加强组织领导，加大经费投入，建立健全体育助残志愿服务支持保障体系，形成体育助残合力。体育助残志愿服务团队具有较强的民间组织色彩，体育助残志愿服务的大部分内容都是自发组织开展，因此，为保证体育助残志愿服务的高效开展，需要在人力、物力、财力、信息等方面提供支持保障，促进体育助残志愿服务常态化、制度化、专业化和有效性，满足残疾人多层次、多样化的体育需求。

二、体育助残志愿服务团队管理

（一）体育助残志愿服务团队管理的原则

1. 科学化原则

体育助残志愿服务团队的管理须在时代精神的指引下，以科学发展观为指导，坚持科学管理。首先，根据残疾人体育需求及社会发展需要，在残联的指导下，构建科学的管理组织，理顺不同职级的管理关系和权限，优化管理机制，制定科学合理的管理制度，规范社团的运作。其次，加强科学管理的学习。管理过程中，倡导管理者学习科学的管理理论，树立科学发展观，将管理理论和残疾人体育发展目标有效结合起来，把科学管理理念运用到管理实践之中，运用科学的管理思想指导团队的各项管理工作，充分把握残疾人的体育需求，满足残疾人个体发展的需要。最后，以科学发展观为指导，建设团队管理制度、活动开展制度等，让科学管理贯穿团队管理的各个环节，真正实现体育助残志愿服务团队管理的科学化。

2. 社会化原则

体育助残志愿服务团队是残疾人体育需求在社会发展中的反映，所以应根据残疾人的体育需求开展体育志愿服务，进一步促进社团成员用所获得的知识和掌握的技能满足残疾人的体育需求和促进社会发展。社会化管理有利于社团拓宽经费来源。社团可通过赞助、合作等途径有效利用社会资源，将体育助残志愿服务推向更大的范围，实现社团的社会化管理和运作。

3. 规范化原则

体育助残志愿服务团队要按照法律、法规、政策的规定，不断强化自律机制和创新机制，以服务残疾人为己任，努力做优做强，不断提升综合能力，推动社团工作的规范化管理。应严格按章程办事，加强社团内部工作制度建设，因为一套较为完善的社团内部工作制度是社团高效运转的有力保障。

（二）体育助残志愿服务团队管理的实施

1. 组织结构

组织结构是表明组织各部分排列顺序、空间位置、聚散状态、联系方式，以及各部分之间相互关系的一种模式，是整个管理系统的“框架”，指导工作任务如何进行分工、分组和协调。体育助残志愿服务团队一般应由社长、副社长主持，下设办公室、组织部、外联部、宣传部、人事部、财务部等部门，各部门协调配合，保持社团各项工作的有效开展，并逐步推动建立政府主导、部门联动、残联推动、社会互动的体育助残志愿服务团队综合发展机制。

2. 部门职责

（1）社长。

①主持社团全面工作，组织制定社团的发展规划。

②带领全体社员积极配合上级的管理工作。

③维护社员的合法权益，召集和主持部长办公会、会员大会。

④指导、检查、督促各会议决议的落实与执行。

⑤代表社团签订相关文件，组织开展监督、考核工作。

⑥做好年度工作总结。

（2）办公室。

①管理社员信息、公务档案、社团各级各类文件。

②做好社团会议记录，上交活动总结报告。

③负责各项活动的定位与策划报告的撰写。

④负责与各部门沟通，协助其他部门开展各项社团工作。

（3）组织部。

①组织、监督、协调其他各部门的工作开展。

②负责社团的会议活动，组织开展社员活动。

③组织开展各项活动。

④提供各项活动的后勤保障。

（4）外联部。

①负责本社团与其他社团或组织之间的交流。

②负责与外部相关部门或单位建立合作互助关系。

③负责活动经费的筹集。

④协助其他部门开展社团各项工作。

（5）宣传部。

①负责社团的宣传工作，包括展板、海报和宣传画的管理。

②通过各种形式宣传社团，扩大社团的影响力。

③通过视频、文字、照片等形式，展示活动成果。

④负责开展活动的信息发布及宣传。

⑤协助其他部门开展社团各项工作。

（6）人事部。

①执行并完善社团的人事制度。

②根据社团发展需要，制订相关培训计划。

③组织并协助各部门进行社员招募、培训和评估等工作。

④协助其他部门开展社团各项工作。

（7）财务部。

①制定社团财务制度及相应的实施细则。

②负责社团经费的管理，统筹安排经费的调度。

③负责日常费用审核及相关报销工作。

④定期总结上报经费开支情况。

⑤协助其他部门开展社团各项工作。

三、体育助残志愿服务项目设计

志愿服务项目是为实现特定的公益目标，在规定期限内，以可交付成果为衡量标准开展的一系列有计划和关联性的志愿服务。通过志愿服务项目可以筹集经费；可以使志愿服务更有针对性，更贴近民生需求；可以推动志愿服务组织建设管理；可以打造不同风格、不同专长的志愿服务队伍；可以在更大层面宣传志愿服务精神，带动更多公民加入志愿服务行列。

（一）体育助残志愿服务项目设计的基本流程

（1）确定项目的目的和目标。

（2）明确项目的可行性。

（3）确定项目的范围和除外责任。

（4）界定项目的可交付成果。

（5）评价项目的约束条件。

（6）撰写项目的建议书。

（7）确认项目的发起人。

（8）获得项目的授权。

（二）项目设计的要素

1.评价项目的可行性

（1）时间——项目能否按时完成。

（2）成本——项目有没有超过预算成本。

（3）范围——项目是否达到了预期的志愿服务的目标或覆盖了目标群。

（4）质量——项目在多大程度上达到了志愿服务主体和客体的期望。

（5）资源——项目是否妥善利用了内部和外部的资源。

2.评价项目的约束条件

（1）技术。确定现有的技术水平是否能够承担项目的技术要求，在志愿服务活动中是否有所需的仪器设备，是否有与外部联络的工作设备等。

（2）财务。确定是否有足够的资金实施项目，进行项目的收益—成本分析不仅有必要，更有助于增强说服力。

（3）运行。确定项目在多大程度上与所在组织的工作方式相一致，即项目与环境、管理的匹配程度。

（4）地理。地理的可行性也是重要的约束条件之一。

（5）时间。时间是项目最关键的部分，如果实施某个项目需要6个月的时间，而实际期限只有5个月，那么这个项目在时间上就是行不通的。

（6）人力资源。人力资源的可行性是指有完成项目所必要的合适的人力资源，包括内部和外部人力资源。

（7）法律。明确项目是否遵守了合同和现有的法律法规。

（8）政治。确定项目是否与组织或政府的政治主张相抵触。

3. 项目申请的注意事项

（1）注重项目目标立意：项目目标要具体、明确、清晰，可达成、可衡量，能够解决某一类社会问题。

（2）注重服务内容的合理性：项目执行计划与目标吻合，服务时间与次数安排合理，服务内容满足服务对象的切实需求。

（3）注重项目管理规范：有项目计划，有规范的志愿者管理，有较强的参与性，项目财务管理透明规范，项目评估各利益方满意度较高。

（4）注重运营保障机制：运营模式可持续，有多方参与，有资金和组织保障，有固定的办公场所，有稳定的组织团队。

（5）注重社会影响力：媒体宣传广泛，社会反响良好；得到党政部门等利益相关方认可，满意度高；对地方社会环境、公共政策、受益群体整体生活状况有改善；有社会公信力和知名度。

（三）体育助残志愿服务项目设计案例

以下是“运动无碍，共筑心桥”项目的申请表。

示范推广类阳光助残项目申报表

<table>
<tr><td colspan="4">一、项目基本情况</td></tr>
<tr><td>项目名称</td><td colspan="3">运动无碍，共筑心桥</td></tr>
<tr><td>申报单位名称</td><td colspan="3">Bridge 志愿服务队</td></tr>
<tr><td>项目负责人</td><td></td><td>联系方式</td><td></td></tr>
<tr><td>申报机构性质</td><td colspan="3">☐ 地市级青年志愿者协会　☐ 县区级青年志愿者协会
☐ 高校青年志愿者协会　☑ 高校青年志愿服务社团
☐ 社会青年志愿服务组织　☐ 其他 ________</td></tr>
<tr><td>项目或组织
曾获奖项
（限填 3 个）</td><td colspan="3">1. 2013 年获 ×× 省扶残助残先进集体。
2. 2014 年获首届中国青年志愿服务项目大赛银奖。
3. 2018 年获第四届中国青年志愿服务项目大赛银奖。</td></tr>
<tr><td colspan="4">项目运行模式、实施规模、实施成效等（500 字以内）。

“运动无碍，共筑心桥”是专门为下肢残疾人提供健身指导的项目，是以 ×× 省残疾人体育研究指导中心为技术指导，由 Bridge 志愿服务队与 ×× 市肢残协会开展的志愿服务实践，以研究—服务—实践—反馈四位一体的模式进行运作。志愿服务骨干成员涵盖知名教授、青年教师、博士、硕士、本科生等专业人才，定期进行志愿服务培训，培养青年志愿者骨干。其受益范围辐射残疾人、健全人乃至整个社会。
目前项目在 ×× 市东湖大院、×× 省残疾人体育运动管理中心等地长期开展，服务对象由最初的几人发展到数十人，创编了各类轮椅系列健身操，经多轮实践反馈及评估，受广大残疾群众监督，同时通过了 ×× 师范大学运动康复工程研究中心进行的检验。
截至 2019 年，本项目累计开展志愿服务健身教学 280 余次，创编 10 余套轮椅健身操，累计帮助残疾人参与体育锻炼 2800 人次。其中大部分残疾人养成了每周 1 ~ 2 次的锻炼习惯，并且身体素质和人际关系得到显著改善。2017 年，服务队所创编的《轮椅健身徒手组合操》获首届全国康复体育创编项目大赛一类优秀，被中国残联购买并推广至全国，成为 2018 年 ×× 省运动会指定比赛项目，并且成为全国残疾人体育健身指导员推荐培训教材。2018 年服务对象包揽 ×× 省残疾人运动会轮椅健身操比赛一、二、三等奖。</td></tr>
<tr><td colspan="4">二、项目复制推广计划</td></tr>
<tr><td colspan="2">申报示范推广类型</td><td colspan="2">☑ 项目模式复制推广　☑ 新增项目服务地
☑ 新增服务对象</td></tr>
<tr><td colspan="4">项目复制推广的主要目标、方式、核心指标、预期效果等（500 字以内）。

主要目标：首先是将该服务模式复制到更多的高校社团或社会组织，辐射并指导更多地区的残疾人参与体育锻炼；其次是扩大项目服务地，以 ×× 市为基点向 ××、×× 等地推进；最后是拟创编适合其他类型残疾人的健身活动内容，增加服务对象。
主要方式：通过全国及全省的残疾人社会体育指导员培训班进行推广，在各地残疾人社会体育指导员中培养骨干，同时在 ×× 师范大学体育科学学院本科生中开设特殊需要人群体育服务与管理课程，培养专业骨干志愿者。</td></tr>
</table>

核心指标：采用示范志愿服务等方式，将本项目的志愿服务模式传播到高校当中，还将继续与其他院校合作，争取在 ×× 省九地市各高校社团先行铺开，成为全国高校体育助残志愿服务模式的先行之师。项目将形成自己的系列产品，以轮椅健身操为基础，开发设计出适合重度残疾人、智力障碍等类型残疾人健身活动的项目并进行试运行。项目推广在 ×× 省九地市展开，预期每个地区至少有一所高校能够复制本项目，建设自己的助残志愿服务队伍，造福当地残疾人；通过全国及全省的社会体育指导员培训，预期每年培养 500 名残疾人体育指导员或体育助残志愿者骨干，将本项目志愿服务模式传播出去。本项目还将进入特教学校，为其设计体育活动课程并进行效果评估。
在复制推广过程中需要的支持事项（选填，300 字左右）。 目前本项目已取得较好的品牌知名度及社会影响力，同时帮助了许多下肢残疾人。项目所创编的健身操已经在全国推广，但仍需要更多宣传和推广的机会，让更多其他地区的高校及社团参与进来，尤其需要具有体育专业的高校或者体育专业的社会工作组织，在当地开展助残健身操的组织与教学。 项目的推广和系列残疾人健身操开发需要经费支持，以制作成光盘和指导手册让更多残疾人受益。 同时，项目也希望通过全民健身系列赛事让更多的残疾人带着健身和娱乐目的参与到健身行列当中，并更好地宣传项目本身，让更多的志愿者加入助残健身的行列。

三、项目资金预算

申请金额	☑ 5 万元　　□ 3 万元　　□ 2 万元
项目支出预算项	**金额（元）**
设备费	5000
办公费	4000
差旅费	12000
宣传出版费	16000
打印复印费	5000
活动用品	8000
总计	50000

团组织或青年志愿者协会推荐理由：

团组织或青年志愿者协会盖章

年　　月　　日

四、体育助残志愿者的激励与保障

（一）体育助残志愿服务的重要性

体育助残志愿服务是帮助残疾人提高体育参与的重要途径。有数据显示，68.85% 的志愿服务组织都从事过助残服务，而通过体育锻炼帮助残疾人的志愿服务组织也数不胜数。到 2017 年底，各类省级以下残疾人专门协会有 1.5 万余个，全国专业助残社会组织 2520 个。中国残联、共青团推出志愿者阳光助残扶贫行动实施方案，要求在“十三五”期间，全国农村 69.68 万名 6 ~ 35 岁建档立卡持证贫困残疾青少年及其家庭普遍得到志愿服务。随着社会经济的不断发展，志愿服务在社会中的作用越来越凸显。近年来，在国家法规、政策的支持下，我国志愿服务组织借助良好的环境蓬勃发展。截至 2016 年 12 月 31 日，在中国志愿服务信息网注册的志愿服务组织数量已有 287619 个。2016 年中央宣传部发布《关于支持和发展志愿服务组织的意见》，提出要加强志愿服务组织培育，提升志愿服务组织能力，深化志愿服务组织服务，加强对志愿服务组织发展的组织领导。2017 年 9 月 26 日，国务院颁布《志愿服务条例》，号召更多人参与志愿服务，建设志愿服务组织，并对志愿服务组织提出了更高的要求。面对数量如此庞大的志愿服务组织，如何对其进行建设和管理成为备受学界关注的问题。

由于残疾人体育需求的多样性，服务残疾人的志愿者需要具备一些特殊的服务技巧，甚至是相关专业的知识背景。因此，在残疾人体育服务方面，专业志愿者的队伍建设就显得尤为重要。

（二）体育助残志愿者的激励机制

提高体育助残志愿服务评价的科学性和实效性，需要加强评价体系、指标的完善和研发。评价结果要及时反馈给志愿者和相关管理者，依据评价结果完善助残服务，以进一步提升助残服务质量。评价结果是反馈激励的基础。从前期研究发现，“身份认同激励”“能力提升激励”“自我效能激励”是针对体育助残志愿者个体内生动力的激励因素。另外，“制度保障激励”是我国体育助残志愿者服务残疾人的外部推力。应在这几个维度上建立完善的体育助残志愿者的激励机制。

组织的多元化需要采用多元化的管理策略。要加快制定多元化的激励政策和措施，完善以精神激励为主、物质奖励为辅的助残服务志愿者表彰激励机制，形成立体多维递进的激励体系，把志愿者助残志愿服务的档案成绩作为其评奖评优、升学就业、职务晋升、享受社会服务等的重要考量因素和主要参考依据；推动建立志愿者保险制度，实施志愿服务时间储蓄建设工程；建立健全志愿服务时间储蓄与回馈制度，形成志愿服务互助循环发展机制；以多元化、接地气的激励措施激发人们参与助残服务的内在意愿和主观能动性。

（三）体育助残志愿服务的支持保障机制

整合高校、社会、政府的力量，加强组织领导，加大经费投入，建立健全高校大学生体育助残志愿服务支持体系，形成助残合力，是助残志愿服务形成长效机制的有力保障。高校要形成“主管校领导—学工、教务、科研—二级院系”的三级领导体系，做到监督有力、指导有方、执行到位；实施助残志愿服务组织孵化工程，实行经费倾斜（注重吸纳社会资金），大力扶持校内助残志愿服务组织和协会，并与校外公益组织或助残组织沟通交流，基于专业特色开展助残志愿服务活动，加强基地建设。

高校整合校内外资源，根据自身特色，把大学生助残志愿服务（可量化为具体服务工时，以小时核算课时）作为理论学习和教学实践环节纳入人才培养计划、教学计划，作为必修课并进行学分认证。学校、残联和社区形成联动机制，加强助残志愿服务的信息化建设，开发助残志愿服务网络管理系统，建立志愿者基础信息管理和志愿者数据交换与共享网络平台。高校规范大学生志愿者管理，残联组织和社区提供残障人群的大数据和助残需求，并进行志愿者的协助管理工作，双方协同，有力地衔接并开展助残志愿服务。同时，残联、民政、社区相关部门和组织梳理出急需的但现实供给又比较薄弱的地方反馈给高校，高校组织执行，进行重点服务，从根本上解决志愿者去哪里服务、服务什么的难题，实现“点对点”服务。残联、民政和人力资源部门联合设置系列大学生个人助残志愿服务奖项和高校优秀组织奖项；高校设置系列大学生个人助残志愿服务奖项和院系优秀组织奖项，并把助残志愿服务作为二级院系学生工作考核的内容之一。

积极推动助残志愿服务立法工作和研究宣传工作，为大学生助残志愿队伍建设提供法律保障、理论引领和舆论引导。制定和完善大学生助残服务志愿者支持保障与奖励政策，加强助残志愿服务规律和标准化评价研究。充分运用互联网新媒体做好宣传工作，营造人人愿为、人人能为、时时可为的助残服务志愿者发展环境，让全社会关心、支持、参与助残服务。

第五章　肢体残疾人体育健身指导

第一节　肢体残疾人的身心特点

一、肢体残疾的界定

肢体残疾是指人体运动系统结构、功能损伤造成的四肢残缺或四肢、躯干麻痹、畸形、缺失等导致的人体运动功能不同程度丧失以及活动受限或参与受限。

肢体残疾的类别主要包括：①上肢或下肢伤病或发育异常导致的缺失、畸形或功能障碍，如截肢残疾等；②中枢、周围神经系统伤病或发育异常造成的躯干或四肢的功能障碍，如脑瘫和偏瘫等；③脊柱损伤或发育异常造成的畸形或功能障碍，如脊髓损伤等。

二、常见的肢体残疾人的身心特点

（一）脊髓损伤者的身心特点

脊髓损伤是由各种原因引起的脊髓结构、功能的损害。其中，大部分脊髓损伤是意外事故（高空坠落、落物砸伤等）所造成的，小部分是疾病引起的。脊髓损伤使一个能跑能跳的人突然走不了路，需要乘坐轮椅移动，会导致患者身体与心理方面都产生巨大的不适应。

1. 身体方面

脊髓损伤者很长时间都是在床上度过的，长时间的卧床会导致各项身体机能下降，以及下肢无法行走、肌肉出现萎缩等情况。

2. 心理方面

由于伤病造成的肢体残疾，脊髓损伤者的各种行动受到限制，这样就会引起他们一系列的负面情绪，如认为自己这一生没有前途，继续活着只能给自己、家属增添麻烦和痛苦，是社会的累赘，等等。这些不良情绪还会逐步转化为孤独感、悲观和绝望的情绪。

3. 脊髓损伤者的运动分类

脊髓损伤者可以按照身体的运动功能情况分为三个类别。

（1）颈椎脊髓损伤。颈椎脊髓损伤也被称为四肢瘫，这部分残疾人除了下肢之外，上肢的运动功能也受到很大的影响，其中大部分人手指不能抓握轮椅操纵圈，驱动轮椅有困难，坐位平衡能力非常差。

（2）胸、腰段椎脊髓损伤。这部分损伤者在脊髓损伤者中的比例最大，他们的共同特点是下肢运动功能障碍，不能行走，需要借助轮椅移动，但是上肢完全正常，可以正常驱动轮椅，进行体育活动。

（3）第三腰椎以下的脊髓损伤和不完全脊髓损伤。第三腰椎以下的脊髓损伤者和一些不完全脊髓损伤者，虽然下肢存在一些运动功能障碍，但借助拐杖、踝关节的辅助器具可以站立行走，可以进行立位的体育活动。

（二）截肢者的身心特点

1. 身体方面

肢体截肢的原因有很多，其中大多是因为外伤，疾病等先天畸形的肢体残缺比较少。

截肢的种类也很多，有四肢截肢、三肢截肢、双上肢截肢、双下肢截肢、身体一侧的截肢、单肢体的截肢、手指截肢等。

双下肢截肢给站立行走带来很大的影响。如果是膝关节以下的截肢，装配小腿假肢，可以进行立位的体育活动；如果是大腿截肢，最好乘坐轮椅进行体育活动，可以参照脊髓损伤者开展的体育活动，因为装配上假肢也只能够拄双拐辅助行走。双上肢截肢者在日常生活中面对的困难程度很大，单侧的上肢或者下肢截肢者则可以进行立位的体育活动。

2. 心理方面

肢体截肢给残疾人的行走和日常生活造成了很大的不便，另外，肢体的残缺给身体外形造成了影响，容易给他们带来心理阴影和自卑感。

（三）脑血管意外致残者的身心特点

1.身体方面

脑血管意外致残主要是由脑出血、脑梗死、脑外伤这几类原因造成的。脑出血、脑梗死的情况多发生在中老年人群，脑外伤的情况多发生在中青年人群。脑血管意外造成身体功能障碍的情况很复杂，大多数人表现为偏瘫，也就是肢体的一侧运动功能障碍，也有四肢瘫和单个肢体运动功能障碍。

2.心理方面

脑血管意外致残在很短的时间内就会使患者丧失身体的运动功能，患者在心理方面很难接受。其中还有一些患者由于脑神经受到损伤，产生了语言障碍、认知能力障碍，这会使得他们心情更加郁闷，容易产生暴躁的情绪。

（四）脑瘫者的身心特点

我国目前对脑瘫的定义为：“脑瘫是出生前、出生后一个月内发育时期的非进行性脑损伤所致的综合征，主要表现为中枢性运动及姿势异常，同时伴有精神发育迟滞，癫痫，视听觉、语言、摄食等障碍。”（卓大宏）

1.身体方面

参加康复体育活动的脑瘫者以儿童和少年居多，运动功能障碍表现为以下几种类型：痉挛型、手足徐动型、共济失调型、偏瘫型。他们普遍存在肢体运动功能障碍，协调能力差，坐位、立位平衡能力差等问题。

2.心理方面

脑瘫者通常与社会隔离，容易以自我为中心，没有集体主义观念，容易引起孤独感，害怕与他人交流。

第二节　肢体残疾人体育健身项目与指导方法

一、轮椅技能训练

（一）轮椅技能训练的意义

我国目前有为数众多的肢体残疾人，其中有相当一部分人的下肢丧失运动功能，不能行走，需要依靠轮椅进行移动，所以掌握轮椅技能就显得至关重要。

（二）轮椅技能训练的方法

轮椅技能训练的基本动作如下。

（1）正确坐姿。可以面对镜子，从正面、侧面两个方向观察自己的坐姿。首先头和颈保持正直，脊柱也要伸直，保持正常的生理曲线，骨盆的位置要端正，不要倾斜；膝关节的髌骨要正向前方，不要偏向一侧，如果两膝关节向内侧靠拢（髋关节内旋），则可用支撑架将两膝撑开，保持膝关节的位置端正；两脚尖也要正对前方，使脚跟能够接触到脚踏板。

（2）手握轮椅手轮圈的姿势。最常用的方法为，用大拇指和大鱼际部位压扶在手轮圈的正上方，食指、中指和无名指在手轮圈铁管的下方，小指辅助在旁边，虚扶在铁圈上。如果五个手指都握紧手轮圈，就会导致手腕不灵活。所以，握手轮圈用力的部位是拇指、大鱼际、食指、中指和无名指。肘关节不要外展过大，这样也会影响手腕的运动功能。

（3）颈椎脊髓损伤者驱动轮椅的方法。由于颈椎脊髓损伤者四肢瘫，手指无抓握能力，所以只能用手掌或虎口部位接触手轮圈来驱动轮椅。

颈 6 椎以下的脊髓损伤者有肱三头肌功能，所以可以做伸肘动作，将轮椅的手轮圈改造后，手戴防滑手套，两手的手掌跟紧靠压在手轮圈的外侧，同时两臂要向内侧夹紧（胸大肌、背阔肌用力），然后伸肘向前下方用力。

颈 5 椎的脊髓损伤者没有肱三头肌功能，所以无法进行伸肘动作，如果要驱动轮椅到室外，需要坐电动轮椅。如果只是在室内活动（要求地面平坦，没有门槛），则可以经过训练进行移动。这类残疾人驱动轮椅时，除了手戴手套和改造手轮圈之外，驱动轮椅的动作也要改变。

在室内驱动轮椅时，可以用两手掌跟夹靠在手轮圈外侧躯干垂直线的后方部位，然后做屈肘、提肩的动作，向上提拉手轮圈进行轮椅的移动。

（4）抬前轮练习。抬前轮的技术要领是每一个乘坐轮椅并有能力做到的人必须掌握的。因为掌握了抬前轮的技术之后，可克服外出时的路面障碍。比如，路上有一条 5 厘米深、10 厘米宽的小沟或台坎，轮椅的前脚轮直径为 12 厘米，如果不会抬前轮技术，那么这个沟或台坎就成为前轮很难越过的障碍。如果掌握了抬前轮技术，先将前轮抬起，然后只用两大轮行走到沟或台坎前，使前轮越过沟或台坎后着地，这样过沟和台坎就变得很容易了。

抬前轮时，练习者的两手握紧手轮圈在基本位置，先向后拉至手轮圈的12点位左右，紧接着两手向前推动手轮圈。向后拉和向前推的两个动作之间不能有停顿，这样轮椅的前轮就会向上抬起，离开地面。可以让练习者反复练习，体会怎样用力可以轻松地抬起前轮。

（5）抬前轮向前行走。驱动轮椅只用两个大轮向前行走的练习，是在原地抬前轮达到稳定的基础上，将只用两个大轮保持平衡的技术进一步加以提高，是以后上台、过沟和只用两个大轮下坡、台的训练中的一个练习过程。原地抬前轮将轮椅稳定住属于静态的平衡能力，抬着前轮向前行走属于在动态中保持平衡，所以难度要更加大一些。

（6）抬前轮原地旋转。这个动作是在抬前轮“之”字形行走的基础上，进一步增加难度的练习，使抬着前轮保持平衡的能力进一步得到提高。

原地旋转的动作难度较大，轮椅的重心不容易掌握，所以在练习初期要进行保护，避免摔倒，待熟练掌握之后方可独自练习。

练习初期，练习者将轮椅的前轮抬起稳定后，用左手将同侧的大轮固定住，右手向前慢慢地推动同侧手轮圈，这样就会使轮椅形成以左轮为轴心的原地绕圈动作。待熟练掌握后，再向相反的方向进行练习。

（7）绕障碍物练习。这个练习与汽车驾驶员练习过杆的作用相同，就是让练习者进行驱动轮椅前进、后退进入门的练习，使他们对自己轮椅的宽度有充分的了解，并且提高他们灵活使用轮椅的能力。

在这个练习中，需要准备一些器具。用木头柱、瓶子之类物品当门柱，摆放成门。其中用可口可乐的瓶子比较合适，在瓶子中装入三分之一的沙子，使其稳定性更好。然后将其分成红、白两种颜色，白色的只要将其红色的商标去掉即可，红色的则原样不动。

两个门柱之间的距离为71 ~ 80厘米，可以根据轮椅的宽窄以及练习者使用轮椅的熟练程度进行调整。在练习之前，要告诉练习者见到白色的门要面对门进入，遇到红色的门要转过身来，背对着门进入。练习者初练习时，可以将两个门柱的距离设为80厘米，待其技术比较熟练之后，再将门柱的距离缩小。

二、体操

在残疾人的体育活动中，康复医疗体操是一项重要的活动内容。练习者可以通过各种体操的训练达到防治疾病、促进身体功能恢复的目的。

（一）轮椅体操

使用轮椅的练习者在轮椅上练习体操，可以使其肢体残存肌肉力量、坐位平衡能力得到提高，对失去功能的部位进行练习，可以保持关节正常活动度。经常进行轮椅体操练习，还可以使身体的健康水平得到提高。

使用轮椅的练习者可以经常练习轮椅哑铃操。练习者可根据自身情况选择哑铃的重量，随着力量的增长可以增加哑铃的重量。

（1）提肩上拉。两手握哑铃于体侧下垂；右肩上提，左肩上提（右肩恢复原状）；两手持哑铃由体前（屈臂提肘）上拉至肩前；两臂向下伸直，还原成体侧下垂。

（2）肩平举。两手握哑铃于体侧下垂；两臂伸直，双臂向两侧平举，还原成预备姿势；两臂向前平举，拳心向下，还原成预备姿势。

（3）扩胸运动。两臂成前平举，然后成侧平举，最后再成前平举，使哑铃接近，还原成预备姿势。

（4）冲拳运动。两手屈肘握哑铃于胸前，左手持哑铃用力向前冲拳，将左手收回的同时，右手持哑铃用力向前冲拳。

（5）躬身飞鸟。两手握哑铃于体侧下垂，上体前屈；两臂侧平举，抬头挺胸，拳心向下；两臂伸直在体前下垂，还原成预备姿势。

（6）双臂弯举。两手握哑铃于体侧下垂；左手持哑铃屈肘至胸前，上臂紧贴体侧，拳心向后并还原；然后右手持哑铃屈肘至胸前，上臂紧贴体侧，并还原；接着两臂同时屈肘持哑铃至胸前，上臂紧贴体侧，手背向前；两臂伸直还原。

（7）前臂绕环。两手握哑铃，两臂屈肘，拳心相对；两前臂由内向外依次绕环一周；上臂自然下垂，上体正直，抬头挺胸。

（8）上臂绕环。两手握哑铃，两臂屈肘，拳心相对；左臂开始，向左侧上方伸直，接着由外向内绕环至腰侧屈肘；右臂向右侧上方伸直，接着由外向内绕至腰侧屈肘，两臂依次绕环；然后两臂做由内向外相反方向的绕环动作。

（9）双臂肘屈伸。两臂伸肘屈肩持哑铃上举；然后屈肘将哑铃置于肩后，肘关节向上；接着两肘向上伸直，持哑铃于头的上方，与肩同宽，抬头挺胸；还原成预备姿势。

（10）双臂肩后伸。上体前屈，抬头挺胸，同时两臂向下伸直；然后两臂经体侧向后上举；还原成预备姿势。

（11）双臂侧举屈伸。两手持哑铃于体侧；然后两臂侧平举，抬头挺胸，拳心向下；在两臂侧平举的姿势下进行肘的屈伸。

（12）屈臂扩胸。两手持哑铃于体侧；两臂侧平举，然后屈肘约 90°，上臂与肩平，拳心向内；然后含胸，两肩内收，两肘接近；接着扩胸，两肘向外展。

（13）躬身转体。屈曲肩、肘关节，两手持哑铃置于肩后；然后上体前屈，再抬头挺胸，上体还原直立；接着身体向左侧转 90°，再向右侧转 90°。

（14）躬身划船。两手持哑铃于体侧；上体前屈，抬头挺胸，两手持哑铃在体前下垂；两臂屈肘上拉至胸前，上臂要靠紧体侧，同时躯干后伸坐直，还原为预备姿势。

（二）偏瘫体操

1. 垫上偏瘫体操

近年来，随着我国医疗水平和人民生活水平的提高，老年人的比例逐年增加，我国已经进入老龄化社会。这就使得老年病越来越受重视，而脑血管意外在老年病中占有很大的比例，如果长时间不进行康复训练就会造成偏瘫者身体患侧的关节挛缩、异位骨化和废用综合征等结果。长期缺乏活动还会导致身体各项机能水平下降，并发其他疾病。偏瘫体操在训练时不需要特殊的器材，简单易行，不但可在医院进行训练，而且适合偏瘫者在家中进行康复训练，为他们改善身体功能障碍，提高日常生活自理能力提供了一个有效的方法。

垫上偏瘫体操在体操垫上进行练习。每次练习时间约 45 分钟，可以每天上、下午各练习 1 次。

因为练习者的病情、年龄和体质不同，所以每节操的练习次数也可以不同。有些动作，练习者不能独自完成时，可以由他人辅助完成。练习时，动作要缓慢，而且尽量标准。做上肢体操时，如患侧上肢运动功能差，可采用两手叉指由健侧与患侧同时用力进行练习，两手叉指时患侧的拇指在上。

（1）颈部运动。长坐位（坐在体操垫上，两腿膝关节伸直，躯干与两腿呈直角的姿势），头向前屈、后伸，向两侧屈和绕环。

（2）耸肩运动。长坐位，耸肩上提（注意将患侧臂的肘伸直）。

（3）患侧前臂旋后。长坐位，两手叉指，健侧臂与患侧臂肘屈曲90°，同时缓慢用力，进行患侧臂的前臂旋后练习。

（4）肩、肘运动。长坐位，两手叉指，健侧臂与患侧臂共同用力将肘关节伸直，进行肩关节屈曲，再将两手置于头后，两肘向外打开，然后将两肘向上伸，再将两臂伸直缓慢放下。

（5）体转运动。长坐位，两手叉指，两臂向前伸直，轮流向两侧转动。

（6）长坐位体前屈。长坐位，两腿伸直向两侧分开，两手叉指，肘伸直，轮换向两脚方向用力做体前屈。

（7）仰卧起坐。仰卧位，小腿屈曲，可以由他人固定，进行仰卧起坐（双肘一直保持伸展状态，下肢肌张力高的，换为髋、膝关节屈曲的状态）。

（8）腿伸直，髋关节外展和内收。仰卧位，两腿伸直后向两侧做髋关节外展、内收，进行外展时可以由他人固定住健侧腿，让练习者两腿同时用力做外展，双肘保持伸展状态。

（9）屈腿，髋关节外展和内收。仰卧膝立位，双脚着地进行髋关节外展、内收，进行内收时可以由他人固定住健侧腿膝部，让其两腿同时用力做内收，双肘保持伸展状态。

（10）屈膝摆动。仰卧膝立位，两膝并拢向两侧摆动，摆动时背部不要离垫，摆动的幅度要大，大腿外侧尽量接近垫面，如患侧躯干肌张力高，向健侧摆动时大腿接触垫面后要停留一会。

（11）搭放腿练习。仰卧膝立位，患侧腿屈膝、髋搭放在健侧腿上后，再屈膝关节、髋关节返回到膝立位（搭放腿练习时髋关节不要外旋，控制练习者踝关节不内翻，双肘保持伸展状态）。

（12）桥式运动。仰卧膝立位，患侧脚或双脚着地，髋关节伸展，臀部离地，两臂向上伸直。

（13）屈腿抱膝。仰卧位，两腿并拢，同时屈髋、膝关节，两手叉指抱住两腿膝部，然后两手离开膝部，伸直臂做肩关节屈曲，两腿并拢，同时向前上方伸直，控制住速度慢慢放下。

（14）肘部伸展练习。仰卧位，患侧臂的肘部向上，如肩关节不稳定可以扶住肘部使其固定，前臂屈曲后向上伸直（如不能伸直，可以由他人一边用手指尖敲击肘部的肱三头肌，一边用另一手辅助前臂伸直）。

（15）肩关节的各种运动。仰卧位，伸直肘，使手臂与地面垂直，进行肩部的屈曲伸展、绕环等动作。在练习时肘要保持伸直状态。

（16）屈膝练习。俯卧位，做患侧腿膝关节屈曲练习（如患侧腿不能完成，可以将两腿用力并拢，由他人辅助患侧腿，同时用手指尖敲击刺激腘绳肌）。

（17）手膝位支撑。俯卧位，两臂伸直，手指分开，撑在垫面上，两膝着地进行身体前后移动（还可肩部向前移动后，健侧腿向后上方伸直或抬起健侧手）。

（18）跪立位坐起。跪立位，将髋关节屈曲，臀部坐在脚跟部（身体重心偏向患侧），然后返回跪立位。

（19）跪立位练习。跪立位，双膝着地，髋关节伸展，保持跪立位姿势。待平衡能力提高后可以采用单腿跪位，即健侧腿向前迈步，脚掌着地，患侧腿膝部着地支撑。平衡能力进一步提高后，可向前伸直两臂做体转练习。

2. 偏瘫木棒操

木棒操适用于上、下肢运动障碍程度较轻的练习者，器材是一根长度为 80 厘米、直径为 3 厘米的光滑木棒。如果练习者患侧手的抓握功能较差，可以用弹力绷带将手与木棒绑在一起。如果练习中有些动作的完成质量较差，可以由他人给予辅助。

练习木棒操时采用站立位。每节操的练习次数可以根据各人的情况确定，可以每天上、下午各练习 1 次。

（1）向前推棒。双脚开立，与肩同宽，双手正握棒，比肩稍宽，双肘伸直，自然下垂；头部向后仰的同时，两臂缓慢用力向前伸直肘关节，然后返回至预备姿势，反复进行。

（2）向上推棒。双脚开立，与肩同宽，双手正握棒，比肩稍宽，双肘伸直，自然下垂；头部向后仰的同时，两手握木棒沿着胸、下颌缓慢向上用力推至头的上方，将木棒放置于颈后，再向上推至头的上方，然后返回至预备姿势，反复进行。

（3）向上画圆。双脚开立，与肩同宽，双手正握棒，比肩稍宽，双臂伸直，自然下垂，木棒置于大腿前；头部向后仰的同时，两手握木棒屈肘，沿着腹部向上至胸部后，经下颌缓慢向上用力伸直两肘；推至头的上方后，两臂伸直，向前下方画圆返回至预备姿势，反复进行。

（4）向下画圆。双脚开立，与肩同宽，双手正握棒，比肩稍宽，双肘屈曲，木棒置于胸前；两手握木棒缓慢向下方用力伸直两臂后，再向前上方抬起画圆至头的上方，然后屈肘，经面前到胸前返回至预备姿势，反复进行。

（5）做肩关节外旋。双脚开立，与肩同宽，两肘伸直，木棒成直立状，两手间距 3 ~ 5 厘米，掌心相对握木棒；两臂同时用力做肩关节外旋，稍停片刻后返回预备姿势，反复进行。也可以单独用患侧臂进行练习。

（6）直臂左右摆动。双脚开立，与肩同宽，双手正握棒，比肩稍宽，伸直两肘进行肩关节左右外展的摆动练习。

（7）体侧运动。双脚开立，与肩同宽，双手正握棒，比肩稍宽，双臂向上伸直，然后躯干依次向左、右侧屈做体侧运动。

（8）正向摇辘轳。弓步站立，患侧腿在前，双手正握棒，比肩稍宽，双臂伸直，自然下垂，木棒置于大腿前；头部向后仰的同时，两手握木棒，两肘屈曲沿着腹、胸，经下颌缓慢向上用力伸直两臂，推至头的上方后，躯干前屈，两手持棒，两臂伸直向前下方画圆，使木棒尽量向患侧脚接近，这时身体重心在患侧腿上，然后躯干伸直返回至预备姿势，反复进行。

（9）反向摇辘轳。弓步站立，患侧腿在前，双手正握棒，比肩稍宽，双肘屈曲，木棒置于胸前；躯干前屈，两手握木棒，向下方用力伸直两臂，使木棒尽量向患侧脚接近，这时身体重心在患侧腿上，然后随着躯干抬起，头部向后仰，两臂伸直，两肩屈曲，两手握棒画圆至头的上方，屈肘经面前返回到胸前至预备姿势，反复进行。

（10）膝触木棒。双脚开立，与肩同宽，双手正握棒，比肩稍宽，双臂向前伸直，木棒与小腹同高；两腿轮流抬起用膝部触木棒，患侧腿抬起时，膝部要保持正直，健侧腿抬起时，患侧腿要站稳。

（11）蹲起练习。双脚开立，与肩同宽，双手正握棒，比肩稍宽，双臂向前伸直，木棒与胸同高；两臂始终向前伸直，屈曲髋、膝关节成半蹲状态，身体重心稍偏向患侧腿，然后站起。

（12）弓步行走。双脚开立，与肩同宽，双手正握棒，比肩稍宽，双臂向前伸直，木棒与胸同高；迈左腿向前成弓步时，两臂与肩一起向左侧转动，迈右腿向前成弓步时，两臂与肩一起向右侧转动。弓步的大小根据各人的情况确定。

（三）脑瘫体操

1. 基础体操

（1）头部运动。头部向各个方向运动。

（2）肩部运动。双臂伸直，做肩的屈曲、伸展，外展、内收（模仿鸟的飞翔）；一侧肩屈曲，另一侧肩伸展。

（3）肘部运动。坐位，做肘部的屈曲、伸展，前臂的旋前、旋后。

（4）前臂绕环。坐位，两肘屈曲成90°，两前臂轮流进行向前、后的绕环。

（5）手指活动。坐位，两手的手指进行各种动作的练习，如数数等动作。

（6）体前屈。坐位，两腿伸直，双臂伸直用手触脚做体前屈。

（7）体转练习。坐位，躯干向两侧转动，两手在体侧的垫面进行支撑。

（8）伸膝屈髋。仰卧位，两腿伸直，一条腿伸直抬起后向下落下的同时，另一条腿伸直向上抬起。

（9）桥式运动。仰卧位，屈膝，双脚着地，髋伸展，臀部与背部离地。

（10）膝立位摆动。仰卧位，两腿屈膝并紧，向左右摆动。

（11）屈伸髋、膝。仰卧位，两腿轮流屈伸髋、膝关节。

（12）俯卧撑。俯卧位，抬头，双臂伸直支撑。

（13）飞燕练习。俯卧位，两臂外展，抬头。

（14）手膝位支撑。跪立位，双手双膝着地，前后移动。

（15）跪立位练习。跪立位，进行双膝跪位平衡练习及向各个方向移动练习。

（16）翻身滚动。跪立位，在垫子上进行翻滚练习。

2. 脑瘫伸展体操

伸展体操可以使患者身体各部分肌肉、关节得到充分的牵拉，降低肌张力，使肌肉伸展性和关节的活动度得到提高。

练习伸展体操要注意：动作要柔和缓慢，不要用力过猛，避免肌肉和关节受到损伤；动作到位后要将姿势保持住，不要做振动的动作；要保持正常的呼吸，不要憋气；每节操姿势保持的时间为 10 ~ 30 秒，做操时要面带笑容，使身体达到放松的状态；当一节操做完后，间隔 2 ~ 3 秒进行放松后，再做下一节操。如患者不能很好地完成动作，可以由他人辅助。

（1）全身的伸展。仰卧位，两手的手指交叉，两肘伸直，肩关节屈曲，两臂尽最大努力放在头部两侧，两腿也要尽最大努力伸直。

（2）腰部和大腿后部的伸展。单腿：仰卧位，两手抱住膝部，慢慢地将膝部靠近胸部，另一条腿保持伸直状态，两腿轮换练习。如果患者伸直的腿容易弯曲，可以由他人辅助。双腿：仰卧位，两手抱住膝部，慢慢地将膝部靠近胸部，头可向膝部靠近成团身状。

（3）颈部的伸展。仰卧位，两手抱在头部后方，头慢慢向后用力；然后用右手扳住头靠向右肩，再用左手扳住头靠向左肩，交换进行。许多手足徐动型练习者在进行头的各个方向的伸展时，会因肩、颈的紧张而不能完成，此时，要消除练习者的紧张，慢慢地转动头部。

（4）扭转腰。仰卧位，左腿屈曲髋、膝关节，用右手扳住左膝，牵拉左侧腰部。左右两侧交替进行。

（5）牵拉腰背部。从仰卧位开始，两膝伸直，屈髋向头的方向屈体，肩背部与两脚尖着地。两手可以撑在腰的两侧，也可以扶在两侧地面。膝部可轻微弯曲，在后背放置一个三角垫会更轻松。手足徐动型练习者因为颈部的紧张，在做这个动作时，要注意呼吸。

（6）伸展髋关节。仰卧位，两膝屈曲，两脚的距离与髋同宽，伸展髋关节将臀、腰、背部离地。

（7）伸展大腿前部。坐位，右膝弯曲，左腿伸直，两手支撑在体侧。躯干稍微向后仰，对弯曲腿的前部形成牵拉，左右交替进行。

（8）腹部伸展。俯卧位，两手支撑地面，双肘伸直，伸展腹部。手足徐动型练习者如果不能伸肘支撑，也可用肘部支撑。

（9）肩的伸展。俯卧位，从膝、手跪位开始，臀部向后移动，胸部接近地面，伸展肩部。

（10）背部的伸展。膝、手跪位，随着吸气进行仰头、塌腰运作，呼气则低头，后背向上拱，形成圆背。圆背的练习者采用仰头、塌腰动作；而仰头躯干后仰的练习者采用后背向上拱、低头动作。

（11）髋部的牵拉。俯卧位，一条腿屈髋外展，另一条腿伸直，两侧交替进行。髋关节屈曲的痉挛型练习者在做这个动作时，臀部容易抬起，可以将其臀部按住。

（12）大腿后侧的牵拉。长坐位，两腿膝关节伸直，踝关节背屈，然后弯腰用两手抓住双脚的脚趾。如果不能抓住脚趾，可以采用手拿毛巾或将绳子套在前脚掌上的方法，或者由他人辅助。

（13）大腿内侧的牵拉。第一种方法：坐位，两腿伸直，尽量向左右用力分开，躯干缓慢用力前俯［注意：长坐位时向后倒的练习者，可以靠墙练习；对于两腿分开后脚尖内扣（髋内旋）的痉挛型练习者，要将其脚尖向外（髋外旋）摆放。动作要轻柔，避免大腿内侧肌肉拉伤和髋关节脱位］。第二种方法：坐位，两腿屈曲，脚掌相对，尽量使脚靠近身体，用双手握住脚，弯腰前屈。

（14）上肢的伸展。坐位，两手在身体后叉指，两臂向后上方用力；两手在体前伸肘交叉，屈曲肩关节。

（15）手腕背屈、手指的伸展。用一只手的手心部位，将另一只手的四指伸直扳住成背屈，将拇指慢慢地伸展。

三、田径

（一）跑步

跑步可以分为立位跑步和轮椅竞速。

1. 截肢者立位跑步

对于上肢截肢者来说，跑步没有什么困难，主要注意在跑动时保持好身体的平衡。单侧上肢截肢者在跑步时会产生不平衡，所以要努力加大残端摆动的幅度，如果残端较短，还要用肩的摆动和腰的扭动使躯干保持平衡。

大部分单侧下肢截肢者如果身体健康可以进行跑步等活动，其中一部分可以在需要耐力跑的运动中成为成功的运动员。在严格的条件下，双下肢截肢者也能达到同样水平。

地面条件可以影响跑步的能力，如在草地上跑步，身体的紧张程度要低于在水泥或者沥青路面上，但对于下肢截肢者来说，在草地上跑步可能比较困难。地面不坚硬，石子和洞穴可能使下肢截肢者失去平衡，可能造成残肢的炎症，还影响储能脚的蹬地。因此，坚硬、均匀的地面比草地更适合下肢截肢者跑步，它可以使跑步者的步伐保持稳定。对残疾人来说，塑胶跑道更适合跑步。

另外，步行机能提供均匀的表面，并且可以吸收肢体落地时的冲击力，对于提升跑步技巧和锻炼心血管系统功能来说都是一种优秀的训练设备。

对于没有跑步练习基础者，要从快走开始练习，逐步过渡到走、跑交替进行。

2. 轮椅竞速

使用普通生活轮椅竞速的技术动作如下。

（1）上肢动作。手握在手轮圈 1 点位上（呈肩后伸、屈肘的姿势），用大鱼际和拇指指腹紧压住手轮圈向前下方用力推动，手在手轮圈上用力的距离要尽量大，拇指指腹最后离开手轮圈。当手离开手轮圈后，两臂、两手要立即放松，并且随惯性向下后方伸直，画弧摆动，然后屈肘，手握住手轮圈成为下一个动作的开始。

颈椎脊髓损伤者在驱动轮椅时可将轮椅的手轮圈改造后，手戴防滑手套，两手的手掌根紧压在手轮圈的外侧，同时两臂要向内侧夹紧（胸大肌、背阔肌用力），然后伸肘向前下方用力。

（2）躯干动作。坐位平衡能力较差者，臀部要稍微向前坐一些，腰部可靠在椅背上，背部不靠。平衡能力很差者，背部也要靠在椅背上。

坐位平衡较好者坐在轮椅上时，腰、背部不用靠在椅背上，在用力摇轮椅时，躯干前屈，与两臂一起向前下方用力，随后躯干后仰坐直。躯干配合两臂一起向下用力，可增加驱动轮椅的力量，提高速度。

3. 短距离轮椅竞速训练方法

轮椅竞速的比赛中，100 米、200 米、400 米和接力项目属于短距离项目。

在短距离轮椅竞速中可以应用运动训练法中的重复训练法、间歇训练法、变换训练法等方法进行练习。下面主要介绍变换训练法。

（1）上坡跑。

可以找一段有坡度的路面从低向高驱动轮椅跑，这样可以练习上肢的力量。在路面坡度较大时，躯干要向前俯，以免向后跌倒。

（2）负重跑。

负重跑这个练习是以强化练习者上肢、躯干力量为目的的一种练习方法。取一个废汽车轮胎，在其上面打两个眼，用一根绳子穿过轮胎，将绳子的两端系在一个用钢筋制成的S形钩子的一端，然后把钩子的另一端挂在轮椅椅座的十字支架上。

残疾患者可以在篮球场、柏油路上进行拖拉汽车轮胎的负重跑。在水泥或柏油路面上拖拉汽车轮胎跑会感到很吃力，这是因为汽车轮胎与地面相摩擦，形成的阻力很大，而该项练习就是利用加大轮椅移动时的这种阻力来训练提高练习者上肢、躯干的力量。

跑的距离可以根据每个练习者各自的损伤水平、年龄、性别和身体状况来确定，距离可以为50米、100米、200米等。初练习时，练习者都会反映累、肌肉酸痛、呼吸困难等。这是因为负荷强度加大，他们不适应这种强度的反应。但是，继续练习一些时间，这些症状都会逐渐减轻，上肢、躯干的力量也会随之提高。

为了观察了解练习者的训练情况，每次训练都要记录下日期、每个人所跑的距离和所用的时间。

有些练习者经过拉轮胎训练，上肢、躯干的力量有了很大的提高，拉原有重量的轮胎已经不费力了。为了进一步提高他们的力量，可以在汽车轮胎内添加重物，如沙袋或哑铃等。添加的重量要在练习者可以承受的范围之内，不要加得过多。

（3）下坡跑和顺风跑。

这两种训练方法都是为了提高练习者高速运动和感觉能力，打破平时练习的速度障碍。

4. 轮椅接力赛训练方法

利用轮椅接力赛的方式进行练习是为了提高练习者的训练兴趣，调动他们训练的积极性。

接力赛的项目可以是400米、200米、100米，在康复体育活动中可以采用更短的距离，如50米和30米，也可以进行绕障碍物的接力赛。总之，可以根据所要达到的训练目的和当时的具体情况制定接力赛方法。

轮椅接力赛可分为2个组，如果人数多可分为3～4组进行练习。要根据练习者平时训练的成绩（好、中、差）合理分组，使每个组的实力基本相同，这样会使比赛的激烈程度增加，使练习者训练的兴趣更高。如果分组不合理，比赛时无论是领先的还是落后的都会感到没有意思，从而不会使出全力去比赛，使训练失去意义。

可以在篮球场或开阔的平整地面进行轮椅接力赛。如果距离短，可以采用往返接力、迎面接力的方法进行练习。

接力方式可以是交棒者触摸接棒者身体任何部位。在训练时，相邻两组间的间距要大一些，避免轮椅相碰。

5. 中、长距离轮椅竞速训练方法

在轮椅竞速比赛项目中，400 米、800 米、1500 米为中距离项目，3000 米、5000 米、10000 米、马拉松等为长距离项目。

练习这些项目可以提高练习者身体的有氧代谢能力，使其掌握合理的技术动作，这样可以提高跑的速度。

在中、长距离轮椅竞速中可以应用运动训练法中的持续训练法、间歇训练法、变换训练法等方法进行练习。

中、长距离轮椅竞速技术要在合理、有效的基础上注意减少能量消耗。在中、长距离竞速中还会出现“极点”现象。“极点”的产生主要是因为在竞速过程中氧气供应落后于肌肉活动需要，产生了缺氧现象，此时往往会出现呼吸困难、节奏紊乱、两臂无力、速度下降，有难以继续跑进的感觉。当“极点”出现以后，一定要以顽强的意志坚持住，加深呼吸、调整速度，尽量保持原来的节奏，继续坚持一段距离，呼吸困难等程度会减轻，呼吸逐渐均匀，“极点”现象很快就会消失。

6. 驱动轮椅越障碍赛

（1）训练方法。

驱动轮椅越障碍赛将轮椅技术训练中的一些动作综合起来，利用比赛的形式激发练习者训练的兴趣。

在最初练习时要分别将绕行障碍物，上下台、坡等技术熟练掌握之后再综合起来练习。越坡、台、沟等障碍物时，如果练习者技术还不熟练，指导者要在障碍物旁进行保护，嘱咐练习者上台、坡时身体重心要向前移，下台、坡时身体重心要向后移。经过多次的练习，练习者们已经熟练掌握之后，可以让他们单独进行练习，并计时比赛。

（2）场地器材。

在110米长的跑道上放置7对红色的门柱、11对白色的门柱、一个台的障碍物、一个沟的障碍物、一个坡的障碍物。两个门柱之间的距离是71厘米，在驱动轮椅跑动时遇到白色的门要面对进入，遇到红色的门则要将轮椅掉转180°，背对门进入，有时还要将轮椅转弯360°后继续向前行走。可以在田径场或者在110米长的柏油路上进行训练，如果没有这样的场地，可因地制宜地在现有的场地将器材的摆放进行改造，同样可以达到训练的目的。比如，在篮球场上，将各种障碍物器材进行摆放形成折返路线。

门柱的制作可以参照绕行障碍物行走的方法，使用饮料瓶子来代替。

（3）比赛规则。

驱动轮椅越障碍比赛中，轮椅触碰门柱一次，则在最终的成绩上加算3秒，触碰3次则加算9秒，以此类推；碰倒门柱一次，则在最终的成绩上加算5秒，以此类推；到达终点的时间，再加上犯规的时间，时间用得少者为优胜者。选手在比赛时如果从轮椅掉下后自己返回到轮椅上可继续进行比赛。

颈6椎以上的四肢瘫脊髓损伤患者需要操纵电动轮椅进行移动。为了使他们操纵电动轮椅的技术尽快提高，可以对比赛要求和器材做出如下调整：从起点至终点的距离只有30米；没有台、坡、沟等障碍物，而且所设置的门柱比一般的门柱要高而且直径大。

7. 脑瘫者轮椅越障碍赛

脑瘫者操纵电动轮椅绕障碍的路线与脊髓损伤者的不同，没有台、坡、沟等障碍物，而且所设的门也少。

脑瘫者还可以进行立位障碍赛，只要是可以立位行走并且有下肢残疾（脑瘫、偏瘫、截肢等）的患者均可以进行这种练习。训练的目的是锻炼他们立位行走时克服各种障碍的能力，提高身体的灵活性。

行走的距离可以自行设定。障碍物类型一般有3个：站立行走用腿迈过的高度障碍物、站立行走用腿跨过的宽度障碍物、从下面爬过去的障碍物。

（二）投掷项目

1. 轮椅投掷的一般练习方法

躯干平衡能力差的练习者，由于躯干不能转动，可用非投掷手抓住投掷凳旁的金属棒，这样可起到维持身体平衡和躯干转动的代偿作用。在练习时，如果没有正式的投掷凳，可用非投掷手握住轮椅的扶手辅助躯干运动。还可采用一个人坐在轮椅后方固定住轮椅的方法，防止投掷时轮椅的移动。

小儿麻痹后遗症、双大腿截肢、脑瘫等残疾人在轮椅上的投掷方法均可参照脊髓损伤者的练习方法。

在投掷比赛中，只有手有抓握运动功能障碍的选手可在非投掷手上使用带子或手套，从而使手固定在金属棒上。其他选手不允许使用手套。

2. 脑瘫者轮椅投掷的练习方法和比赛规则

（1）沙包掷准。这个项目是为乘坐轮椅的严重的四肢瘫患者而设置的。在一块布上画上 7 个圆圈，直径分别为 20.3 厘米、40.6 厘米、60.9 厘米、81.2 厘米、101.5 厘米、142.1 厘米、162.4 厘米，靶心为 16 分，依次为 14、12、10、8、6、4、2 分。在距靶心 1.08 米处进行投掷，投掷的姿势不限，每个人依次投 6 个沙包，总分数多者为优胜。

（2）沙包掷远。这个项目是为乘坐轮椅的严重的四肢瘫患者而设置的。掷远时，面对或背对投掷方向采用任何姿势均可。每个人依次投 6 个沙包，取其中最好成绩，投得远的为优胜。

（3）沙包掷高。这个项目是为乘坐轮椅的严重的四肢瘫患者而设置的。器材为跳高用的支架，掷高时可采用立位和坐位，面对或背对投掷方向的任何姿势均可。将沙包投过横杆，高度越高越好，比赛规则同跳高比赛规则。

以上是正式比赛中的规则，在基层体育活动中可以灵活运用，坐位和立位均可，距离也可调整。

（4）蹬实心球比赛。这个项目是为坐在轮椅上的中—重度且上肢的残疾比下肢严重的四肢瘫患者设置的。用单腿或双腿将摆放在地面上 3 千克的实心球蹬出，球离开脚之前，脚要一直与球接触，用脚的任何部位均可，远者为胜。

（5）踢球比赛。这个项目是为坐在轮椅上、中—重度且上肢的残疾比下肢严重的四肢瘫患者设置的。用单腿或双腿将摆放在地面上直径 32 厘米的球踢出，用脚的任何部位均可，远者为胜。

四、游泳

游泳是一种水中的运动，它可以均匀地发展人体全身的肌肉和身体运动的协调性，尤其对发展心肺功能有重要意义。对于残疾人康复体育训练来说，游泳更具有独特的作用。

水中运动与地面上的运动有所不同，当身体全部或部分浸入水中时，不论姿势如何都会受到一个向上的推力，即浮力。对身体而言，在水中也有一个向下的力，即重力。设：身体在水中重量为 W，向上的浮力为 B，当 $W=B$ 时，身体漂浮；$W > B$ 时，身体下沉；$W < B$ 时，身体可在任意位置浮游。因为水的比重为 1.0，所以凡是比重小于 1.0 的物体均可浮起，大于 1.0 的物体均会下沉。人体肺内有空气，比重平均为 0.974，小于 1.0，因此大多数人可浮起。残疾人由于肢体运动功能障碍，在地面上受重力影响，独自完成动作有困难，但是在水中靠水的浮力将会比较容易完成。

如果残疾者肌肉张力过高，从康复治疗的角度讲，应在室内 36℃左右的水中进行游泳，在这种温度的水中游泳不但可以降低肌肉过高的张力，还可以改善关节的挛缩程度；如果水温过低则会加重肌肉的痉挛。所以，如果患者有肌肉张力过高和关节挛缩的症状，则不适合在较凉的水中游泳。

（一）初学游泳的方法

1. 熟悉水性

首先要熟悉水性，消除对水的恐惧心理。可以用手扶在游泳池的沿上，先把脸浸入水中，适应后将头浸入水中。对初学者，特别是少年和儿童，应反复说明人体能在水中漂浮的道理。

2. 水中呼吸

掌握游泳的呼吸方法，进一步消除对水的恐惧心理。深吸一口气，闭气后将头浸入水中，抬头时呼气，嘴露出水面后，尽快地由呼气转为吸气。

呼吸练习中的浸水和闭气练习，是消除怕水心理的重要练习。练习时要敢于把头浸入水中，要逐步由浅入深，延长浸水闭气的时间。

3. 漂浮练习

体会水的浮力，初步学会在水中控制身体姿势的方法，进一步消除怕水的心理，增强学会游泳的信心。

（1）抱膝漂浮练习。原地站立，两脚开立，深吸一口气后低头团身抱膝，自然漂浮至水面。两臂前伸下压，抬头，伸腿，脚触池底即可站立。

（2）展体漂浮练习。两脚开立，两臂在水中前伸放松，吸气后低头体前倾，两脚轻轻蹬离池底，成俯卧姿势漂浮至水面，两臂、两腿自然伸直。收腹、收腿，抬头同时臂下压，然后两腿伸直，脚触池底即可站立。

4. 滑行练习

进一步体会水的浮力，掌握水中平浮和滑行姿势。

（1）蹬底滑行练习。两脚前后开立，两臂在水中前伸并拢，深吸一口气后屈膝体前倾，当头和肩浸入水中时，后腿抬起，前脚蹬底，随后两腿并拢伸直，使身体成流线形向前滑行。

（2）蹬壁滑行练习。背向池壁，一手拉水槽，一臂在水中前伸，同时一脚站立，一脚贴池壁。深吸气、低头，在水中成俯卧姿势，然后支撑脚向上收起，两脚掌贴住池壁，臀部尽量靠近池壁。随即拉水槽的手臂向前伸出，与前伸臂并拢，头夹于两臂之间，两脚用力蹬壁，使身体成流线形向前滑行。

滑行的练习与游泳技术的学习有直接关系。应多做滑行的练习，增加滑行的距离，延长浸水的时间。

5. 辅助方法

在进行漂浮和滑行练习时，可在练习者的腰背部绑缚增加浮力的塑料泡沫板或浮力背心，或有健康人在身旁保护，待练习者水平提高后除去浮力板独自练习。

（二）脊髓损伤者练习方法

在训练初期，可以用浮力板或浮力背心帮助练习者进行漂浮和游泳动作的训练，游泳的姿势有仰泳、蛙泳、自由泳和蝶泳。

在有条件的游泳池可以修一条坡道，练习者从池边坐轮椅下到池中，或者乘坐专用的升降椅下水，这样可避免损伤练习者的皮肤。

截瘫练习者在水中游泳时，主要靠双上肢划动获得向前游动的动力。

截瘫练习者在最初练习时可采用仰卧位的方式漂浮。俯卧位漂浮，因为练习者髋关节无力而不好维持，故不建议采用。在进行仰泳练习时，练习者会由于脊柱骨折部位以下麻痹而下沉，这时要从下面对患者的颈部进行撑扶，让其颈部尽量伸展、头部向后仰，使下肢下沉的姿势得到纠正。

在进行蛙泳练习时，首先进行俯卧位漂浮。一般情况下，练习者头部浸入水中，臀部就抬起，麻痹的下肢下沉形成U字形。为了纠正姿势，可用一只手托住练习者的下颌使其抬起，另一只手按住练习者的臀部让其沉入水中。待其习惯这个姿势后，可以进行游泳的练习。在游泳时可采用头部浸入水中、双手划动几次后再换气的方法，要注意的是，头出水的时机要比健全人早一些。

掌握了仰泳和蛙泳的技术后，可以进行自由泳和蝶泳的练习。

对于颈髓损伤练习者来说，只要具有背阔肌和肱三头肌功能，就可以用截瘫练习者练习游泳的方法练习仰泳。对于不完全性脊髓损伤练习者存在残存肌力、肌力弱及感觉差的情况，游泳可提高肌力和运动的协调性。

（三）脑瘫者练习方法

水的温度刺激和水波冲撞的机械刺激有利于脑瘫者全身痉挛状况的缓解，使肌张力异常得到改善，从而便于练习者在水中完成各种正确姿势和动作。另外，水的浮力可减轻练习者的负重，使身体容易克服重力的影响，发展自我控制能力，进行正常运动。

在练习游泳时，要注意练习者的安全，在最初练习时最好进行一对一指导，要根据脑瘫者的游泳注意事项进行练习，有癫痫的脑瘫者更应加倍谨慎。

（四）截肢者练习方法

游泳是截肢者最佳的运动方式，它能增强心血管系统功能并活动身体的主要肌群，不仅能增强力量，而且能增加柔韧性。更重要的是，游泳不会对残肢造成损害。对于截肢者来说，游泳的主要问题是如何进出水，最好使用游泳假肢或拐杖等。虽然不穿假肢也可以享受游泳的乐趣，但最好还是穿上它，以便保持平衡。此外，假肢还可以增加截肢残端击水的力量。如果经常游泳，应该使用特制的蛙蹼。双上肢截肢者在仰泳出发时，可用一根环形绳索固定在出发台上，用牙齿咬住绳索，双脚蹬住池壁等待发令。

（五）其他残疾者练习方法

游泳可以作为一项有氧运动项目在各种疾病的康复体育训练中采用。对于因下肢关节疾患而行走困难的练习者来说，游泳也是非常好的运动项目。

五、篮球

篮球可以促使人体的力量、速度、耐力和灵活性等运动素质全面发展，并能提高内脏器官、感觉器官和神经中枢系统功能，对培养勇敢机智、集体主义和组织纪律性等品质大有益处。

（一）轮椅篮球

轮椅篮球是国际残疾人奥林匹克运动会的一个正式比赛项目，深受世界各国乘坐轮椅的肢体残疾人的喜爱。在康复健身方面，它也是一项非常有价值的训练项目。

1.轮椅篮球的作用

（1）身体全面发展。练习者要驱动轮椅进行快速、长距离的跑动、摆脱、防守、传球、投篮等，所以能使速度、力量、耐力、心肺功能和灵敏性等各项运动素质得到全面提高。

（2）改善坐位平衡。躯干运动功能差会造成练习者坐位平衡不稳定，通过训练中的传接球、拾球、投篮、抢截球等动作，可提高练习者的坐位平衡能力。

（3）提高轮椅技术。轮椅篮球训练可使练习者的轮椅技术得到进一步提高。因为在轮椅篮球练习中要连续进行防守、突破、传接球、快速跑动中的急转弯、急停等动作，所以轮椅篮球训练可以使练习者对轮椅的操纵更加自如。

（4）改善心理状态。轮椅篮球具有竞争性和趣味性，大家在欢快的气氛中进行练习，不但可以提高训练的质量，而且可以改善练习者负面的心理状态。

（5）增强凝聚力。轮椅篮球是集体项目，在练习时不但要完成好自己的技术动作而且要与同伴配合好才能取得胜利，所以轮椅篮球训练可以培养集体主义和组织纪律性等品质。

2.轮椅篮球的练习方法

（1）无球的跑动练习。练习者做不持球驱动轮椅向各个方向跑动的练习，快速起动、急停练习，快速跑动时向各个方向不同角度的急转弯练习、做假动作的练习等。

（2）从地面拾球练习。将球放在地面稳定住，然后驱动轮椅向前，轮椅的大轮靠近地面上的篮球时，用手将球按在手轮圈的6点位，利用轮椅向前滚动的惯性将球带起到手轮圈的12点位时，迅速地翻手腕将球拿起。

熟练后，可以自己把球沿地面向前滚动，然后驱动轮椅上前将球拾起。两手轮流练习。

（3）传接球练习。传接球时应注意手形是否正确，胸前传球时要注意抖腕、拨指的动作，可以进行胸前传球、上手传球、反弹传球、侧身勾手传球、单手传接球等。还可以进行两人轮流向一人传球练习。

脊髓损伤练习者由于损伤平面不同，坐位平衡能力也不同。但由于练习者致残后没有经过训练，所以达不到应有的平衡能力。为了使练习者达到应有的平衡能力，可以在训练初采用轮椅篮球中的各种传接球方法进行平衡能力的训练。比如，对 T12 脊髓损伤练习者，要求传接球时腰背部离开轮椅靠背但传接球的难度要小，下一步加大传接球的难度，再下一步将一条腿搭放在另一条腿上，这样臀部和腿部的支撑面就小了，保持坐位平衡会更加困难。

（4）运球练习。练习者将球放在大腿上，双手连续摇动轮椅 3 次，就要使球接触一次地面，如果双手连续摇动轮椅 3 次以上则被判犯规。先进行直线运球练习，熟练后可以进行变换方向的运球练习。

（5）原地投篮。单手投篮时，持球手的手指自然分开，手掌心不接触球，持球于肩上，非持球手放在球侧帮助稳定。投篮时，持球臂的肘不要外张，投篮时用力的顺序为：伸肘、压腕、拨指，球从中指离开。球在空中应向后旋转，还要注意球在空中运行的弧度。

（6）跑动上篮。两人或三人一组互相传球向前跑动，待接近球篮时投篮。拿到篮板球后掉转方向，向对面的球篮方向传球跑动，然后投篮。还可以由一个人在罚球圈顶作为固定的传球人，其他人从球场的中线处持球向前摇动轮椅，距传球人 4 米左右时将球传向固定的传球人，传球后迅速向前插，接到传回来的球后可以用肩上投篮或低手投篮。

（7）突破与防守练习。两人一组，不持球。一人进行防守，另一人进行突破。突破者利用驱动轮椅快速起动、急停转弯、做假动作进行突破和摆脱，而另一人则积极地驱动轮椅进行拦堵，不让对手突破、摆脱。练习时两人驱动轮椅要转身快、起动快，假动作要有隐蔽性。

（8）战术练习。初期可进行一些简单的战术配合练习，然后进行一些较为复杂的战术练习。

（9）练习比赛。经过上述各种练习后，就可以开展练习比赛了。要按技术水平合理地将练习者分成两队，因为两队实力接近，能够调动双方训练的积极性，使练习者练习的积极性高涨。在练习比赛中要将掌握的技术充分地发挥出来，要注意集体配合，打出一些战术。

（二）截肢者篮球

篮球运动要求敏捷的起跳、跑动以及良好的控球能力。对于下肢截肢者而言，篮球运动中最难完成的就是跑动中快速转身。最好的假肢也不能满足整场篮球比赛的跑动要求。解决的办法就是苦练投篮技术，尤其是远投。如果残肢承受不了整场比赛跑动带来的压力，能参加半场比赛也不错。还有一个选择就是参加轮椅篮球，选择这一项目的通常是截肢部位较高者或双下肢截肢者。

六、羽毛球

羽毛球可以发展练习者身体的灵活性、协调性，提高上下肢及躯干的运动能力，改善呼吸、循环系统功能，还可以增强体质。羽毛球活动在室内外均可进行，可以进行 2 人单打练习，也可以进行双打练习，还可以进行 3 对 3 练习。羽毛球的运动量可以自行控制，可大可小，场地要求也不高，既可锻炼身体，又可使心情愉快，娱乐性很强，不同年龄、性别的人均可自行调整运动强度。通过开展羽毛球训练，可有效帮助肢体残疾人提高立位、坐位平衡能力，促进下肢移动能力，以及上肢、躯干的运动能力和身体的灵活性。

（一）脊髓损伤者练习方法

脊髓损伤者坐在轮椅上进行羽毛球练习，可以提高他们的坐位平衡能力，扩大身体活动范围，增加判断能力和灵活性。

在练习时，可以由教练员与 4 ~ 5 名练习者一起练习，每人相隔 1 米左右，围成一个扇形。练习者与教练员相距 4 米左右，最初由教练员将球抛向练习者练习正、反手击球，待水平提高后，可以由教练员用球拍与练习者练习。待水平进一步提高后，可将练习者分为两组对打。在击球时，如果来球距自己身体较远，可用非持拍手握住轮椅扶手伸拍接球。可用铁丝弯成一个长把的钩子，辅助自己拾球。

颈髓损伤者通过羽毛球练习，可提高坐位平衡能力和上肢的肌力。如果握拍困难，可以用弹力绷带将球拍与手固定在一起进行练习。为了提高击球的效率，可将球用一根细绳悬挂起来练习击球。

（二）偏瘫、脑瘫者练习方法

偏瘫、脑瘫练习者通过羽毛球练习，可改善上下肢的运动能力、立位平衡能力、协调性、反应能力和灵活性。

对于运动功能障碍较轻的练习者，要用患侧进行击球练习。练习初期指导者与练习者练习时尽量将球击到练习者容易击到的位置，待水平提高后可加大活动范围。然后练习者之间进行练习，由他们自己拾球，因为拾球也是训练的一部分。

对于手抓握功能、立位平衡和脚步移动差的练习者，可以参照颈髓损伤者的练习方法击打悬挂的羽毛球。偏瘫者为了训练肩关节外旋和前臂旋后，可进行反手击打羽毛球的练习。患侧上肢运动功能非常差的练习者也可用健侧握拍进行练习，达到利手交换、加大身体活动范围和娱乐的目的。

为了提高练习者的训练兴趣，还可仿照排球练习中击打气球的方法，只不过是用羽毛球拍击打，气球在空中移动速度慢，适合这类练习者练习。可分组隔网进行练习比赛或围成一个圆圈轮流击打气球。气球不要充气过足，否则容易炸裂。

（三）截肢者练习方法

对于上肢截肢者，可用弹力绷带将其截肢臂的残端与球拍固定进行羽毛球练习，这样可提高截肢臂的肌力。

下肢截肢者可以穿戴假肢进行练习，也可不穿戴假肢用腋杖进行练习。如果是大腿截肢，练习时球速要慢一些，击过去的球尽量在其身体附近，范围不要过大，使其能够努力击到来球。

七、太极柔力球

太极柔力球是一项将传统的太极运动与现代球类运动相结合的运动。太极柔力球是一项全身性的运动，它可使颈、肩、肘、腕、腰和腿的运动能力得到全面、均衡的发展。它不但集健身、娱乐、竞技、表演等活动方式为一体，而且易于掌握和普及。

太极柔力球的特点是器材简单，对场地的要求不高，场地可大可小，可在室内或室外进行练习；运动量可大可小，动作难度可简可繁，尤其适合中老年人、慢性病患者和肢体残疾人进行练习。

（一）基本技术

（1）肢体动作。上肢主要以肩关节运动为主，肘和腕关节与肩关节形成弧形，并且在运动中保持这个弧形。运动时动作要圆滑自然，肩关节、胸和背部要放松。两腿微屈分开站立，身体重心在两腿之间，前脚掌着地，脚跟微提，便于向各个方向移动。移动多采用滑步，有利于更快地选择支撑点和旋转轴。腰腹要将上肢和下肢的动作协调起来。

（2）握拍方法（均以右手为例）。正握法是手心向上，拇指和食指捏住拍把梯形处与拍面平行的两个平面，其余手指顺势扣握，掌心空出，以便拍子在手中运转自如。反握法是手心向下，其余动作相同。

（3）基本动作。为使练习者熟悉球性和掌握基本动作，可进行以下练习。

左右弧形摆动：持拍在体前做弧形钟摆式的摆动，球不离开拍面，体会对球离心力的控制。

左、右抛接迎引：体会将球引入球拍的感觉，在弧形摆动的基础上，让球稍离开拍面，然后用拍框边缘对着下降的球，由切线角度迎引接球入拍中。

正、反手迎引抛：轮换采用正、反手将球放在拍面向上抛起，持拍向上迎球，用拍框边缘对着下降的球，由切线角度迎引接球入拍中。

两人相对抛接：相距 3 米左右练习（熟练后可增加距离），可采用下手迎引抛练习或下手迎引，上手抛练习。

在掌握了以上技术后，可进行一些难度较高的练习，如背后抛接、带球左右旋转、正手水平右旋接抛球、反手水平左旋接抛球等。

（二）坐位练习方法

下肢残疾者可根据病情，选择坐在凳子上或坐在轮椅上练习。如果练习者坐位平衡能力差，可用非持拍手扶住轮椅扶手保持平衡。坐位练习可采用个人练习，将各种动作编排成一套太极柔力球健身操，使身体得到充分的运动。

还可采用两人面对抛接、三人三角形抛接、一方两人的面对抛接、围成圆圈随意抛接的方式。由于是坐位练习，无法进行脚步移动，所以抛出的球一定要准确，尽可能使对方可以接到球，这样可使练习顺利进行。

在练习者技术还不熟练的情况下，可采用教练员站在圆圈中心接练习者抛来的球，再将球依次抛向下一个练习者的方式，这会提高训练的质量，使练习者对训练有热情。

八、飞镖

飞镖是一种经济、简单、刺激的娱乐和运动项目。它不受天气、场地、年龄、性别限制，是理想的运动和娱乐项目。飞镖不但可消除工作的疲劳，而且有使人精神振奋的作用。飞镖运动现在已经在各地普及，而且经常有世界性的比赛。

在康复训练中可以将飞镖运动作为一个训练项目。脑瘫、偏瘫者投飞镖，除了练习肩、肘的动作之外，对手指和手腕的动作精细程度要求也较高。飞镖练习可提高智力残疾者的智力，改善精神疾病练习者的精神状态。飞镖也是一项适合脊髓损伤者的活动项目，它可以练习手、眼配合能力，提高上肢及手部运动的精确性，还具有趣味性。飞镖已被列为全国残疾人运动会大众体育正式比赛项目。

（一）器材、场地

（1）镖身长度不得超过30厘米，重量不得超过30克，每支镖需有镖身，在其另一端，有附镖翼的镖杆。

（2）凡正式比赛用镖靶，均以国际标准的20等分镖靶为准。

（3）靶上外环圈（双倍圈）按该圈所标分数的2倍计分，靶上内环圈（三倍圈）按该圈所标分数的3倍计分；外中心圈以25分计，内中心圈以50分计；扎在铁线外黑色的靶面时，该镖不计分。

（4）立位练习镖靶的高度以靶面的正中心为准，垂直地面的高度为173厘米，坐轮椅练习时可降低为133厘米；镖靶至投掷线的距离为274厘米。靶面20分的部位应朝上，20分靶面的颜色应为黑色。正式比赛时，投掷线应凸起3.8厘米。

（二）练习方法

1. 基本技术

手持镖的方法：手要拿着镖杆的前端（铜杆部分）靠近镖针的部位，

拇指在内侧，其余四指在外侧。投镖时以伸肘动作为主，用手指、手腕的精细动作来控制镖的飞行。

练习时在旁边观看的人要离靶盘 2 米以外，避免被飞镖误扎伤。

2. 规则

先比红心决定先后次序，在对抗赛时，比赢的一方先投镖。

国际正式比赛采用的标准打法（501 分方法）包括单打一对一、双打二对二或团体赛四对四，通常单打打 501 分，双打打 501 分、601 分或 701 分，四人团体赛打 1001 分。以 501 分为例，比赛开始前，双方基本分各有 501 分，以倒扣分方式进行，先扣至零分者为优胜，在投最后一镖时需要用双倍圈打成零分结束。例如，甲剩 30 分时可以用一镖 15 分的双倍圈来结束，乙剩 40 分时可以用一镖 20 分的双倍圈结束，如果没射中，分数继续往下减，直至一方射中他所需要的分数的双倍圈时结束一局；如剩下 3 分，则必须先射 1 分再以 1 分的双倍圈结束该局；如果最后一支镖的分数超过所需的分数，就是爆镖，爆镖时分数保留在上一次投掷时所剩余的分数。

对于上肢功能障碍者来说，按上述规则进行练习比较难，可采用自由飞镖的方法。即每人每次投 5 只镖，轮换进行，飞镖射到的得分区域不限，最后计算总分，分数高者为胜。

九、冰雪项目

我国将要举办 2022 年冬奥会、冬残奥会，这为推动广大肢体残疾人积极参与冰雪运动，体验冬季残奥运会比赛项目提供了良好契机。在冰天雪地里进行滑雪和滑冰运动是非常令人愉快的事情，可提高人体的抗寒能力、肢体力量和身体平衡能力。冬残奥会正式比赛项目有高山滑雪、冬季两项、越野滑雪、单板滑雪、冰球、轮椅冰壶等。

（一）截肢者练习方法

单下肢截肢者在滑雪时不需要使用假肢，只用健侧腿穿戴滑雪板，手臂使用滑雪手杖就能很好地进行练习。

滑冰需要躯干、下肢各个关节的协调运动。对于膝关节以下截肢者，一个行走假肢通常就可以满足运动的要求，但也需要进行一定的改进。膝关节的侧方稳定对于控制假肢非常重要。

对于下肢截肢者而言，滑冰是很好的运动，因为它不需要跑步，所以对残肢的损伤相对较小。在滑冰时，一些膝关节以下截肢者发现，向前倾斜假肢超过大趾有利于保持平衡和蹬地，这需要对假肢做特别的调整。膝关节以上截肢者很难滑冰。

（二）脊髓损伤者练习方法

脊髓损伤者可进行滑雪和滑冰运动，他们是坐在雪橇上进行运动的，雪橇可以是双滑雪板或和单滑雪板，单滑雪板的平衡比较难掌握，需要借助滑雪手杖反复训练。小儿麻痹后遗症患者、双下肢截肢者也可进行滑雪练习。

十、游戏活动

游戏活动娱乐性强，可有效改善肢体残疾人在参与体育健身和康复锻炼时的心理状态，改善肢体的运动功能，下面列举几项游戏活动。

（一）套圈游戏

通过套圈练习，可改善上肢的运动功能，使上肢的协调性、动作精确性得到提高。

练习方法：用塑料管、竹或木、较为粗硬的绳索制成环圈，直径为15 ~ 20厘米。用酒瓶作为被套的柱子，可在酒瓶上标上1 ~ 10的数字，按照所需的图形组合排列。练习者距柱子的距离一般在2米左右，用患侧手套圈的距离可近一些，用健侧手套圈的距离可远一些，也可根据个人情况而定。每人每次可投5个圈，然后计算分数，看谁的分数高。

（二）夹彩球

这项训练的对象为患侧手具有一定运动功能的练习者，主要训练患侧手指的运动功能和灵活性。

练习方法：预备两个碗，在一只碗中放入跳棋中经常使用的各种颜色的玻璃球若干，并混放在一起。指导残疾人用患侧手的拇指与食指、中指、无名指和小指依次对捏，将一种颜色的玻璃球全部挑拣到空碗中后，再挑另一种颜色的玻璃球，直至将玻璃球全部捏放入另一只碗中。在练习时注意，要用两个手指的指腹捏玻璃球，不要用手指的侧面捏玻璃球。练习的时间可根据练习者的情况确定。

（三）抛接飞盘

飞盘是一项户外娱乐活动。进行抛接飞盘的练习不但使人心情愉快，还可使身体得到充分的放松和锻炼。通过游戏互动，可积极改善脊髓损伤练习者的坐位平衡能力以及下肢截肢练习者的立位平衡能力和移动能力。由于运动强度不大，此运动也适合内脏器官疾病的练习者练习。

练习方法：室内、外均可开展。刚开始练习时，两人相距要近一些，8 米左右，待技术熟练之后，可逐渐加大距离。

持飞盘动作为将飞盘持于胸、腹前，飞盘不带沿的一面向上，用拇指在上与食指捏住盘沿，其余三个手指辅助于食指旁，使飞盘保持水平状态。

抛接动作为身体面向或侧对抛出方向，伸肘，抖腕将飞盘抛出。接飞盘时，要判断飞盘的速度和方向，手要迎着飞盘主动向前伸出，当马上要接触飞盘时手要随着飞盘往回收，同时用手指（拇指在下，其余四指在上）抓住飞盘继续向回收，起到缓冲作用。如果飞盘飞到接盘人的两侧，要尽量向两侧或侧跨步伸手臂将盘抓住，如果是坐轮椅，可用一手抓住轮椅扶手，另一只手抓盘。

可以变换练习方式，如 3 人的三角抛接、4 人的四角抛接和两个人同时对抛接两个飞盘。还可进行飞盘的抛远比赛和抛准比赛。

（四）拍球练习

（1）立位拍球。用患侧手臂进行拍球练习可以提高肩、肘、腕、手指和前臂的运动能力。

练习方法：用篮球或排球进行练习都可以。可以在地面放置一个呼啦圈，球要落在圈内。还可以一边拍球一边行走，如果只用患侧手连续拍球有困难，可用健侧手适时地给予调整。练习时要注意矫正患侧臂的肩外展，拍球时手掌要尽量背屈才能做好拍球的动作。

（2）坐位拍球。坐在轮椅上练习拍球，可提高脊髓损伤者坐位平衡能力和协调性。

练习方法：坐位平衡较好者在拍球时，双手可不扶轮椅的扶手，先用左手在左侧将球拍到脚踏板前，然后用右手接着拍球到右侧。随后再将球拍到脚踏板前换为左手拍球，反复进行。

如果练习者坐位平衡较差，拍球方法同上，但需要用非拍球手扶住轮椅扶手，待两手交换时，另一手扶住轮椅扶手，用来保持躯干的平衡。

（五）轮椅拔河

通过轮椅拔河的训练，可增强练习者的上肢、躯干力量。由于练习采用竞争的形式，更能激发练习者的全部力量。

练习方法：两个人在轮椅上背向而坐，将一根长约3米、较为结实的长绳两端分别系于两辆轮椅下的支架处。在绳子的中间系一条红线，在地面相隔80厘米画三条线，并用红线垂直对准中线。双方听到开始口令后，驱动轮椅向前用力拉绳。当红线从中间线移过任意一侧边线后即为结束。比赛可采用3局2胜制。

安全提示：驱动轮椅时将躯干保持前倾，避免向后翻倒。选用较为结实的绳子，避免将其拉断。

第三节　指导预案与损伤防护

一、脊髓损伤者体育活动时的注意事项

（一）防止压疮

压疮是脊髓损伤者容易出现的并发症。脊髓损伤者在进行体育、娱乐训练治疗时要注意压疮的预防，轮椅的坐面不要过硬，也不要过长时间坐在轮椅上，要每隔30分钟左右进行1 ~ 2分钟的减压运动，避免压疮的发生。颈7椎以下截瘫的练习者可以采用双手扶在轮椅的扶手上，双肘伸直，臀部离开轮椅的方法进行减压；颈7椎以上截瘫的练习者可以采用变换体位的方法进行减压。

颈7椎水平以上损伤的练习者没有伸肘能力或伸肘能力差，可以采用变换体位的方式进行减压，如利用套索使躯干前倾进行减压，利用肘勾住轮椅的手扶把，身体向同侧倾斜，使对侧臀部减压，然后对另一侧运用同样的方法减压。

（二）预防直立性低血压

刚离开病床不久的练习者，会有直立性低血压的情况发生，如在训练中发生头晕的现象，可将轮椅前轮抬高，使练习者的腿部升高，降低头部

的位置，以缓解此症状。

（三）训练中的心率

截瘫练习者腿部没有肌肉收缩，同时腿部和腹部缺少交感神经血管运动调节，导致瘫痪的下肢血流调节异常。活动中可能造成瘫痪的下肢静脉血液滞留，影响静脉回流，前负荷降低，减小舒张末期容积，使心肌收缩功能减弱。上肢训练可以起到部分代偿作用，增加回心血量，但截瘫练习者的心率在相同负荷下高于正常人。

脊髓损伤水平是训练中心血管变化的一个重要因素，T6 以上水平脊髓损伤的截瘫练习者交感神经支配受损，迷走神经支配占主导。这些患者在活动中难以加快心率，他们达到本身最大心率、心排血量和氧耗量的活动水平低于 T6 以下水平脊髓损伤的截瘫练习者。通过刺激功能性神经肌肉，在腿部和腹部施压或穿紧身裤或腹带，可增加静脉回流。

（四）注意轮椅翻倒

在进行轮椅技能训练时，要注意练习者身体重心的变化，在练习者还未熟练掌握轮椅技能时，一定要密切关注，并且给予保护。如果在训练时发生轮椅翻倒，一方面会对练习者产生身体的伤害；另一方面会使练习者产生恐惧心理，不利于以后的训练。

（五）防止碰撞

练习者在进行轮椅运动训练时，通常兴奋性很高，为了取得胜利，他们会全力投入训练之中。在这种情况下，可能会发生轮椅碰撞，导致身体或轮椅发生损伤。所以，训练时要根据情况随时提醒注意规则，尽量避免发生轮椅碰撞。

（六）循序渐进

练习者在进行训练时，无论在运动量和强度方面，还是在技术动作方面均要遵循循序渐进的原则，避免发生过度疲劳或者伤害事故。

二、偏瘫者体育活动时的注意事项

在进行体育活动时要了解偏瘫者在运动时的一些特点，做到心中有数。偏瘫者在运动时的特点有以下几个。

大部分偏瘫者的运动模式为上肢肌张力高，呈屈曲状，下肢肌张力高，呈伸展状，当动作速度加快、动作较为复杂或者用全力时，这种运动模式就会更加明显。所以他们在下台、跳跃时，膝关节不能很好地弯曲缓冲，以减轻地面的反作用力。

偏瘫者在用健侧手进行击打、投掷的时候，因为患侧腿在做向前的移动和旋转时支撑不住，所以只能用手臂和躯干做小的动作。

偏瘫者在进行左右侧向的移动还有转换方向时，动作迟钝、不灵活。

脑血管意外偏瘫练习者在进行体育、娱乐项目活动时要注意以下几点。

（1）在训练中要根据练习者偏瘫所处的阶段和运动能力区别对待。

（2）不要做与偏瘫治疗原则相违背的动作训练，如不要在上肢屈肌肌张力高时进行屈肌的力量练习，以免强化错误的姿势。

（3）避免运动量过大引起脑血管意外的再次发生及癫痫发作。

（4）避免合并症的发生或者恶化，如肩关节半脱位、异位骨化等。

（5）避免运动量过大引起的肌肉、关节、腰部疼痛等。

（6）给肌张力高的练习者做牵拉时，动作不要粗暴，避免拉伤肌肉。

（7）有些练习者坐位或者立位平衡能力差，在运动时要避免跌倒，造成伤害事故。

（8）在训练前要注意询问练习者的自我感觉，必要时进行血压和脉搏的检查。

（9）年龄大和身体状况差的练习者不宜进行运动量较大的练习。

（10）训练动作的难度要适合练习者的运动能力，不要使他们在运动时勉为其难而造成伤害。

三、脑瘫者体育活动时的注意事项

（一）注意调动训练兴趣

训练的内容切忌枯燥，要能调动练习者训练的热情。因参加康复体育活动者一般都是儿童，所以指导者的语言要简单、清楚，语气要能引起练习者的兴趣。可以将体操中的一些动作进行形象的比喻，如将一些动作比喻为一些动物的形象，这样会引起练习者的练习兴趣。练习者在动作完成不好时，要给予鼓励；在训练中不遵守纪律时，要提醒他们向好的榜样学习。

分组比赛时，两组实力要相当，如果差别很大，会使总是失败的一方失去信心。

（二）注意训练中的保护

训练时对于有痉挛的练习者，要注意避免其精神紧张，否则会加重痉挛；对于一些平衡能力差的练习者，要密切注意，以防跌倒摔伤。

在游泳时，要防止癫痫的发作，以免发生危险。为了预防在游泳时癫痫发作，需要注意以下几点。

（1）三年以上未发生过癫痫，在游泳时不需要限制。

（2）一年以上未发生过癫痫，在游泳时需要十分注意对其进行观察，但是在夏季发作的情况下与（3）相同。

（3）一年中数次发生癫痫，不要随集体游泳，需要与家属一起。

（4）一个月中数次发生癫痫，在游泳时需要一对一地进行指导。

四、截肢者体育活动时的注意事项

（一）保持适当的体重

当走路或跑步时，如果两个人具有同样的下肢力量，体重大的人会比体重小的人吃力，速度也慢，这是相对力量大小的原因所致。这个道理对下肢截肢练习者同样适用，体重越重，相对力量就越小，能量的消耗就越大。对于下肢截肢练习者，尤其是膝上截肢练习者来说，体重的增加对进行走、跑及其他动作是非常不利的。

另外，肥胖对穿戴假肢也会产生不良的影响。比如，对于同样长度的残肢，由于残肢直径的不同，其外形也不同，直径越大就越接近于半球形，其杠杆作用就越小，就越不利于假肢的穿戴、悬吊和发挥作用，假肢的代偿功能也就越差。

残肢胖瘦的变化也会造成假肢接受腔的不适合，所以将体重控制在一个适当的水平是非常重要的。

（二）防止肌肉萎缩

防止残肢的肌肉萎缩对于截肢练习者也是很重要的，即使在穿戴正式假肢后的长期生活过程中，也要尽量防止残肢的肌肉萎缩。肌肉萎缩后不但会使接受腔不再合适，更影响假肢代偿功能的充分发挥，因此要注意肌肉的训练。对于小腿截肢练习者，需要注意膝关节的伸肌和屈肌的训练；

对于大腿截肢练习者，髋关节的伸肌及外展肌的训练非常重要。

（三）避免残肢肿胀或脂肪沉积

穿戴假肢时还要十分注意避免残端的肿胀以及过多的脂肪沉积，这样可以使截肢残端稳定、成熟。可以使用弹力绷带对其加以控制。

缠绕上肢、小腿的绷带宽度应为 10 厘米，缠绕大腿的绷带宽度应为 12.5 ~ 15 厘米，长度为 2 ~ 4 米。

缠绕时先顺残肢长轴方向缠绕 2 ~ 3 次，然后斜向、螺旋状，自远端向近端缠绕。膝上截肢应缠绕至骨盆部，膝下截肢应缠绕至膝关节上方，膝下断端短者，需缠绕至大腿，肘上截肢应缠绕至胸部，前臂截肢应缠绕至上臂部。弹力绷带的压迫程度为越靠近残端末梢压力越大。在不穿戴假肢时，残肢均要用弹力绷带缠绕，夜间也不要除去。

（四）保持残肢的清洁

被包裹在接受腔内的残肢皮肤处于不正常的状态，随时受到压力和摩擦，再加上温度、湿度的变化，皮肤很容易发生异常，如红肿、肥厚、角化，发生毛囊炎、溃疡、脓肿等，当接受腔与残肢不相适合时就会更加明显。出汗多的患者，更容易产生皮肤方面的问题。所以，每日睡觉前需用温水及肥皂清洗残端，要将肥皂彻底清洗干净，避免残余肥皂刺激皮肤。用毛巾将皮肤完全擦干，可以使用减少汗腺分泌同时含有抗生素的粉剂外用。经常用沾了肥皂水的布清洁接受腔的内壁，再用毛巾将肥皂水清理干净并使其完全干燥。另外，还要注意勤洗、勤换袜套，避免袜套发生皱褶损伤皮肤。袜套变湿后应予更换，穿戴适当数量的袜套非常关键。

（五）皮肤并发症的处理

当发生湿疹时要暂停穿戴假肢，及时治疗，否则会导致湿疹蔓延。如残端与接受腔之间有空隙不能全面接触，行走时就会产生活塞效应，从而导致皮肤充血、潮红、肿胀及色素沉着。

如发现穿戴时残端不到位、接受腔不合适或者其他问题，应及时加以处理。

第六章　听力残疾人体育健身指导

中国残联于2012年发布的残疾人概况数据显示，截至2010年末，全国有2054万听力残疾人、130万言语残疾人，在全国各类残疾人总人数中占比较高。随着社会的发展和人民生活水平的不断提高，听力残疾人对体育锻炼和参与社会活动的需求愈加广泛，科学指导听力残疾人参与体育健身，并简单掌握实现无障碍交流的技能方法，对于更好地满足他们日益增长的健身需求和活跃基层听力残疾人体育健身活动的开展，不断提高广大听力残疾人整体健康水平，促使其实现全面发展具有重要意义。

第一节　听力残疾人的身心特点

一、身体特点

听力残疾人在身体发育过程中由于受听力障碍的影响，普遍运动耐力较差，运动中自我调节和功能恢复较慢，不适应较大的运动量和长时间的运动。听力残疾人的运动生理测试数据显示，他们的肺活量平均低于国家体质健康标准规定的同龄人的标准；运动中心肺机能恢复的标准值低于健康人恢复的标准值。他们在运动技术的学习过程中，对较为复杂的旋转、不同方位和环节变化的理解有困难，发力点和支撑点难以掌握；协调配合、平衡自控也有一定的差距，对技巧和难度较高的运动项目也不易掌握；在模仿学习时，会注意外表形象，而忽视对呼吸和运动机能的转换。听力残疾人经常参与体育锻炼和健身活动，将极大地提高他们的身体健康水平，也有助于弥补他们因听觉损失所产生的生理缺陷，提高他们的身体素质，这也是我们指导听力残疾人参与体育活动的重要目标，了解这些基本特点，对于辅导和帮助听力残疾人参与体育健身、提高身体素养和健康水平具有重要意义。

二、心理特点

听力残疾人长期生活在无声的环境中，在与人交流和认知过程中，与健全人存在一定的差距，其社会交往对象也以听力残疾人为主。他们善于用自己的身体动作、体态展示和表情流露来表现自己内心的变化，习惯利用肢体语言参与社会活动，并愿意让他人看到自己的进步。大多数听力残疾人有着独特的模仿能力，有争强好胜的心情和意愿。在参与体育健身活动、学习锻炼方法和掌握技术过程中，喜好简单、直来直去，且希望一蹴而就，有时对较难和复杂的学习会产生厌烦或者抵触情绪。在听力残疾同伴较少的情况下，他们与健全人交流、交往时往往会产生畏惧感和孤独感。在日常生活中，听力残疾人有喜好运动的特点，但在参与体育健身活动时，也容易出现短时间积极性不高的情况，由于交流障碍的影响，难以自觉地和健全人开展活动。但当感觉到交流方式变得舒畅和真实地感受到尊重后，听力残疾人往往会有很好的表现，会更加积极地参与到全民健身的行列之中。

三、体育健身对听力残疾人身心发展的意义

体育健身是听力残疾人参与社会生活、促进社会交往的一个重要方式，通过开展体育健身活动可以达成与健全人相同的增强体质、促进身心发展的目的。对于听力残疾人群，体育健身的活动可以不同程度地改善由听力损失造成的生理缺陷，起到功能补偿的作用，而且对提高他们对有视觉和无视觉的判断能力，增强运动的空间感，建立节奏感和正确掌握发力与缓冲的技能等均有积极帮助。经常性地参与体育健身活动，还会促使听力残疾人更多地参与社会交往，对于他们的工作学习、生产劳动均具有积极的促进作用。

（一）体育健身是听力残疾人缺陷补偿的重要渠道

听力残疾人群在长期无发音交流的情况下，肺活量相对低于健全人的正常标准；在无声的感觉动态中，身体运动反应以视觉为准，平时运动量也较小；在专注某一项工作时，专注的时间也较短，容易产生疲劳；在运

动中，由于肺活量较低，运动的耐力较差，可以有快速的反应和运动，但持久性较低。长期的体育运动可以有效地促进听力残疾人心肺功能的提高，实现体育运动的特有补偿功能。经常参与体育运动的听力残疾人的体质健康测试的各项指标都有较大的提升。对于听力残疾的青少年学生，体育锻炼可以增强心肺功能，对于文化学习和专注力的提高都会有很好的帮助；在课堂学习过程中，脑缺氧的现象会相应地得到缓解，从而提高文化学习的质量。进行体育健身活动还可缓解眼部疲劳。听力残疾人在工作学习中主要依靠视觉，在紧张的工作和学习之余进行体育锻炼，会使视觉得到很好的调整和休息，从而更好地促进工作与学习。体育锻炼还可使听力残疾人的身体机能得到良好的保持或改善，促进他们的身体健康和体质增强，实现全面发展。

（二）促进听力残疾人的社会参与和适应能力

参与体育健身活动对听力残疾人的节奏感、空间感的建立有特殊的帮助。听力残疾人群在无声的环境下工作和学习，他们对节奏、空间方位的判断与健全人存在一定的差别。体育活动的多样性和健身方法的掌握，对于上述能力的提高都是极为有效的。运动中的节奏感是体育健身的重要组成部分。运动对听力残疾人群正确地掌握节奏，合理地运用自我力度，以及缓冲都会有极大的帮助；对听力残疾人的易急躁、易冲动的心理状态也有较好的疏解作用。

通过体育运动中人体多向的运动轨迹，可以提高听力残疾人的空间感和动态中的方向感，改善由失聪造成的平衡能力等方面的不足。在跳跃旋转和腾空落地的缓冲中，通过不断的方位判断和落地时身体姿态的调整变化，可以帮助听力残疾人形成方位判断和肢体运动轨迹控制记忆，对听力残疾人对方向的感觉和判断能力的提升有极大的帮助。体育运动还可以使听力残疾人更好、更多地参与不同的社会活动，提高社会适应能力。

（三）扩展听力残疾人的社会交往，促进融合体育的全面发展

体育健身和丰富的体育活动是听力残疾人参与社会活动、加大社会交流的重要途径，也是让社会更全面了解听力残疾人特点、拐进无障碍交流的重要方面。

听力残疾人在体育运动中是最易融入大众的，他们通过体育运动会更

好地融入社会。在运动和比赛中让更多的人了解听力残疾人，通过运动使听力残疾人的活动范围更加广泛，活动内容更加丰富，会极大地促进其与社会的交流。通过文艺、体育多层次的展示活动，听力残疾人特有的风采会在社会上产生积极效应。通过体育活动，听力残疾人可以和更多的人交朋友，进入全民健身的行列。通过体育运动可以缩小听力残疾人和健全人信息交流的障碍，加大手语交流的氛围，同时促进体育健身场所无障碍的建设，使手语交流和无障碍信息沟通成为社会的常态。通过体育活动，听力残疾人参与社会的能力和社会交往能力得以提高，活动的范围更加宽广，从而更好地发挥听力残疾人在社会发展进程中的作用，成为新时期融合发展的重要力量。

第二节　听力残疾人体育健身指导方法

一般的大众体育健身项目，听力残疾人均可参与，故本章不对具体项目方法和教学动作进行列举。学习掌握正确的、符合听力残疾人身心发展特点的通用指导方法，是指导此类人群、帮助他们参与体育健身活动的必备技能。

一、指导听力残疾人参与体育健身的一般方法

听力残疾人可以参与社会开放的体育场馆、俱乐部、健身房的活动，可以和全社会群体共同运动。我们经常会看到，听力残疾人在足球、篮球场地与健听人共同活动，或与健听人共同使用游泳馆、羽毛球等场地。目前，很多听力残疾人已成为社会体育场所中的常客，为了使听力残疾人更好地融入全民健身行列，更安全融洽地参与锻炼，相关服务人员应指导听力残疾人参与社会活动和健身时注意以下几点。

（一）熟悉健身场所与环境

要熟悉所在的健身场所或俱乐部的环境。指导听力残疾人通过视觉了解场地的范围，认知各种运动器械的名称和位置，了解场馆中行人通道的特点和方位，牢记安全通道及逃生路线和出口，了解需要特殊服务时可以找到的服务台或求助点，认识场地工作人员的标志。需要更衣时，要主动

检查和保管好自己的衣物。特别是初次到场馆时，要清楚地知道出入口、更衣室、厕所、休息区、逃生路线及警报标识。要知道计时钟表位置。

（二）遵守规章制度和器械使用方法

要熟读场馆的规章制度和所练习器械的使用方法，严格遵守并遵照执行。在遇到陌生和不会使用的器械时，应主动请教工作人员，在其指导下进行锻炼。当参与投掷项目训练时，要主动声明自己是听力残疾人，需要特殊服务。练习飞镖、高尔夫和田径场的标枪、铁饼、铅球等有危险的项目时，必须向服务台提出特殊的服务要求。

（三）做好健身前的准备活动

练习前要认真做好准备活动，按场馆的要求换好服装。在使用器械时，由轻到重，由慢到快；在对抗的比赛练习中，更要做到由缓到快；在与健听人共同参与活动时，应主动说明自己的生理特点，以避免在交流中出现不愉快的情况。遇到特殊情况时，可用手画文字、肢体语言或手机写字等方式进行交流。在参与社会大众健身活动的交流中，既要尊重他人，也要自我尊重。

（四）自我监控运动量

要对练习中的运动量进行自我监控。在自己感觉疲劳或很累的情况下，应通过自测脉搏了解自己对运动负荷的适应程度，从而调整呼吸节奏和运动量。同时，运动前应对自己的身体状况有较好的评估，根据实情适当地调整自己。当运动量大时，利用深呼吸、肢体放松和精神调节进行缓冲；当身体有严重不适时，要立即停止训练，放松自己，缓慢地进入安全区域，主动地寻求帮助，避免危险发生。保持健康的身体，坚持正确的训练，形成良好的体育健身习惯。

（五）运动中不宜用手语交流

听力残疾人组成团体或有几个听力残疾人共同参与社会健身活动时，要做到在运动时不交流，交流时不运动，需要长时间交流时要到休息区。在跑步机上跑步、在野外跑步、在水中游泳或登山路上时，进行手语交流是伤害事故发生的最大隐患。听力残疾人在参与活动时，必须牢记这一点。在参与运动中应避免强烈的旋转和长时间的倒立动作，不宜做妨碍视觉和依靠声音完成的活动，谨慎参与垂直下降和连续翻滚的活动。自觉地遵守健身场所的规章制度，做到愉快安全地健身。

二、指导听力残疾人体育健身的教学方法

在指导听力残疾人在学习体育锻炼方法时，需要采用全方位视觉传达的辅导方式。听力残疾人在学习中，依靠视觉的反应和身体轨迹的模仿来完成运动技能的掌握。听力残疾人在学习简单动作或一两个动作的动作组合中，很快就能掌握，但在身体多轨迹转变和细小关节的变化中，他们受视觉的影响很难正确完整地学习，对动作的节奏、发力点等方面的学习有着更大的障碍。用更科学的方法进行辅导和教学，会促进听力残疾人更加准确全面地掌握锻炼的方法及动作的全过程。

（一）教学和训练中发挥听力残疾人的模仿优势

听力残疾人的视觉观察力和动作的模仿力是他们特有的优势。在教学中要让听力残疾人先学会大的整体动作，建立主体动作的概念，再结合听力残疾人喜好用体态展示自己的特点，对细节的变化进行教学。教学指导中要采用正面教学，背面跟做，这对于听力残疾人较快地学习和掌握标准动作是非常有效的。

（二）提高听力残疾人视觉观察的能力

辅导人员要实行分节教学。要先把完整的动作示范展示给听力残疾人，教会他们把动作看全，从开始到中间的变化，直到最后的落位，把动作的轨迹、动作过程、重点部位都要看明白；提示听力残疾人不要边看边做，在看全看懂后再模仿完成动作。在有转体动作而离开残疾人视线时，辅导人员要及时调整示范位置。

（三）使听力残疾人掌握旋转腾空和落地的正确技能

在辅导教学的示范中，脚步的移动有很多，在正面和背面的示范中，要把进退的方向距离提示准确，这也是听力残疾人在学习动态动作中的一个难点。对平行移动、90° 转体、45° 上步等动作，都要示范准确和分解教学。由于受听觉的影响，听力残疾人对跳起和落地、转体等动作的模仿学习会出现偏差，有时在模仿中会很重地砸地，所以在示范教学中跳起和落地的教学要更加详细，让听力残疾人掌握前脚掌落地的缓冲方法和与下一个动作的衔接过程，使教学更加合理顺畅。

（四）教会听力残疾人掌握运动的节奏

在没有语言声音的提示下，保持良好的节奏感，是听力残疾人学习和参与运动的难点。健美操、舞蹈、武术等对节奏的要求是很高的，离开了节奏就失去了实际效果。在练习中培养节奏感、持续的节奏记忆、节奏控制和节奏展示是极为重要的，用好节奏对听力残疾人的日常活动有很大的帮助。

综上所述，听力残疾人的体育辅导方法可以归纳为：先教整体再教细，示范看全记心里，运行转正落地轻，节奏一致要鲜明。

三、听力残疾儿童早期运动康复的方法

听力残疾儿童早期的运动康复训练，对他们的全面成长是十分有意义的。正确的锻炼方法，对促进和改善儿童的身体机能、身体素质和参与社会的能力尤为重要。早期的指导和家庭的训练主要以提高心肺功能为目的，促进身体机能和素质的全面发展。

（一）学会正确的呼吸方法

在户外活动中，要指导听力残疾儿童学会正确的呼吸方法，教会他们有节奏地呼气和吸气，学会吸深吐尽的方法。要配合发声进行呼吸的训练，在运动中利用正确的方法和有节奏的呼吸，提高心肺功能。例如，用纸做喇叭筒，在室内练习空中吹球等，可以较好地弥补发声不足对肺活量产生的不良影响，通过运动改善循环系统的功能，这对听力残疾儿童的成长、发育和学习的促进都是有意义的。

（二）多项组合反应训练

在游戏活动中，把单一动作进行多项组合，进行多项组合反应训练，可以提高听力残疾儿童身体机能的多项适应力，如拍球再加转体接球，在跳跃中将球抛出，再调整步法上步接球等，使他们通过视觉判断提高自我控制身体的能力，提高他们基础的运动能力。

（三）平衡与旋转的特殊训练

早期的平衡与旋转的特殊训练，对改善听力损伤造成的前庭平衡能力有较好的帮助，同时能更好地为听力残疾儿童的生活带来方便，对于其融合发展，走进社会的大环境，提高文化学习都是十分有意义的。支撑平衡、

持物平衡、独木桥行走、不同方位的转体、跳起转体、转体再跳起、转体360° 再双手接球、纸飞机的投掷等都是较好的练习方法。

（四）节奏变化和记忆训练

听力残疾儿童普遍在节奏和自控能力方面较差，表现在运动中就是动作会越做越快，有时到身体不能承受了才停止，这对体育锻炼、体质健康都是不利的。儿童时期养成正确的节奏感是十分重要的。在家中利用互动游戏“跟我做”的方法进行初级训练，效果是很好的。家长或老师在正确的节奏引领下，带着听力残疾儿童有节奏地练习，一般要在 2 ~ 3 分钟内完成，使他们从在手势的引领下完成有节奏的动作，提高到在无指挥的情况下自主完成一分钟节奏训练，也可在训练中变换不同节奏，如四二拍的节奏转变为四三拍的节奏，提高其对运动的节奏记忆能力。

（五）积极参与社会交流活动

引领听力残疾儿童多参与社会交流活动，和其他人一起游戏、旅行、玩耍是十分有意义的，这对他们融入社会有极大的促进作用。

四、听力残疾人中特殊群体的指导和帮助

随着社会的发展，听力残疾人的辅助听觉设备有了新的发展。人工耳蜗的出现对听力残疾人的听力改善有极大的帮助，为他们在日常学习工作过程中，参与社会交流中提供了便利的条件。目前，安装人工耳蜗的听力残疾儿童在不断增多。同时，随着社区的发展，老年人的社区活动范围逐渐扩大，部分老年人出现重听现象。对这两部分人群的体育指导和帮助的重要性逐渐凸显出来。安全、有效、全面地增强他们的体质，是我们在辅导和帮助他们参与体育健身活动中需要特别注意的。

（一）安装人工耳蜗的听力残疾人体育健身指导要点

对已安装人工耳蜗的人群，应分为初始阶段人群和适用阶段人群。听力残疾人在安装人工耳蜗后，3 个月内会有许多不适应。耳蜗传递的声音与我们平时的音感有较大的区别，在这个阶段，应避免参与正常的健身和体育活动，以散步和轻微的活动为主，减少大音量的刺激和碰撞的发生。进入适应阶段后，在参与体育健身活动中，应以中等运动量练习为主，不参与强度大的跳跃活动，特别是从较高的地方跳下落地和大跳跃的动作；避

免有连续震动的练习，如跳绳、跳障碍、跳远和快速跑的练习；游泳和水上运动也不宜进行。可以给他们安排一些健身舞蹈、瑜伽、乒乓球、羽毛球等中等运动量练习，不参与有碰撞的对抗性比赛。在参与社区和社会活动中，要尊重他们的意愿，服务人员在对其进行指导中，讲话要慢而有节奏，使他们更好地参与健身活动。

（二）重听老人的体育健身指导注意事项

听觉损失的老人是社区常见的群体，在指导交流中要认真听取他们的需求和意见，讲话语速要慢，语音略高，吐字清晰。指导活动时要说做结合、耐心引导，理解他们的高音讲话。教学当中以示范为主，让他们看着学，跟着做，较复杂的动作要慢；在大集体练习中，注意个别指导，要特别提示安全注意事项。在练习中，有向后退的动作时要特别注意后边的空间距离。在进行家庭和社区练习辅导中要多做示范，把练习的重点、难点讲清楚，让他们练习中不急躁，学会把控运动中的节奏和运动量的变化，做到安全健身，愉快锻炼，强身健体，共同进步。

五、指导听力残疾人体育健身活动的开展和手语交流

听力残疾人参与的体育运动项目很广泛，有世界性的听力残疾人的运动会，我国的残疾人运动会也设有听力残疾人的体育比赛项目，听力残疾人的群体活动有了很大发展。听力残疾人的三对三篮球比赛、五对五足球比赛、飞镖、排舞、乒乓球、羽毛球等在各地开展得非常活跃，冬季项目在这类人群中也有了较大的普及。听力残疾人的体育活动内容更加社会化，听力残疾人成为大众体育健身队伍的重要组成部分。

手语是听力残疾人之间交流的重要语言，也是听力残疾人特有的语言文化。指导听力残疾人进行体育活动，手语的信息传达与反馈是极为重要的。手语包括手指语和手势语，由体态变化、表情及手指文字组成。在体育交流中，很多手语都是自然形成的。许多体育标志性的手势和裁判的手势已成为听力残疾人手语中通用的内容。指导听力残疾人参与更多的文体活动，学会和掌握部分手语是十分必要的。

常用的手语介绍如下（相关词目的手势打法出自《国家通用手语词典》）。

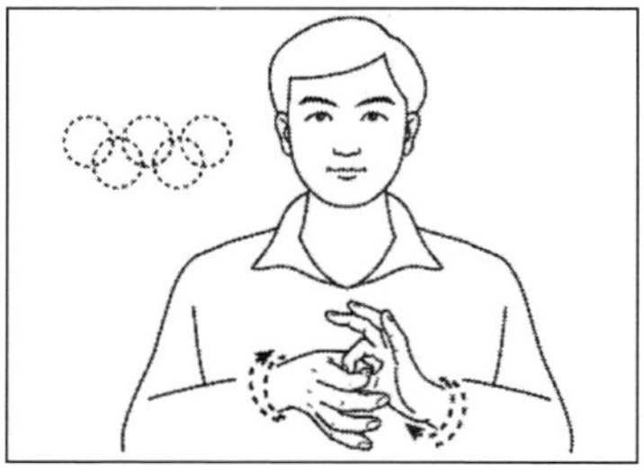

奥林匹克

双手拇、食指套环，其他三指微屈，向右侧微移，边转腕边做一次套环动作，然后向下微移，再边转腕边做一次套环动作，表示奥林匹克五环标志。

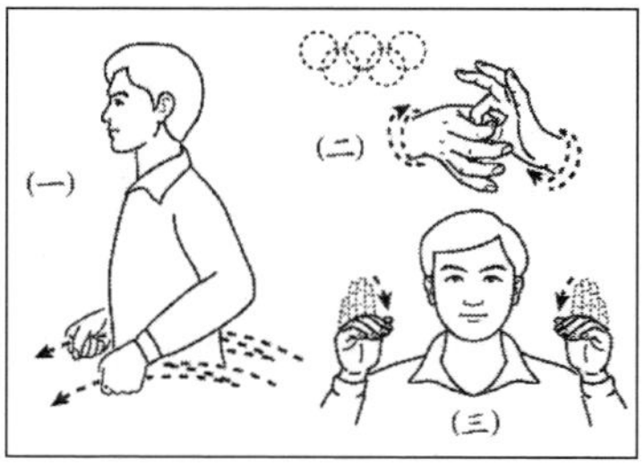

残奥会

（一）双手虚握，虎口朝前，在腰部两侧做向前转动轮子的动作。

（二）双手拇、食指套环，其他三指微屈，向右侧微移，边转腕边做一次套环动作，然后向下微移，再边转腕边做一次套环动作，表示奥林匹克五环标志。

（三）双手直立，掌心分别向左右斜前方，食、中、无名、小指弯动一下。

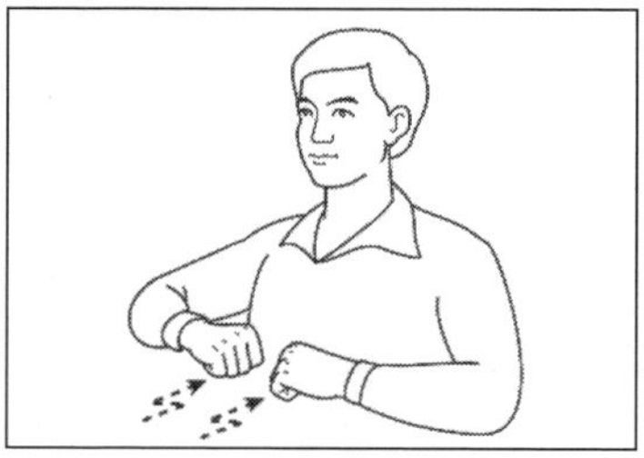

运动

双手握拳屈肘，手背向上，虎口朝内，用力向后移动两下。

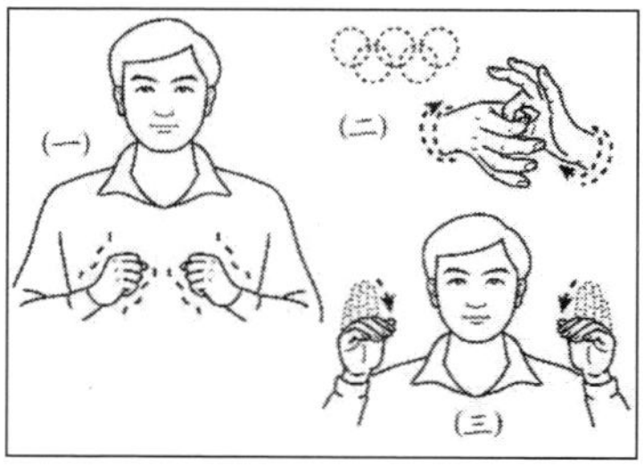

冬奥会

（一）双手握拳屈肘，前臂颤动几下，如哆嗦状，表示冷。

（二）双手拇、食指套环，其他三指微屈，向右侧微移，边转腕边做一次套环动作，然后向下微移，再边转腕边做一次套环动作，表示奥林匹克五环标志。

（三）双手直立，掌心分别向左右斜前方，食、中、无名、小指弯动一下。

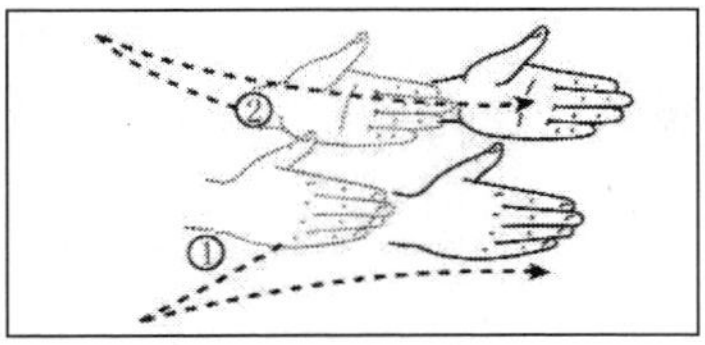

滑冰

双手侧立，交替向前做曲线形滑动，模仿滑冰的动作。

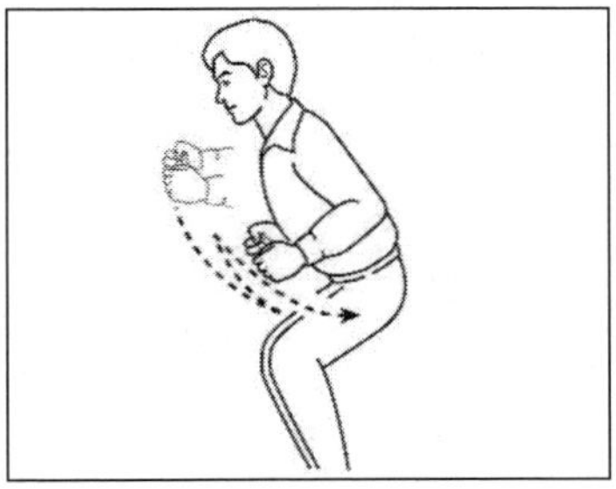

滑雪

身体前倾，双腿半蹲，双手握拳，置于身前并向后下方划动几下，如滑雪状。

健美操

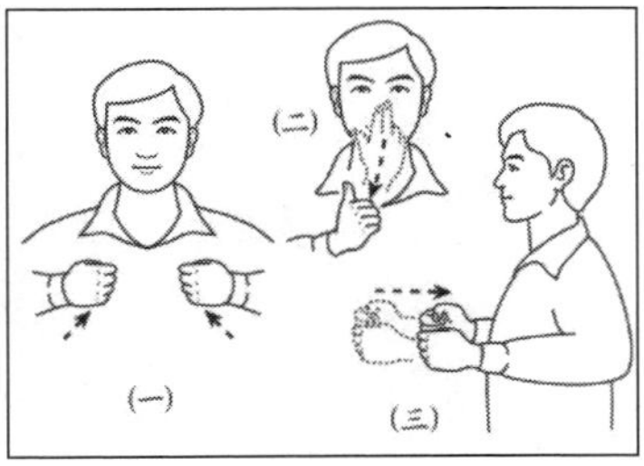

（一）双手握拳，捶一下胸部。

（二）一手伸拇、食、中指，食、中指并拢，指尖置于鼻部，然后边向外移动边收拢食、中指，只伸出拇指。

（三）双手握拳，向前伸出，再收回，如做操状。

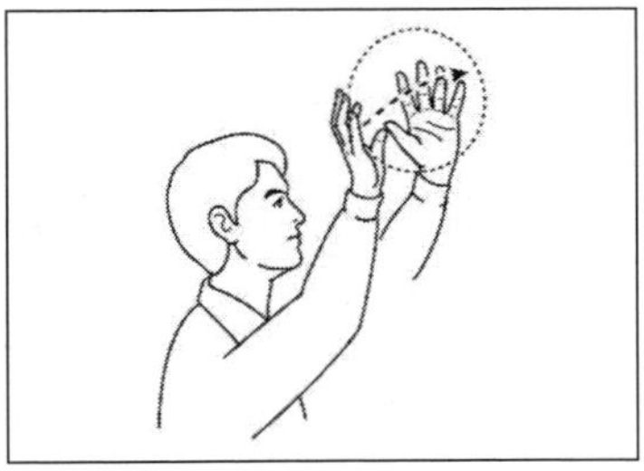

篮球

左手直立，掌心向右，五指微曲，置于头部前上方；右手五指张开，掌心向前，置于左手旁，然后手腕向前弯动一下，如投篮状。

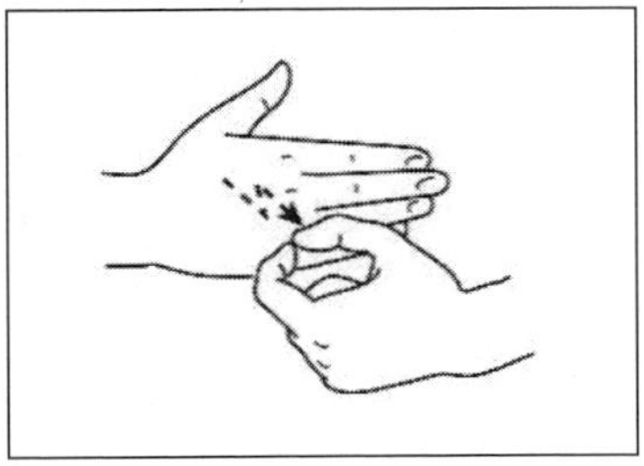

乒乓球

左手拇、食指捏成圆形，虎口朝上；右手横立，手背击打两下左手拇指，如打乒乓球状。

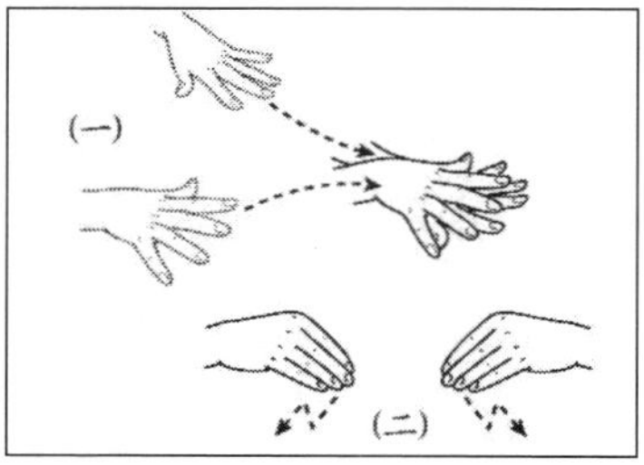

融合教育

（一）双手平伸，掌心向下，五指张开，从后方两侧向前方中间移动至双手上下相叠。

（二）双手五指撮合，指尖相对，手背向外，在胸前向前晃动两下。

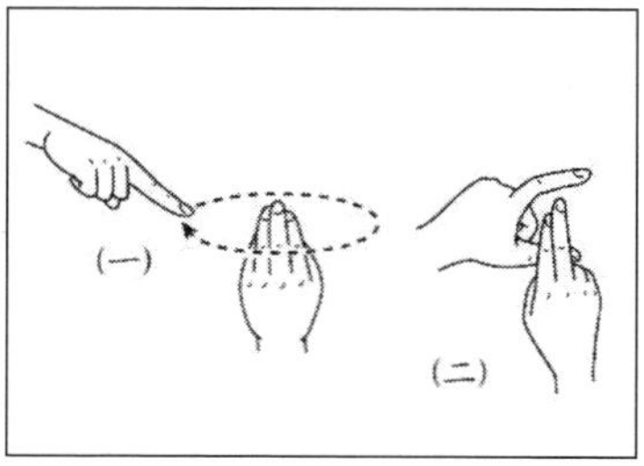

社区

（一）左手五指撮合，指尖朝上；右手伸食指，指尖朝下，绕左手转动一圈。

（二）左手拇、食指成“匚”形，虎口朝内；右手食、中指相叠，手背向内，置于左手“匚”形中，仿“区”字形。

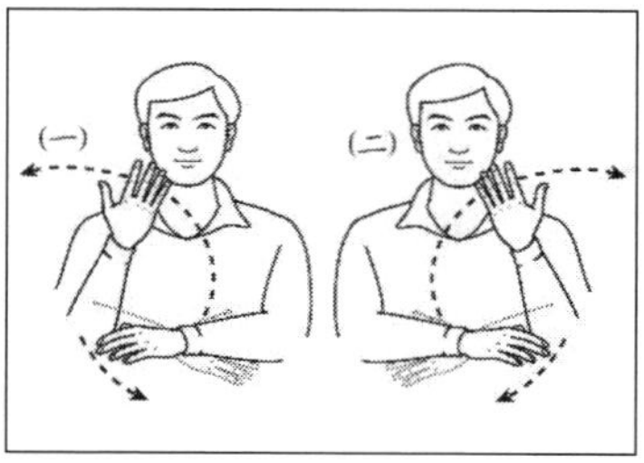

太极拳

双手屈肘，五指微曲，左手横屈，掌心向下，置于腹部；右手横立，掌心向内，双手缓慢反向转动，然后双手互换位置，重复一次，模仿打太极拳的动作。既表示太极拳的名词意思，又表示打太极拳的意思。

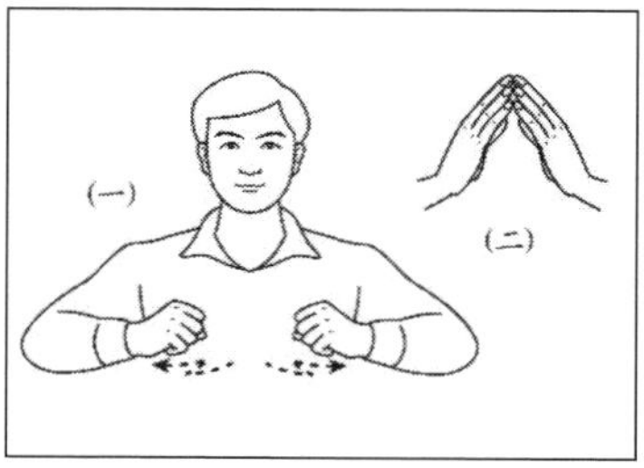

体育馆

（一）双手握拳屈肘，手背向上，在胸前做两下扩胸的动作。

（二）双手搭成“∧”形。

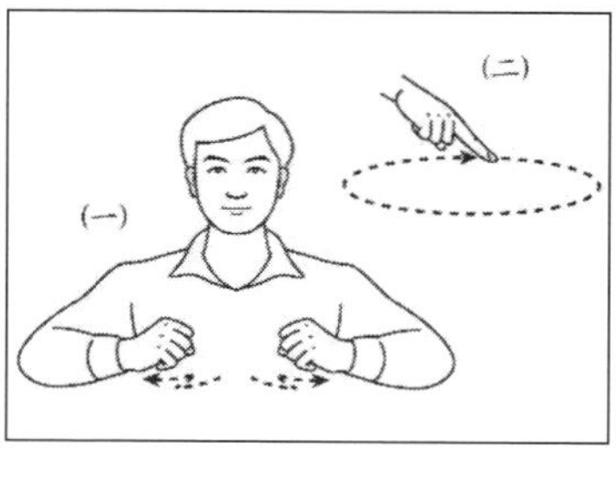

体育场（操场）

（一）双手握拳屈肘，手背向上，在胸前做两下扩胸的动作（表示操场时，双手在胸前做一下扩胸的动作）。

（二）一手伸食指，指尖朝下画一大圈。

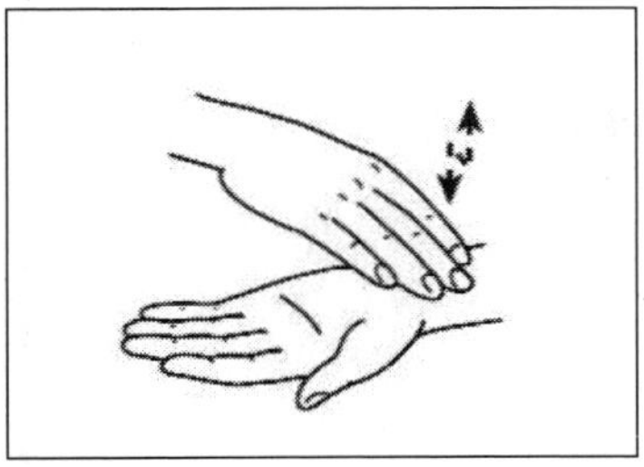

脉搏

左手平伸，掌心向上；右手五指并拢，食、中、无名指指尖按于左手腕的脉门处，并上下微动几下，表示脉搏跳动。

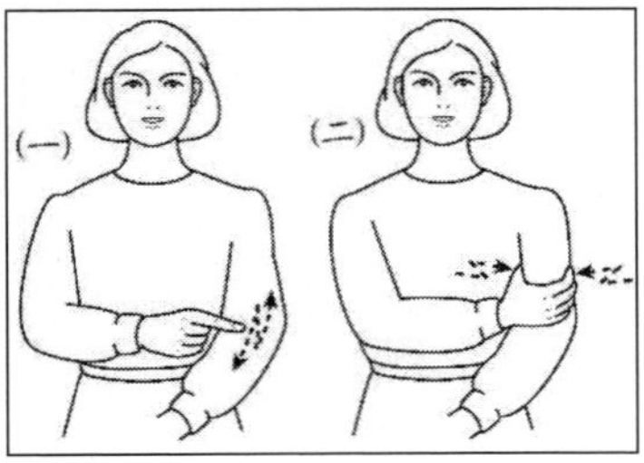

血压

（一）右手伸食指，在左臂处上下划动几下。

（二）右手捏两下左上臂。

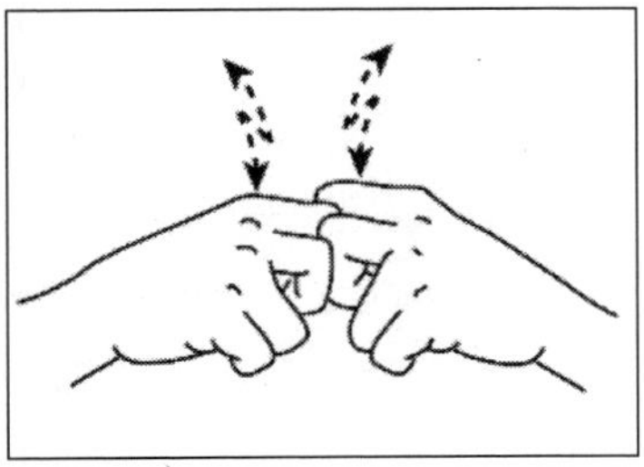

关节

双手食、中指弯曲，相互咬住，手背向上，上下弯动两下。

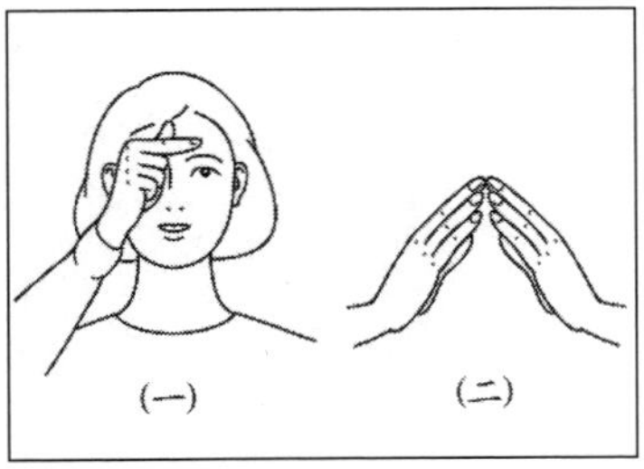

医院

（一）一手拇、食指搭成“十”字形，置于前额。

（二）双手搭成“∧”形。

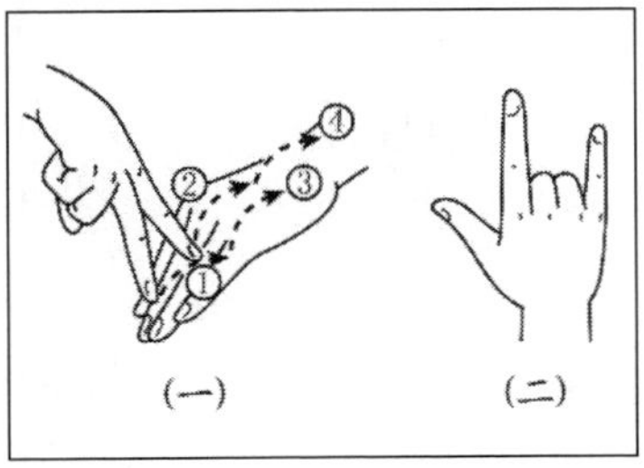

登山

（一）左手横伸，手背拱起；右手食、中指分开，沿左手指背交替向上移动。

（二）一手拇、食、小指直立，手背向外，仿“山”字形。

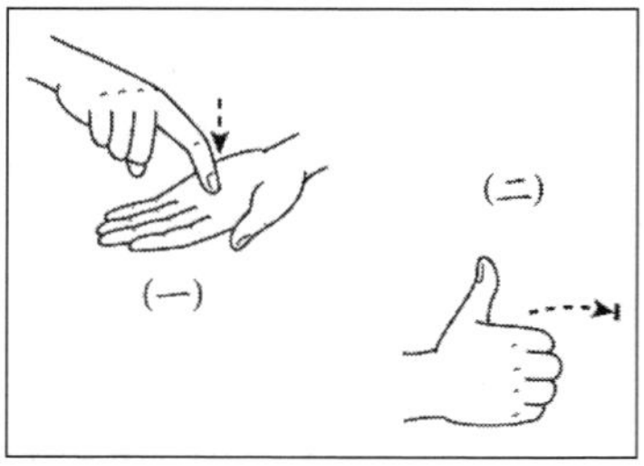

点赞

（一）左手横伸；右手伸食指，指尖朝下，在左手掌心上点一下。

（二）一手伸拇指，向前一顿。

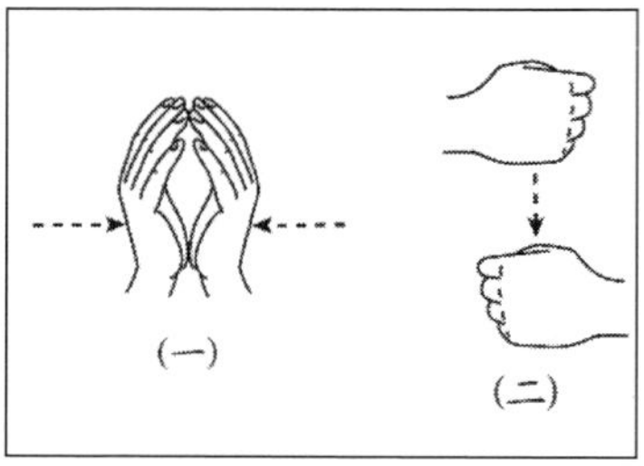

合作

（一）双手直立，掌心相对，五指微屈，从两侧向中间移动。

（二）双手握拳，一上一下，右拳向下砸一下左拳。

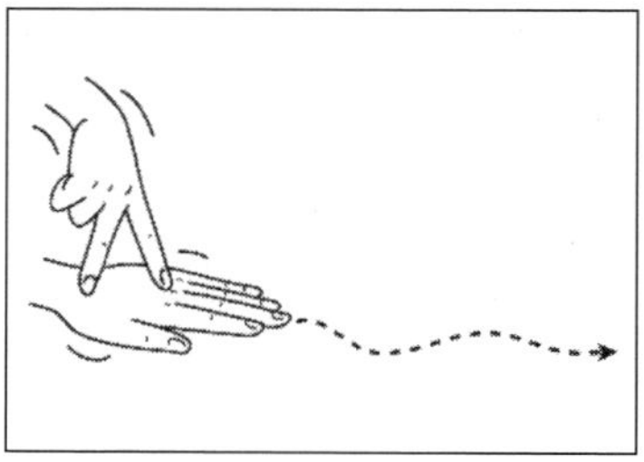

滑板

左手平伸，掌心向下，五指并拢；右手食、中指分开，指尖朝下，立于左手背上，然后双手边左右晃动边向前移动。

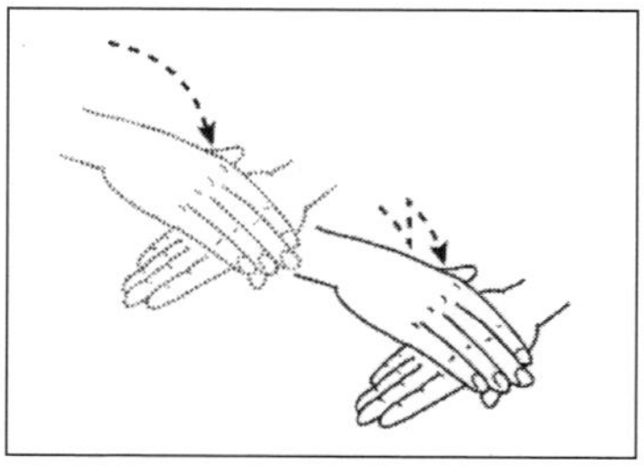

节奏

双手按 3/4 拍音节（咚嗒嗒—咚嗒嗒）连续击掌，第一下重拍，第二、三下轻拍。

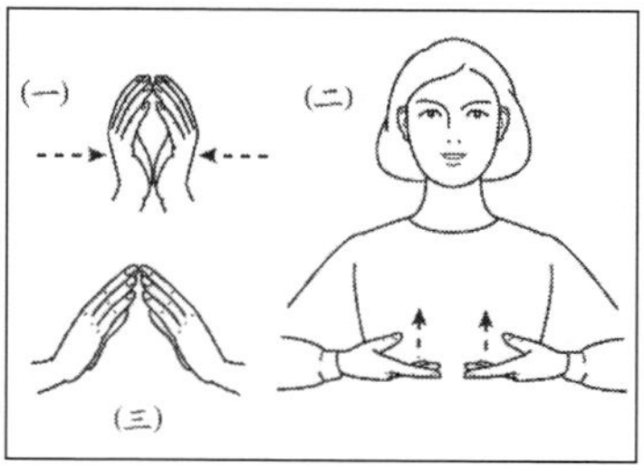

俱乐部

（一）双手直立，掌心相对，五指微屈，从两侧向中间移动。

（二）双手横伸，掌心向上，在胸前同时向上移动一（或两）下，面带笑容。

（三）双手搭成“∧”形。

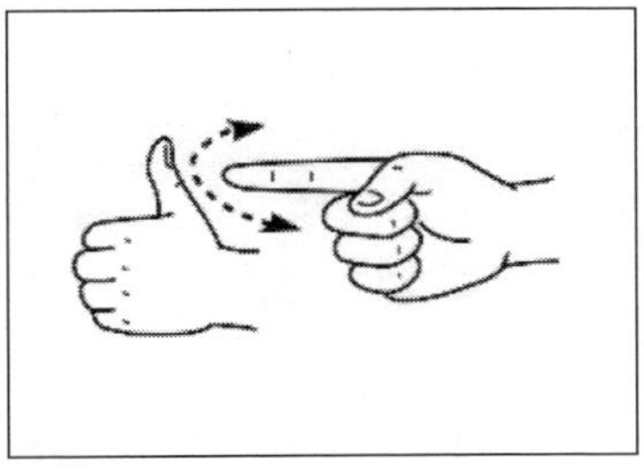

指示（指导）

左手伸拇指；右手伸食指，指尖朝前，在左手拇指后左右移动。

辅导听力残疾人参与体育健身的常用手语如下所示。

你

好

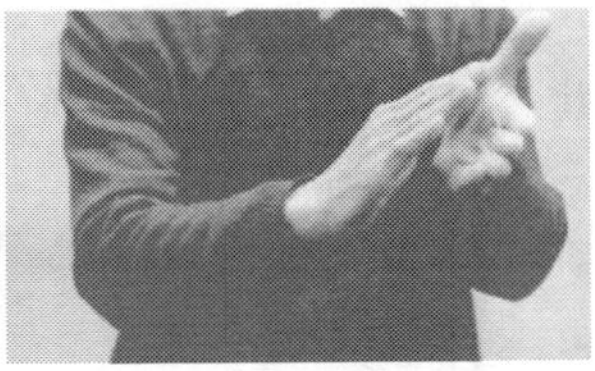

欢迎

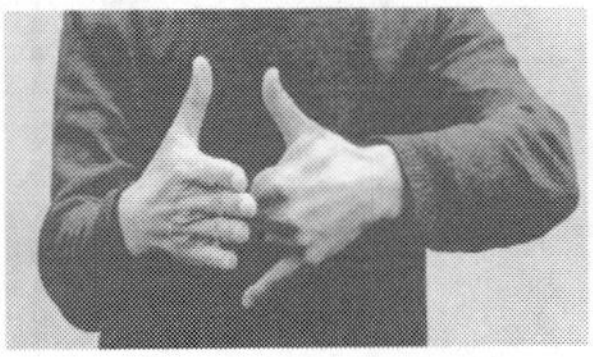

参加

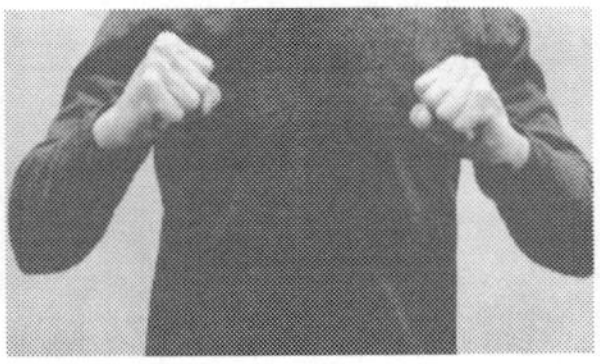

体育运动

我

是

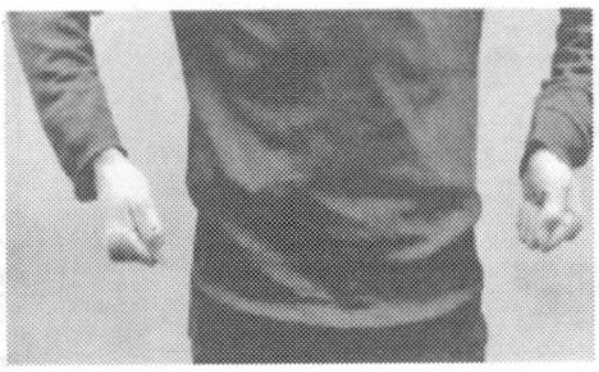

残疾人

体育

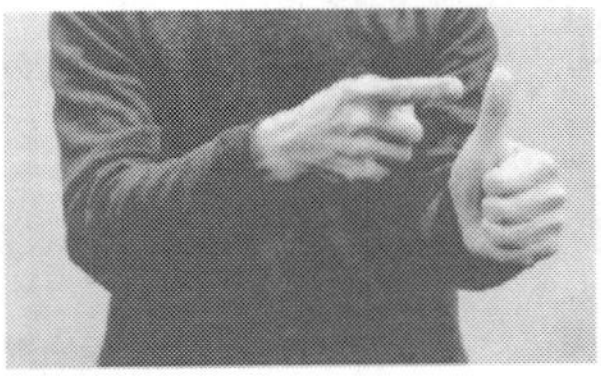

指导

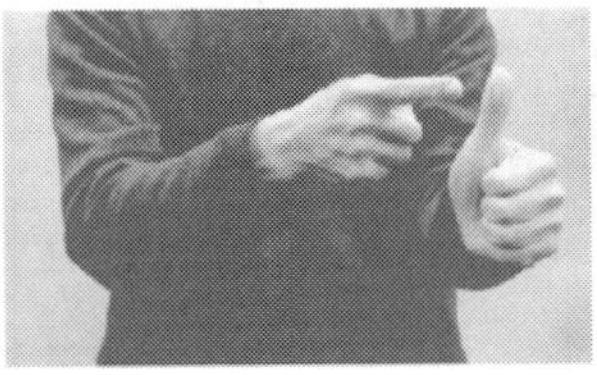

圆

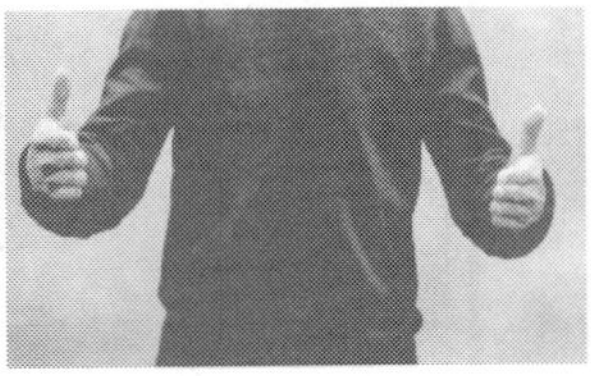

大

众

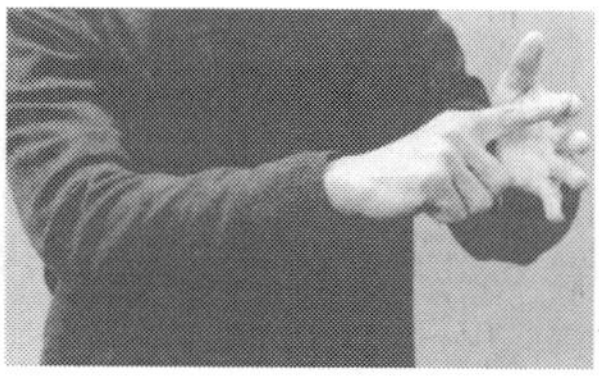
项目 1

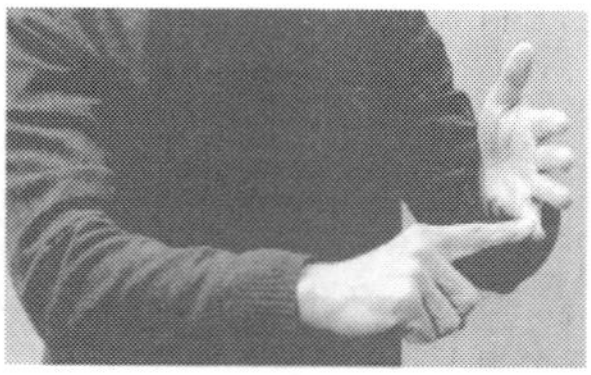
项目 2

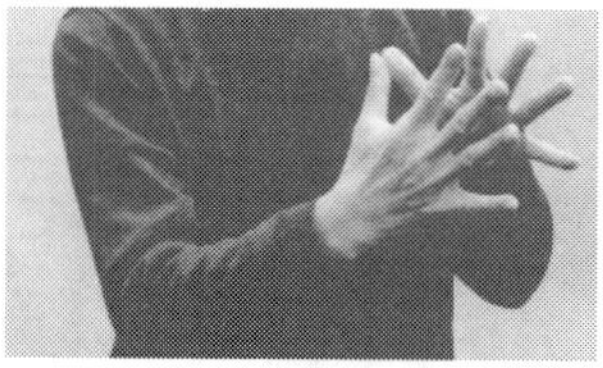
5 对 5

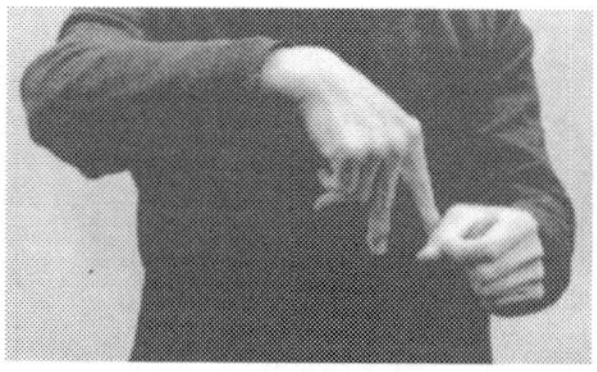
足球

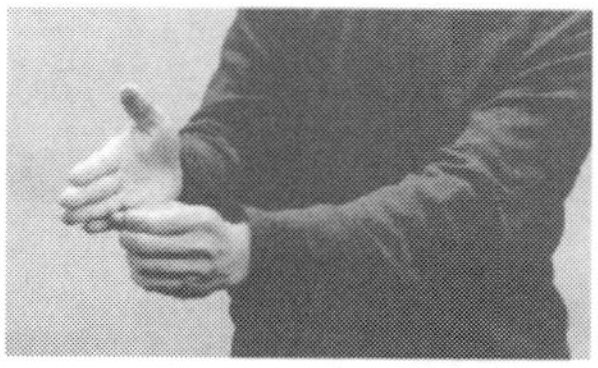
乒乓球

排

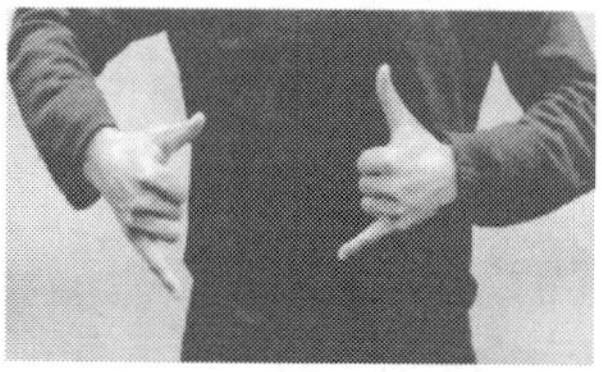
舞

请

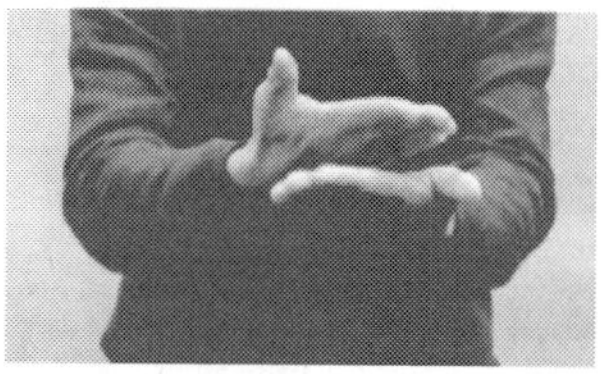
训练 1

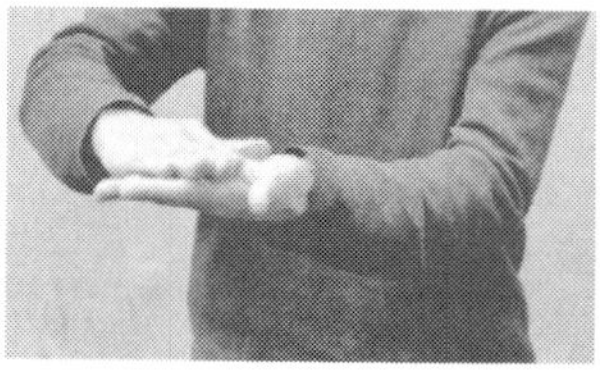
训练 2

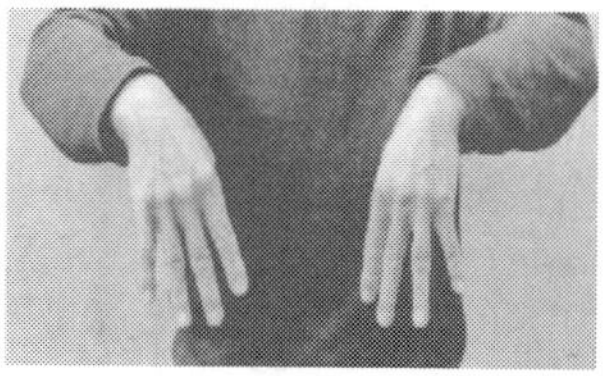
结束

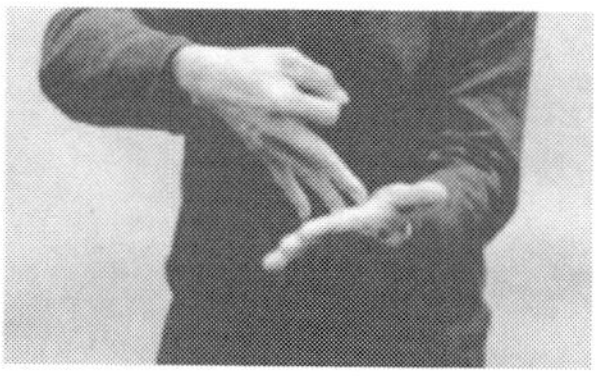
签名

第三节 指导预案与损伤防护

一、健康评估

（一）肌力测试

徒手肌力检查法（MMT）操作简便、实用，在实际工作中应用最广泛。它是通过被检者自身重力和检查者用手施加阻力而产生的主动运动来评定肌肉或肌群的力量和功能的方法。例如，Lovett 分级法评定标准，见表 6–1。

表 6–1 Lovett 分级法评定标准

分级	名称	评级标准
0	零	未触及肌肉的收缩
1	微	可触及肌肉的收缩，但不能引起关节活动
2	差	解除重力的影响，能完成全关节活动范围的运动
3	好	能抗重力完成全关节活动范围的运动，但不能抗阻力
4	良	能抗重力及轻度阻力，完成全关节活动范围的运动
5	正常	能抗重力及最大阻力，完成全关节活动范围的运动

（二）关节活动度范围是否正常

关节活动度（ROM）是指在特定的体位下，关节可以完成的最大活动范围，可以通过对关节的近端和远端骨的运动弧的测量而获得。它可分为主动关节活动度（AROM）和被动关节活动度（PROM）。

二、康复健身指导与训练方案

听力残疾人可以参加很多运动项目，场地、设备、器材要求接近健全人常规比赛和健身活动要求。

（一）做好器械安全性检查

在听力残疾人的运动中应多使用视觉标志物和色彩丰富的服装，以加强视觉方面的提醒帮助；比赛和运动中增加一些旗语和灯光指示，作为辅助器材，帮助听力残疾人顺利完成运动。尤其是进行一些投掷项目的训练和比赛时，对于脱手的器材如铁饼、铅球等要设置安全落地范围，对于球拍、球杆、击剑、武术器械等也要注意器械挥动的安全范围，防止误伤。

指导听力残疾人训练和比赛的教练和指导人员，应学习简单的手语，将指令性信号和手语沟通相结合，以便和听力残疾人进行沟通和交流。训练中教练尽可能多次重复关键性词语，反复强调各项运动技能的动作指令，进行手语结合肢体动作的多次示范，以顺利完成训练指导。

（二）做好热身和整理活动

运动前热身活动通常包括低强度有氧运动，如慢跑和动态肌肉拉伸动作，能在短时间内提高肌肉和韧带的柔韧性，避免运动损伤。运动后整理活动通常包括低强度有氧运动和静态肌肉拉伸运作，能够促进呼吸、循环系统恢复，降低延迟性肌肉酸痛，促进乳酸等代谢产物分解。

（三）防止头颈部危险动作，如过度旋转和屈伸动作等

听力残疾人开展体育运动，应避免做头颈部幅度过大的危险动作，包括用力屈伸和过度旋转，以免增加颅内压出现眩晕、脑血管意外等。注意身体动作，以及器械使用中尽量不要妨碍视觉或过度转体屈伸等，防止出现跌倒意外受伤。

（四）使用关节护具和肌内效贴扎措施

肢体受伤康复运动早期，可使用支具或夹板将肢体限制在一定活动范围以预防再次发生运动损伤；肌内效贴布能够补偿部分肌肉力量，平衡关节周围肌力，提高运动能力，预防运动损伤。

三、运动损伤一般处理与急救

（一）急性软组织损伤：肌肉拉伤

症状表现：受伤处疼痛、肿胀；肌肉和周围关节活动受限；主动收缩或被动拉长时疼痛加重；肌肉断裂者可感到或听到断裂声——“嘣”的一声；皮下淤血、局部凹陷或一端异常膨大。

处理方法：伤后冰敷、加压包扎、患肢放于肌肉松弛的位置；外用一些外敷药物，如新伤药等；48 小时后，可用轻缓手法按摩；可使用针灸等理疗措施。

（二）慢性损伤

1. 以网球肘为例

（1）症状表现：肘部外侧疼痛及压痛，可放射至前臂，握物或举物时疼痛加重；手腕力量减弱，肘关节旋前时被动屈曲腕关节可诱发肘部疼痛。

（2）治疗方法：

①损伤后两天内进行冰敷（每天6次，每次15分钟），必要时使用超声、微波及按摩治疗。

②休息、减少活动以减轻疼痛。

③口服消炎止痛药或局部封闭治疗。

④穿戴合适的保护支具，特别是刚开始恢复运动时。

2. 以跟腱炎为例

（1）症状表现：跟腱局部疼痛、压痛、肿胀，跟腱止点增粗等。主要发生于跟腱止点末端以及跟腱中部，跖屈动作会导致疼痛加剧。

（2）治疗方法：

①休息、减少活动，避免诱发疼痛加重损伤。

②运动后冰敷患处，消除肿胀、疼痛。

③药物治疗，非类固醇药物口服或外用、糖皮质激素封闭等。

④物理因子治疗，可选择超短波、蜡疗、磁疗、超声波、冲击波、肌肉内效贴等进行治疗。

⑤穿高跟鞋，应用矫形鞋垫，进行小腿三头肌离心肌肉训练。

第七章　视力残疾人体育健身指导

体育锻炼对于促进人的身心发展和健康体质发育均具有重要作用。我国有1200多万名视力残疾人，其中500多万为一级重度视障人士。视力残疾人是全国残疾人群体中很大的一个群体。但由于大多数视力残疾人在成长发育过程中，视觉障碍导致生活适应能力差和社会无障碍设施建设水平仍有待进一步提升等多方面因素影响，其参与体育健身活动的水平相较于健全人严重偏低。指导并帮助视力残疾人掌握科学正确的体育锻炼方法，促使其积极广泛地参与康复健身，对于提升视力残疾人健康水平和生活质量、促进我国全民健身工作的深入开展均具有重要意义。

第一节　视力残疾人的身心特点

一、身体发展特点

视力残疾人在身体发展中，受视觉障碍的影响，缺乏身体运动，其行为和行动能力会产生一定的模仿差异，在身高、体重和体态等方面也都有明显不足，导致其综合健康指标很难达到国家认定的国民体质健康标准。受自我保护意识和外部环境的影响，视力残疾人在日常生活和行动当中更加依赖于听觉，声音的不同、音质的变化，包括日常的许多杂音，对他们依靠声音进行判断和指导行为的能力会产生诸多影响，在开展社会活动时往往小心谨慎，导致动作缓慢，大多视力残疾人存在“盲态”现象。由于成年的视力残疾人可担负的社会工作和职业较为单一，多以按摩职业和静态工作为主，这就进一步加剧了其机体和身体形态发育的不平衡、不健康。

一些低视力和后天由伤病等造成视力不同程度受损的人群，一般对参与体育锻炼和健身活动既渴望又畏惧，因参与不便和学习掌握困难等问题会产生一定的心理压力和负担。这就容易导致其日常行为和活动中依赖性增强，自主参与体育锻炼的次数减少，运动量下降，活动强度减低，动作愈发迟缓，并由此引发体重超标、心肺功能明显减弱，血糖、血压不稳定，身体素质下降，甚至出现一些身体病理性变化等问题。另外，视力残疾人和低视力人群在离开了自己熟悉和适应的环境后，精神往往会处于高度集中状态，因担心出现安全意外，全身的肌肉处于长时间的紧张状态，经常性产生肌肉和关节僵硬，这对其机体功能的健康发展会产生不利影响。

二、心理发展特点

视力残疾人的运动心理障碍，主要体现在对运动过程的理解上，主要表现形式有以下几种：①怕碰撞，怕出现伤害事故，怕运动当中跌倒，等等。②视力残疾人对体育锻炼的意义缺乏理解和认识，掌握的体育锻炼内容很少，不像其他人可以参与很多的体育活动，因此对体育有陌生感和排斥感。③觉得自己看不见，需要别人帮助才能够练习，不想麻烦别人，并错误地认为看不见还练什么。④怕被别人讥笑，担心自己没有良好的体态让别人笑话。⑤片面地认为自己的身体还行，状态也可以，每天生活得很好，不用参加锻炼了。

根据视力残疾人常见的心理表现和特点，在体育辅导和实践中要逐步引导，提高他们自主参与体育锻炼的意识。要耐心倾听他们的表述，准确回答他们的疑问，用简单精练的语言和他们进行有效沟通，尊重他们的意见，做到语言和蔼可亲，并适度地引导他们的思维与话题，实事求是地介绍他们的身体状况和体育活动对促进他们身心健康发展的益处，积极宣讲全面参与体育活动的意义，帮助他们正确地认识自己和理解他人的帮助。在开展沟通交流和健身指导过程中，要避免出现生硬和带有强迫性的指导行为和语言，利用由简到繁、由易到难的辅导过程逐渐消除他们的心理障碍，帮助其提升参与体育锻炼和健身活动的主动性和自觉性。

三、体育健身对视力残疾人健康发展的意义

（一）促进身体的正常发育

通过体育健身提高身体素质是纠正不良的身体姿态和常见的“盲态”现象，缓解由视觉障碍造成的身体主要关节、肌肉紧张的最好方法。在日常工作和劳动之余，坚持长期、系统、全面的体育锻炼和科学有效的健身活动，对促进视力残疾人实现身体的健康发育和塑造良好的身体形态都有极大的帮助作用，并可使其建立更好的社会公众形象。

（二）提高身体机能，促进社会参与

在体育运动中，通过身体的全面活动，可增强人体对外部环境的适应能力，提高身体的各项素质，对于应对社会环境和参与工作的实际需求都会有极大的帮助作用。在运动中肌肉、关节和韧带力量的增强，也能极大地增强参与社会活动的能力和减少室外活动造成损伤的可能性。运动中的耐力、速度和灵敏等素质的综合训练，对视力残疾人的各项机能和反应能力以及适应社会的需求等方面都会有较大的帮助。

（三）提高交往能力，促进社会融合

参与体育活动可以增强社会交往能力，帮助视力残疾人更好地融入社会。进入新时期，体育、娱乐、旅游等文化活动成为人们交流的主要形式，视力残疾人具有较好的体能训练基础，更有利于他们参加相关的社会文体活动，对促进其与大众进行全面交流是十分有意义的，对其追求美好的人生、树立阳光的心态、更全面正确地了解社会和促进社会发展是有极大帮助的。

第二节　辅导视力残疾人正确地参与体育健身

相关服务人员在辅导视力残疾人参与社会体育活动的过程中，辅导方法要符合他们的特点，用语言和带动触摸减少视觉障碍的影响，促进他们较好地参与体育健身活动，较快地掌握健身方法，提高运动参与能力，更好地融入全民健身。

一、正确指导视力残疾人参与社会体育活动

在指导视力残疾人参加社会体育健身活动时，要引导视力残疾人熟悉和了解其所处健身场所的环境，帮助其建立自身的安全感和对周围环境、氛围的信任度。由于视觉的障碍，每个视力残疾人都会自觉地去熟悉自身参与健身活动的场地。初次到达训练场地时，指导者应帮助视力残疾人围绕场地走一遍获得感官认识，如在室内，可从门一侧开始绕室内一周。途中可引导视力残疾人对场地内的健身设施、器材逐一进行触摸，建立触感。在对活动场地形成基本感官认识后，再到场地的中央位置进一步帮助其了解所处场地的人员、音响等的位置。对于活动中需使用的器材、器械，更要让视力残疾人做全方位的触摸，并指导其掌握使用方法，特别是一些通电设备，要对其进行电源开关等部位的安全提示。

视力残疾人在使用跑步机前，对开关的基本要求，速度、频率的控制，起步、停止和安全的上下方法都要了解清楚。视力残疾人在健身活动中，如感觉有他人因移动或开展活动而影响到自己，应主动提出疑问，并且及时用语言提示，工作、指导人员也应提前做出预判，并及时提醒周边人群。视力残疾人经常参与体育活动的场所，如出现增减体育健身器材或发生位置调整等情况时，相关工作人员要及时告知视力残疾人，避免发生因碰撞而产生的安全意外。场地的安全和器械的可靠，是视力残疾人参与体育健身活动的重要保障。

对视力残疾人开放的健身场所，应根据其自身的特点满足视力残疾人的基本要求。视力残疾人健身时个体活动范围比健全人要大，一般半径在2.5米为宜。在活动中，应尽量保持周围环境的相对安静，嘈杂混乱的声音会使视力残疾人产生一定程度的心理障碍，影响健身活动的效果。视力残疾人在参与体育活动时也要主动对消除产生影响的声音提出需求，请管理人员或其他人协助解决。低视力人群在参与社会体育活动时，也应主动向组织者和周边的朋友说明自己视力的障碍和需要的特殊帮助。

视力残疾人在与健全人共同参加一些集体性健身活动或练习时，如团体健身操、武术、太极拳等，应处于前排位置，并以左角或右角的位置为宜，以利于他们倾听指导方法和口令，也便于指导者及时观察和纠正他们在训练

活动时出现的问题，同时可以把对其他人参与学习和训练的影响降到最低。

指导者在组织、指导视力残疾人进行训练时，要指导他们做好运动前的热身准备活动，教会其对运动强度的自我评价和控制，掌握正确的呼吸方法，在完全熟悉练习过程的情况下再增加一定的难度和强度，并对其身体状况进行实时监控，帮助其选择符合自身的运动量和运动负荷。当身体发生不适时，视力残疾人应立即停止训练，并用语音请求周围人员协助处置。

二、指导视力残疾人健身锻炼的方法

（一）指导视力残疾人掌握正确的技术动作

在指导视力残疾人健身时，要帮助其建立整体动作的概念，了解完整的动作形态。在视觉缺乏或视觉偏差的情况下，要完成整个动作就要首先建立整体意识，要对整个大动作有准确清楚的了解，从脚、腿开始到腰和躯干的形态，再到肩、臂、肘和手的部位，最后到颈部、头部、眼部的方向。视力残疾人在学习动作过程中，要先学会基本的定位和形态的定型，再学习两个或更多动作间的连接方法。在健身操、武术、太极拳的学习过程中，这些方法会有很好的实际指导意义。在学习掌握动作过程中，要注意小的细节，如手的方向和形状、头部的方向、眼鼻的朝向，在掌握完整动作的同时体现出人体的健美状态。

视力残疾人的体育辅导应注意的要点：①整体概念的形成，完整动作姿态的建立；②运动中先教身体动作的定型，再教运动转换的轨迹；③合理地进行分解教学，重在动作组合；④四肢小关节部位的动作要反复练习，建立正确的动作定型；⑤兴趣教学，音乐配合，语言精确，互动中以表扬鼓励为主，纠正错误时做到态度可亲、指导到位；⑥场地要适宜、安全；⑦融合练习中要相互尊重。

（二）教会视力残疾人用身体姿态展示美

由于视觉障碍，视力残疾人在运动中对形体美、身体造型的感受是与健全人不一样的。比如，对武术中的坐如钟、站如松、动如风等动作要求，视力残疾人与健全人的理解会出现较大的差异。因此，在学习掌握动作过程中，要帮助视力残疾人学会用身体姿态展示形体的美，用好的姿态展示自己的魅力，把手、腿、眼的配合做到位，建立起人体自然美的意识，提高健身的质量和学习的兴趣。

（三）辅导视力残疾人学会运动中的正确发力

视力残疾人在健身练习中，要学会正确的发力和用力的顺序，掌握运动中身体肌肉张弛的转换。在初次学习新的项目时，视力残疾人在不易掌握的环节上，身体各部位都会处于一种紧张的状态，掌握运动中的放松和交换用力的方法是极为重要的。通过学习，掌握正确的交换用力，把肌肉的张弛转换体现在运动之中。学会身体在运动中的合理发力对视力残疾人的日常生活也会有极大的帮助。

（四）辅导视力残疾人学会运动中正确的呼吸方法

要注重运动中的呼吸机能训练。视力残疾人由于视觉障碍及对周边环境陌生的感觉，身体各部分的肌肉、关节处于紧张状态，浅呼吸较多，在健身运动中呼吸功能不足，会导致运动的持续时间短，运动量不足，肺活量增幅小。这使得视力残疾人群的健康指标与国民体质健康标准形成了差距，同时对身体的全面健康和体质的增强产生了一定影响。因此，指导视力残疾人掌握运动中正确的呼吸方法是极为重要的，对视力残疾人增强体质、提高呼吸机能有着特殊的意义。在练习中，把呼吸机能训练与身体运动结合起来会产生较好的效果。

平稳运动中的呼吸要均匀，要有意识地提高吸的深度和吐的尽全，简称吸深吐尽。在原地操练中，要利用身体的展开，增大吸的强度，做内收动作时要加快吐气，从而提高呼吸机能的训练质量。在体操、武术、太极拳等的练习中要特别提示呼吸的方法。

要把体态运动与呼吸结合起来训练。正确的训练方法会更好地促进学习和健身质量的提高。在移动换位中，要掌握呼吸的变化，一般在展开中吸气，而在缓冲收回时吐气，吸要稳、深，吐要口鼻同用，而且要与运动的幅度、力度和轨迹相吻合。掌握了这些方法，既可以提高锻炼效果，增加运动中的美感，又可享受运动中的快乐。在慢跑、长跑中，呼吸的节奏要相对稳定，如两步一吸，两步一呼，吸深吐净。要做到呼与吸同步同节奏，当运动强度大时，可口鼻同用，两步一呼、两步一吸，也可以三步一呼、三步一吸，避免浅呼吸和乱节奏呼吸。要纠正张大口吸张大口呼的错误，学会正确的方法既可提高呼吸机能，也可促进心肌功能的发展，增大肺活量，正确有效地达到锻炼的目的。

行为运动中要根据自我承受能力，调节运动的时间和强度。当呼吸困难的时候，可以降低运动量和运动负荷。

（五）视力残疾人按摩师的体育健身和康复的指导

随着社会的发展，我国视力残疾人群中有相当大的一部分从事了“盲人按摩”的职业。从市区到乡镇街道，都会看到他们的工作场所。他们中的大部分都接受过义务教育和职业培训，按摩的职业是他们为社会做贡献的重要途径。他们的工作强度大、时间长，属于体力劳动范畴。由于按摩工作特有的要求和工作环境，视力残疾人按摩师更应该成为我们进行体育健身和康复指导的重点。根据视力残疾人按摩师的实际工作情况，他们易出现问题的身体部位是颈部、肩、肘和腕、膝，而且在精神和心理等方面都需要进行调节。在工作之余进行调节训练，对视力残疾人按摩师的康复和全面健康会有极大的帮助。视力残疾人按摩师在按摩工作后，应做一些运动调整，如深呼吸、瑜伽、健身舞等。对于主要关节，包括颈部、肩部、肘部、腰部和膝关节做一些伸展和张弛的训练，对缓解疲劳、减少损伤会有较好的效果。至于精神上的调节，可以采用深呼吸训练和慢走、听轻音乐等方法。

（六）视力残疾儿童早期体育康复训练

早期体育康复训练对于视力残疾儿童的成长起着至关重要的作用。视力残疾儿童的体态和行为能力，对他们将来融入社会、进行文化学习和参与工作会产生重大的影响。在视力残疾人群中，我们会发现许多 18 岁后出现视力障碍的人，人体活动中的基本形态与健全人差异不大。但是低龄时出现视力残疾的人群，在发展过程当中就会有较大的差异，因此在康复训练过程中，指导者要帮助其将健身与基本活动能力结合起来，把对身体状态的识别和空间方位的认知建立起来，形成较好的行为能力，促进身体全面发展，提高身体健康水平。

视力残疾儿童在家庭中的训练是极为重要的。在家长和专业人士帮助下，进行早期的康复，以及体能、体态的训练，会产生积极的效果，对视力残疾儿童平衡能力的掌握、基本运动形态的形成、生活的规范和行为习惯都有极大的帮助。从早期的站立开始，到脚的迈动、臂和腿的协调配合，再到颈部的状态，在语言的指导帮助下进行触摸学习，对于建立整体的体态和行动的概念尤为重要。

在日常社会交流中，18 岁以后出现视力残疾的人群，会比较容易让对方接受。但是，从小就无视力的儿童长大后在与人交往过程当中，会把耳朵对准对方，体态对声音的反应出现迟缓现象，导致一定的交流障碍。因此，早期的干预让视力残疾儿童形成正确的体态反应和声音方向的判断，对他们融入社会是非常有帮助的。早期的训练对视力残疾儿童的成长发育和全面发展有极大的益处。

指导视力残疾儿童训练的便捷的家庭训练方法有以下几种。

（1）利用语言、悦耳的声音和欢快的乐曲引导训练，提高视力残疾儿童的基本能力。通过不同声音的方位判断形成对前、后、左、右及斜方向的认识，提高方位判断能力。比如，儿童站立好后，听音乐转向摆头，学会用头口对正方向，眼和鼻子都对着声音，然后再转体。由一声开始判断方位，两声调整体态对准方位，三声微调完成对方向的判断，逐渐提高到两声到一声的方位判断和身体的调整。

（2）声音和距离的判断训练。通过声音的远近，结合自己的步伐做出距离判断。可以通过让视力残疾儿童走几步再用声音引导其接近目标，也可利用连续的声音引导，让其接近目标、触及目标。每次的练习都要全部完成，距离由 2 米逐渐过渡到 8 米，并以触及音响或其他事物结束，这样就能使视力残疾儿童对声音距离有一定的概念，同时也能提高他们的判断能力。

（3）高低距离的判断。通过迈台阶的训练，让视力残疾儿童由上向下认识高低的不同距离。训练时要变换高低度，同时掌握正确的迈上与迈下的方法，学会落地的缓冲。

（4）跳跃与落地的训练。对视力残疾儿童来说，跳跃是较困难的训练活动。指导者要帮助其消除恐惧心理，在掌握上下距离和方位后，先进行提踵训练，双脚提踵，体前倾，跳起再落地，再进行分腿跳，学会身体在腾空时的动作；体会从 10 厘米的高度跳下落地，掌握正确的落地方法；还可以通过跳绳的训练来提高跳跃的能力。

（5）支撑平衡训练。通过在单腿支撑，两臂侧举的状态下控制自己的身体，掌握平衡的方法。掌握头和颈的位置、躯干和腰的形态是指导平衡训练的重要内容。可以配合儿歌来完成小舞蹈的动作，在运动当中学会转体，找方向，认识90°转向、180°转向等，以提高平衡能力和身体的自我控制能力。

三、视力残疾人经常开展的群众体育项目简介

在全国残疾人运动会上，为视力残疾人专设的体育竞赛项目有盲人门球、盲人足球、盲人乒乓球、盲人柔道；与其他残疾人共同参与的项目较为广泛，如田径、游泳、自行车、划艇等。适合视力残疾人大众开展的雪上项目也比较多。

适合视力残疾人参与的社区体育锻炼项目有太极拳、瑜伽、跳绳、板铃球、舞蹈、长走、登山等，部分经过长期训练的视力残疾人，还可参加半程或全程的马拉松的群众比赛。在各个社区和一些省市的运动会上，还专为视力残疾人设置了许多有趣的体育项目，更加丰富了视力残疾人参与体育项目的内容，深受视力残疾人大众的欢迎。现将经常开展的视力残疾人体育项目进行简要介绍。

（一）跳绳

跳绳运动对视力残疾人来说是一项集健身和运动生理补偿功能于一体的好项目。通过手脚并用、摇绳跳跃的活动方式，既能提高视力残疾人的耐力、灵敏、心肺功能、协调能力，又能改善他们的方位判断、节奏感等多项补偿功能，从而达到健身康复的目的。

1. 比赛项目

（1）速度赛。速度赛分单人赛和双人赛，按照规则的要求，运动员在规定的时间内完成尽可能多的单摇跳。单摇跳是指运动员双手摇绳，每跳起一次，绳体跃过头顶并通过脚下绕身体一周（360°）。竞技比赛时必须以双脚轮换跳的方法跳绳。

（2）花样赛。一人或双人在规定的时间、场地范围内，使用一条或数条绳子做动作及花式变化，表现轻快、活泼、律动、变化的动态美感。花样赛总分100分，其评分标准由动作难度、创意编排和完成质量三个部分组成。

（3）团体赛。团体赛应在规定的人数、时间和场地范围内采用单绳或多绳，运用多种元素相结合的花样跳法，配合音乐、队形变换等自编动作。团体赛满分100分，从动作难度、完成质量、表演效果三方面综合打分，

以分数多少排列名次，若分数相等，失误少者名次列前。

2. 练习方法

（1）基础跳绳的练习方法。通过触摸正确认识绳柄和绳体，学会调整绳的长度，利用空摇绳时绳体打地的声音，体会绳体空间旋转的感觉和节奏，徒手模仿跳绳，学会前脚掌跳起和落地。掌握身体前倾低头的正确姿态、空摇绳与跳落的配合，做到先摇再跳，由完整地跳一次绳，提高到两次连续跳绳，再到双脚跳绳 10 次，完成跳绳的基础动作。

（2）速度跳绳的练习方法。在掌握跳绳的基础动作后，学会两脚交换跳的动作、徒手摇与两脚交换跳的配合，学会手控制绳柄在髋两侧的位置，手腕摇动，身体前倾、低头，掌握正确方法后再完整地练习。

（3）花样跳绳的基础练习方法。学习前摇跳绳的节奏变化跳，如有节奏的一慢二快跳；从徒手的双摇跳过渡到带绳双摇跳，学会前脚掌落地的方法和再跳起的动作，再过渡到连续双摇跳；学习后摇跳绳、前交叉跳绳与后交叉跳绳，初步完成三至五个的动作变化和三个不同节奏的组合。

3. 指导注意事项

让视力残疾人掌握正确的跳和落地方法，要让其自己体会绳体在空间运行的轨迹，在摇与跳的配合上要有节奏感，保持身体的稳定姿态和正确的呼吸方法。对花样跳绳的学习要由简到难，逐渐配合音乐的节奏，跳绳的要求要适合视力残疾状况。

（二）盲人板铃球

1. 比赛规则

盲人板铃球是在两名运动员之间进行比赛。比赛用桌为两边各带有袋状球门的椭圆形桌子，桌子四周有木质的挡板，中间有一块透明挡板。双方使用球拍和一个能发出声音的球进行比赛。进攻方努力通过击打球，让球在桌面上，通过透明挡板下方和撞击挡板反射打入对方的球门得分；而防守方则努力阻挡进攻方将球打入本方球门。比赛交换发球，一个队员发球 2 次，进一球得 2 分，对方失误得 1 分，先得 11 分为胜一局。比赛一般为三局两胜制，团体比赛为 31 分制，每队由 3 人组成，每人完成 2 次接发球和 2 次发球后下场，三人轮流上场比赛。

2. 练习方法

（1）熟悉方位。通过触摸熟悉球桌、球、球拍和中间挡板下的高度，知道自己击球所站的位置和进攻的方位。

（2）学习握拍。学习正确的拳式握拍法，左右拨球，熟悉球的声音和球撞击挡板反射的路线，学会正确地发球。

（3）专项听力练习。通过辨别声音来计算来球的距离、轨迹、速度和力量，掌握防守的方法和不同线路的进攻。

（4）初级教学比赛。进行初级教学比赛，提高防守的判断能力和多点的折线进攻能力。

3. 指导注意事项

击球时必须使球通过桌中间挡板的下方区域进入对方场区。教学比赛中必须佩戴手套和眼罩，非持拍手禁止触摸球桌场区，出现问题时要举手示意，不能随意走动。

（三）社区趣味体育活动

组织视力残疾人进行趣味体育活动是深受他们欢迎的，通过专人辅导和帮助，进行辅助性练习或自主练习，待他们掌握基本的技术动作后，可以进行内容丰富的有趣的活动。社区在开展综合运动会或展示活动时，可为视力残疾人专设项目组别，设置的要求应为视力残疾人可以独立完成或在同伴协助下完成。视力残疾人通过声音的引导和触感的变化参与比赛活动，可达到康复健身、陶冶情操等多方面目的。

社区趣味体育活动项目开展案例如下。

1. 小汽车过障碍行

（1）组织方法：由一名视力残疾人和一名健全人融合伙伴共同参与。视力残疾人站在呼啦圈内，双手持住圈的前缘，两手相距 30 厘米。融合伙伴站在残疾人的身后、圈的外面，双手握住圈的后缘。当听到出发口令后视力残疾人向前跑出，后面的融合伙伴通过调整用力方向来引导视力残疾人向前、向左或向右行进，共同协作穿越障碍并返回起点后结束。整个行进过程中，融合伙伴不需要口令指挥。视力残疾人要通过手持圈体的触感是向左还是向右来调整行进方向，完成穿越障碍动作。

（2）活动规则：在场地内有序摆放软塑锥桶作障碍，裁判吹哨为始，比赛可多组一起进行。两人一组，前者（视力残疾人）把呼啦圈套在身上，低视力残疾人须佩戴眼罩，后者（健全人融合伙伴）拉住呼啦圈进行指挥引导，视力残疾人根据引导绕障碍行进，到达终点用时少者为胜。行进中如果撞到一次锥桶，罚时3秒；如果没有绕锥桶，直接避开前进，罚时5秒。

（3）场地器材：眼罩、呼啦圈、软塑锥桶（标志桶）若干，秒表等；活动场地为一块长方形（长40米、宽20米）无障碍平整地面，场地中间可设置多条宽度不少于2米的赛道，赛道间隔应不小于2米。

（4）安全注意事项：活动前做好充分的热身准备活动，可极大地降低运动损伤的概率。比赛前应注意清除场地所需物品以外的杂物。障碍物之间的距离设置要合理，可根据残疾人自身条件适当调整。裁判员做好示范讲解，讲清比赛规则。

2. 扶绳换物

（1）组织方法：使用一条10米的长绳，并将两端固定，距离地面高度为1 ~ 2米。在距绳两端2米的位置设置明显的触摸标志，并在标志前1米的地面上各摆放1个圆桶，分别放入3个沙包和3个小球。视力残疾人一手扶绳一手持沙包，听到开始口令后扶绳行进，当扶绳手触及近端标志时迅速找到附近圆桶，并将手中的沙包与圆桶中的小球进行替换后持小球继续行进；行进至远端标志处，须将手中的小球与附近圆桶中的沙包进行替换，然后迅速转身换手扶绳持沙包跑回起点。反复进行，完成3轮次换物后结束。

（2）活动规则：在场地内有序摆放圆桶，裁判吹哨为始，比赛可设多道次一起进行。行进中手要始终扶绳，以完成全部换物用时少者为胜。中途掉物、换错物或碰到圆桶等视为犯规，每次犯规罚时5秒。视力残疾人参赛须佩戴眼罩。

（3）场地器材：10米长的绳1条、标志物2个、圆桶2个、沙包和小球若干、秒表等。

（4）安全注意事项：绳子的固定高度要适宜。比赛前应注意清除场地所需物品以外的杂物。障碍物之间的距离设置要合理，可根据残疾人自身条件适当调整。裁判员做好示范讲解，讲清比赛规则。

3. 踏雪无痕

（1）组织方法：该项活动需要一名视力残疾人和一名健全人组成融合

小组，协同配合完成，是一项残健融合性很强的冬季体育健身活动。将一定数量的融合小组分成数量相等的2队，列纵队分别站在起点和终点线的后面。比赛时2人为1组，2人共享3块木板。比赛开始后，参与人员须双脚踩在板子上，通过移动木板向终点线行进。到达终点线后，本队的下一组队员接过木板按照同样方法向起点线出发。交替进行，每组完成一去一返后结束。

（2）活动规则：比赛活动中听口令出发，3块木板要依次落地。比赛中若脚没踏上木板，需在原地停留5秒后，方可继续比赛，耗时短的队伍获胜。

（3）场地器材：一块较为宽敞平整的冰雪场地，用标志物标出起点和终点线，两端间距建议不少于30米。40厘米见方的小木板（也可用具有一定硬度的塑料或纸板代替），眼罩若干，计时器1个。

（4）安全注意事项：活动前做好充分的热身准备活动，可极大地降低运动损伤的概率；队员之间力求做到配合默契，接递木板时动作协调顺畅；视力残疾人参加活动时应佩戴眼罩；裁判要讲清比赛的方法和要求。

第三节　指导预案与损伤防护

一、健康评估

针对视力残疾人群体，健康评估主要以平衡能力及本体感觉评估为主。

（一）各类平衡能力

（1）静态平衡（Static balance）能力：身体不动时，维持身体于某种姿势的能力。

（2）动态平衡（Dynamic balance）能力：运动过程中调整和控制身体姿势稳定性的能力。

（3）反应性平衡（Reactive balance）能力：当身体受到外力干扰而使平衡受到威胁时，人体做出保护性调整反应以维持或建立新的平衡的能力。

（二）本体感觉

空间位置觉和运动觉功能，反映本体感觉传入活动能力。空间位置觉指关节被动感知其所处的某一特定位置和主动还原至特定位置的能力。运动觉指关节能感知的被动运动速度的最小阈值。视力残疾人本体感觉在运动训练中极为重要，应成为视力残疾人健康评估中的重点。

（三）评估方法

人体平衡功能可以在坐位、跪位、双腿站立位、单腿站立位下进行评估，评估方法主要有以下三种。

1.观察法

（1）观察静止状态下能否保持平衡，如双足靠拢站立、足跟对足尖站立、单足交替站立等。

（2）观察活动状态下能否保持平衡，如坐位或站立时移动身体（坐位平衡及站立平衡），在不同条件下行走、足跟碰足尖行走、走直线、走圆圈、绕过障碍物走、侧方走、倒退等。

2.量表法

Berg 平衡量表见表 7-1。

表 7-1 Berg 平衡量表

测评项目	评分标准
从坐到站	4 分 不用手扶能够独立地站起并保持稳定 3 分 用手扶着能够独立地站起 2 分 几次尝试后自己用手扶着站起 1 分 需要他人少量的帮助才能站起或保持稳定 0 分 需要他人中等或大量的帮助才能站起或保持稳定
独立站立	4 分 能够安全站立 2 分钟 3 分 在监视下能够站立 2 分钟 2 分 在无支持的条件下能够站立 30 秒 1 分 需要若干次尝试才能无支持地站立 30 秒 0 分 无帮助时不能站立 30 秒
独立坐	4 分 能够安全地保持坐位 2 分钟 3 分 在监视下能够保持坐位 2 分钟 2 分 能坐 30 秒 1 分 能坐 10 秒 0 分 没有靠背支持不能坐 10 秒
从站立到坐	4 分 稍用手扶就能够安全地转移 3 分 绝对需要用手扶着才能够安全地转移 2 分 需要口头提示或监视才能够转移 1 分 需要一个人的帮助 0 分 为了安全，需要两个人的帮助或监视

续表

测评项目	评分标准
床—椅转移	4 分　稍用手扶就能够安全地转移 3 分　绝对需要用手扶着才能够安全地转移 2 分　需要口头提示或监视才能够转移 1 分　需要一个人的帮助 0 分　为了安全，需要两个人的帮助或监视
闭目站立	4 分　能够安全地站立 10 秒 3 分　监视下能够安全地站立 10 秒 2 分　能站 3 秒 1 分　闭眼不能达 3 秒，但站立稳定 0 分　为了不摔倒而需要两个人的帮助
双脚并拢站立	4 分　能够独立地将双脚并拢并安全站立 1 分钟 3 分　能够独立地将双脚并拢并在监视下站立 1 分钟 2 分　能够独立地将双脚并拢，但不能保持 30 秒 1 分　需要别人帮助将双脚并拢，但能双脚并拢站立 15 秒 0 分　需要别人帮助将双脚并拢，双脚并拢站立不能保持 15 秒
站立位上肢向前伸	4 分　能够向前伸出＞ 25 厘米 3 分　能够安全地向前伸出＞ 12 厘米 2 分　能够安全地向前伸出＞ 5 厘米 1 分　上肢可以向前伸出，但需要监视 0 分　在向前伸出时失去平衡或需要外部支持
站立位从地上拾物	4 分　能够轻易且安全地将物拾起 3 分　能够将物拾起，但需要监视 2 分　向下伸手达 2 ～ 5 厘米且能独立地保持平衡但不能将物拾起 1 分　试着做向下伸手拾物动作时需要监视，但仍不能将物拾起 0 分　不能试着做向下伸手拾物的动作，或需要帮助以免失去平衡而摔倒
站立位转身向后看	4 分　能从左右侧向后看，体重转移良好 3 分　仅能从一侧向后看，另一侧体重转移较差 2 分　仅能转向侧面，但身体的平衡可以维持 1 分　转身时需要监视 0 分　需要帮助以防失去平衡或摔倒
转身一周	4 分　能在 4 秒内安全地转身 360° 3 分　在 4 秒内仅能从一个方向安全地转身 360° 2 分　能够安全地转身 360°，但动作缓慢 1 分　需要密切监视或口头提示 0 分　转身时需要帮助
双足交替踏台阶	4 分　能够安全且独立地站立，在 20 秒内完成 8 次 3 分　能够独立站立，完成 8 次的时间＞ 20 秒 2 分　无须辅助具，在监视下能够完成 4 次 1 分　在少量帮助下能够完成＞ 2 次 0 分　需要帮助以防止摔倒或完全不能做

续表

测评项目	评分标准
双足前后站立	4 分 能够独立抬腿并保持时间＞ 10 秒 3 分 能够独立抬腿并保持时间 5 ～ 10 秒 2 分 能够独立抬腿并保持时间≥ 3 秒 1 分 抬腿不能保持 3 秒，但可维持独立站立 0 分 不能抬腿或需要帮助以防摔倒
单足站立	4 分 能够独立抬腿并保持时间＞ 10 秒 3 分 能够独立抬腿并保持时间 5 ～ 10 秒 2 分 能够独立抬腿并保持时间≥ 3 秒 1 分 抬腿不能保持 3 秒，但可维持独立站立 0 分 不能抬腿或需要帮助以防摔倒

评分说明：0 ～ 20 分：平衡能力差，只能坐轮椅；
21 ～ 40 分：平衡能力可，能辅助步行；
41 ～ 56 分：平衡能力好，能独立行走；
＜ 40 分：预示有跌倒的危险。

3. 平衡测试系统

（1）静态平衡仪。采用高精度传感器，利用计算机测量技术，将人体重心的移动距离、沿水平平面内 *X* 轴、*Y* 轴的移动速度等指标实时地以图形的形式显示，根据测量结果计算出 *X* 轴、*Y* 轴上的速度动差、移动的总距离和 *X* 轴、*Y* 轴上平均速度，并采用自动优化的计算方法，给出受试者平衡能力的评价。

（2）动态平衡仪。动态平衡仪可通过模拟不同的情况来测定受试者的肌肉神经维持运动或静止的平衡能力，并可对某些方面的平衡问题进行针对性训练，用以提高受试者在不同情况下的平衡能力。

动态平衡仪的测试平台可以进行向前、后、两侧或中央的 360° 运动，用来开展各种训练和测试。

二、康复健身指导训练

（一）平衡能力训练

平衡能力训练可按照体位以及平衡分级不同分别进行。

（1）静态平衡训练。可采用坐位训练或者站立位训练，逐步增加训练时间，练习者在训练中尽量减小身体晃动幅度。指导者可通过口头指令提醒练习者注意保持动作的标准。根据练习者平衡能力选择不同高度、不同质地、不同接触面积进行训练，也可进行多任务训练，如平衡训练的同时进行数字计算、唱歌、简单交谈等。

（2）动态平衡训练。选择坐位或站立位，在不同质地、不同活动程度平面上向各个方向活动并保持平衡，向各个方向碰触物体再回到初始位置。可通过口头指令给予练习者提示。训练中注意保护。

（3）平衡仪训练，站立在平衡训练仪上，仪器显示双足所承担的体重，通过有意识地将体重转移到一侧下肢提高平衡能力。可根据练习者情况进行言语提示。

（二）肌力训练

（1）核心力量训练。躯干及骨盆周围肌肉力量稳定性在身体平衡及抵抗外界干扰中具有重要作用，可以通过开链运动和闭链运动进行核心肌力训练。身体自重训练有仰卧位桥式训练、俯卧位四点跪训练、仰卧位船式训练、俯卧位背飞训练以及抗阻器械训练等。

（2）四肢力量训练。主要针对下肢肌力进行训练。下肢肌群活动对身体活动能力及保持平衡更为重要，下肢肌肉力量干预能有效减少跌倒风险。主要进行下肢髋关节外展训练、膝关节屈伸训练、踝关节屈伸训练等。同时，下肢肌力训练对改善神经反应有益。

（三）适合开展的健身活动

（1）视觉残疾人能够参加的运动项目有限，视力障碍限制运动技能获得，动作学习主要依赖触觉、听觉、本体感觉，部分运动项目需要辅助引导人员。指导视觉残疾人训练应尽可能重复关键词，反复强调各项运动技能动作指令，配合触觉指令以顺利完成训练指导。

（2）场地、设备、器材要满足一定要求，运动场地应开阔平整，物品数量较少，工作人员禁止喧哗，避免噪声影响训练或比赛，有专人引导视觉残疾人进出场地。

（3）做好热身和整理活动，运动中遵循循序渐进原则，避免运动损伤。

三、运动损伤的一般处理与防护

（一）软组织挫伤的处理方法

1. 肌肉拉伤

症状表现：受伤处疼痛、肿胀；肌肉和周围关节活动受限；主动收缩或被动拉长肌肉时疼痛加重；肌肉断裂者可感到或听到断裂声——“嘣”的一声；皮下淤血、局部凹陷或一端异常膨大。

治疗方法：伤后冰敷，加压包扎，患肢放于肌肉松弛的位置；外用一些外敷药物，如新伤药等；48 小时后，可用轻缓手法按摩；可使用针灸、理疗等辅助手段。

2. 韧带扭伤

症状表现：局部有疼痛肿胀、按压痛，主动及被动用力时疼痛加重。

治疗方法：急性期休息、制动，抬高患肢，冰敷肿胀部位，严重者可口服抗炎药；缓解期加强肌力训练、肌肉牵伸、本体感觉训练；进行物理因子治疗，采用超声波、激光、电刺激等疗法；恢复运动早期可使用肌内效贴布、夹板或支具保护。

（二）运动损伤的防护方法

1. 做好热身和整理活动

运动前热身活动通常包括低强度有氧运动，如慢跑和动态肌肉拉伸动作，能在短时间内提高肌肉和韧带的柔韧性，避免运动损伤。运动后整理活动通常包括低强度有氧运动和静态肌肉拉伸，能够促进呼吸循环系统恢复，降低延迟性肌肉酸痛，促进乳酸等代谢产物分解。

2. 做好拉伸运动

运动前拉伸肌肉能够增加感觉输入，提高神经兴奋度，使机体快速进入运动状态，避免运动损伤；运动后拉伸肌肉能够缓解肌肉疲劳，促进代谢产物分解，恢复运动状态。

3. 使用护具和贴扎防护，减少运动损伤

恢复运动早期使用支具或夹板将肢体限制在一定活动范围，能够预防运动损伤。肌内效贴布能够补偿部分肌肉力量，平衡关节周围肌力，提高运动能力，预防运动损伤。

第八章　智力残疾人体育健身指导

第一节　智力残疾人的身心发展特点

一、身体发展特点

（一）身体形态

智力残疾人在生长发育的过程中，由于受到各种不利因素影响，身体形态的各个方面均落后于普通人。智力残疾人青春期开始的时间略晚于普通人，智力残疾人的身高、体重和腰围在青春期之后基本上呈现随着年龄的增长而增长的趋势，但总体水平明显落后于同龄普通人的水平，这与智力残疾人神经系统损伤或发育不全所致的激素分泌水平低有关。智力残疾青少年肥胖检出率显著高于普通青少年。研究表明，智力残疾青少年体成分在性别上也具有明显差异，女生的肥胖检出率显著低于男生；同年龄段中，男生体脂百分比显著低于女生，女生去脂体重、总水分、蛋白质、肌肉量、基础代谢率及腰臀比显著低于男生。

（二）身体机能

智力残疾人的心率与普通人无较大差距，但智力残疾人的血压高于同龄普通人，肺活量小于同龄普通人。智力残疾人的肌张力异常，常见的有肌张力低下、肌张力亢进及肌张力不协调等，引起屈曲挛缩、起立步行两腿呈交叉肢位、呈尖足及踝关节内翻变形等。智力残疾青少年肺活量随年龄增长而增长，身体机能指标和运动能力指标则呈现出不规律的发展状态，肺活量的均值水平也明显低于同龄普通青少年。不同类别智力残疾人生理机能随着智力程度而有不同变化，智力越落后者，生理机能表现越差。智力残疾青少年身体机能水平，特别是心肺机能显著低于同龄普通青少年。有研究采用库珀12分钟跑步测验测量和评定智力残疾人的有氧耐力水平，发现智力残疾人有氧耐力总体水平极差。

（三）身体素质

由于认知水平的障碍限定了智力残疾儿童的机能水平和运动素质的发展，其运动技能发展迟缓，身体平衡能力和协调性等指标明显落后于普通儿童，智力残疾儿童在运动的控制、平衡、速度及灵巧等方面以及在体力、步态和动作技巧等方面的表现与普通儿童有很大差距。智力残疾儿童抓、握、捏、揉、搓等精细动作发展迟缓。智力残疾青少年在身体素质方面与普通青少年也存在显著性差异，他们的50米跑、立定跳远以及握力的成绩都低于同龄普通青少年；在身体素质指标中的50米跑、握力、立定跳远、仰卧起坐项目上表现出随着年龄增长素质提升的现象，但坐位体前屈表现出随着年龄增长成绩下降的趋势。智力残疾青少年在柔韧性、核心力量和平衡能力方面与同龄普通青少年相比表现较差，核心力量和腿部力量发展不平衡。成年后的智力残疾人大多缺乏运动锻炼，没有运动的习惯和能力，也没有掌握一些基础的运动项目，使得他们的运动器官，如关节和骨骼肌的功能下降，运动时骨骼和肌肉的协调配合能力，以及机体各器官和系统的机能也相应下降。随着运动能力和器官功能的下降，智力残疾人进行体育活动的可能性受到了限制，这些因素致命他们的体质及健康水平普遍偏低。

二、心理发展特点

（一）认知发展

智力残疾儿童的认知能力与普通儿童有一定差异，在知识的接受、储存、加工和理解的过程中存在不同程度的障碍。大多智力残疾人感知觉迟钝，感知的范围狭窄，感知信息容量小，感知觉分化不足，加工速度慢，区分事物能力薄弱，缺乏感知事物的积极性和主动性；注意力分散，常采用机械识记法，记忆的数字组织水平很低，记忆力较差，容易遗忘，常发生暂时性健忘，再现困难，在识记数字组织材料时，要借助于外部言语和手的动作，以具体形象思维为主；思维缺乏目的性和灵活性；不善于思考问题，缺乏主见，很少能主动找出自己的错误加以改正。智力残疾儿童语言发展明显落后于同龄普通儿童，语言发展迟缓、词汇量少。成年后的智力残疾人在语言理解和表达方面能力低，时常有听不懂和说不清的语言障碍，智力残疾程度越重，语言障碍越严重。

（二）情绪与行为

智力残疾人情绪变化快，不稳定，情绪控制能力差，容易兴奋，常表现出表面化和初级化的，如高兴、愤怒或悲伤等更直接、更简单的情绪情感，而如责任感、愉悦等高级情感发展迟缓。智力残疾人行为刻板，发展水平低，自我调节能力差，依赖性强，意志薄弱，易受暗示或指使，容易模仿别人的行为，固执，缺乏应变能力和主动性；情绪情感体验或表达比较少，缺乏自信，挫败感高于成就感，容易产生消极情绪。

（三）社会适应能力

由于在认知、理解、动作协调等方面的障碍，智力残疾人在独立生活以及社会适应方面有一定的困难，普遍落后于同龄普通人。智力残疾人的社会适应能力水平低，容易产生交往恐惧，交往能力低下，有不同程度的交往困难，智力水平越低，则困难越多；社会适应能力发展不平衡，残疾程度越重，自理能力越差。

第二节　智力残疾人体育健身项目与指导方法

一、康复健身对智力残疾人的益处

（一）有助于改善生理机能，促进身体发展

康复健身活动能更好地提高大脑皮质活动的强度和灵活性，对于改善智力残疾人的高级神经活动具有重要作用。经常参加健身活动可以帮助智力残疾人提高心肺功能，增加肺活量，改善消化系统、循环系统的机能，增强机体的抵抗力，促进新陈代谢。康复健身活动能帮助其改善身体形态和功能，促进身体的成长发育。

（二）有助于增强体质，改善健康状况

智力残疾人参与适宜的康复健身活动，可发展肌肉力量和耐力，增强运动神经的支配能力，提高活动能力，扩大活动范围；可养成规律运动习惯，开发自我潜能，促进运动技能的发展。

（三）有助于增强生活的勇气和信心

智力残疾人通过康复健身活动可改善心理和精神状态，培养勇敢、顽强、自信等意志品质，激发自强自立的奋斗精神，体验取得成功的喜悦，增强自信心，促进自我实现，提高沟通交往和社会适应能力。

二、康复健身项目与指导方法

（一）康复健身项目

1. 八式太极拳

八式太极拳也称一段拳，共10式，简单易学，动作舒展大方，柔和平稳；练起来轻松自如，均匀缓慢，如行云流水。整套动作以连续弓步为主要步型变化，手法动作以中国传统太极拳的正手，即棚、捋、挤、按为主线。

八式太极拳对智力残疾人的身心健康具有良好的促进作用，可帮助其调节机体的心血管功能，改善柔韧、力量、平衡等身体机能，提高社会交往能力和责任感。

（1）指导方法。

①通过视频观看和讲解，让智力残疾人对八式太极拳有整体了解。

②教师示范每一式完整动作，给智力残疾人正确的动作表象。

③教师把每一式分解成几个动作，讲解并示范每一个动作要领。

④教师慢速教授，智力残疾人跟着学习，巡回个别辅导，鼓励小组学习。

⑤在学习分解动作的基础上，连接成完整动作。

（2）注意事项。

①做好练习前的准备活动，避免受伤。

②时间不宜过长，通常为15 ~ 20分钟。

③呼吸自然，配合动作的收放。

2. 八段锦

八段锦是一套独立而完整的健身功法，动作舒展优美，具有健身益寿、祛病除疾之效，从古至今深受人们的喜爱。此功法分为八段，每段一个动作，故名“八段锦”，简单易学，无须器械，且动作精练，运动量适度，智力残疾人长期锻炼可疏通经络气血，强身健体，调整脏腑，进而达到健身祛病的目的。

（1）指导方法。

可采用讲解法、示范法进行指导，将每个动作分解成手部和脚步动作，分步骤进行教授，在智力残疾人掌握了分解动作的基础上，将手部和脚部动作组合起来，在教师的语言提示下跟学。加强每节动作的复习，可采用小组学习，两两一组，教师巡回指导，并进行个别化辅导。

（2）注意事项。

①练习时间最好以清晨为主、晚间为辅，在课间操或工间操时间都可加课练功。

②最好以鼻呼吸，鼻如不通，可口鼻兼用。呼吸自然，不加支配。

③练习时穿柔软合脚的胶底鞋或布鞋。

（二）舞蹈类体育运动

1.健身操

健身操是集音乐、舞蹈、健身于一体，追求健康与美的一项有氧运动项目，也是预防、治疗疾病和保健的有效手段。健身操具有鲜明的节奏感和韵律感，强度低，适合各类人群，普及性强。

健身操可提高智力残疾人的协调性以及机体的心肺功能和肌肉耐力，可增加机体的免疫力，增进健康，塑造形体美，能提高神经系统灵活性，缓解精神压力，陶冶情操，娱乐身心。

（1）指导方法。

①可采用讲解法、示范法、提示法、带领法、完整与分解法、重复法等。指导者可运用多媒体播放相关内容，让练习者通过视觉、听觉来感受健身操的音乐、肢体动作等。

②指导者可通过简洁易懂的语言讲解动作名称、要领、做法及要求。通过动作示范，使练习者了解所要学习动作的具体形象、结构。

③指导者可运用直观、简单、明了的手势、口令提示和指导练习者完成练习，尤其在成套操和一段操的复习及巩固阶段，充分运用手势、口令的提示与音乐相配合，完成动作。

（2）注意事项。

①充分做好准备和整理活动。可采取慢跑、走动等方式，使机体得到

充分的预热，避免运动损伤。通过放松消除疲劳，促使体力恢复。

②穿着适当的服装。做健身操时，应穿合身透汗的健身操服。

③要根据练习者的年龄、能力、体力情况，合理安排运动强度、时间和练习组数，提醒其及时补充水分。

2. 排舞

排舞，英文为Line dance，属于全球化舞蹈类别的一个分支，每个舞步都有统一的动作名称（舞码），脚步动作有严格的规定，必须按统一（舞谱描述）的方向跳，手部动作则可以自由发挥。排舞可分为独舞、双人舞、组舞、群舞等，兼具拉丁舞、现代舞、华尔兹、民族舞、街舞等风格。排舞是融健身、娱乐为一体，具有很强的观赏性、趣味性、群众性和体育锻炼价值的一种运动形式。

排舞适合各个年龄层次的智力残疾人，学练的门槛较低，可帮助其舒缓身心压力，增强心肺功能，塑造优美形体，增强身体协调性，培养团队精神。

（1）指导方法。

①依次教授单个动作、组合动作、成套动作，帮助学习者建立正确的动作概念，掌握动作与动作的连接及音乐节奏感。

②动作要与手势、口令、语言等提示方法紧密结合，使学习者达到眼看、耳听、心想、体动的目的，从而达到最佳的学习效果。

③可采用重复练习法，将学会的单个动作或完整动作按照动作要领反复练习。

（2）注意事项。

①忌浮躁。排舞的练习需要长时间的学习和训练，要学会不急躁。

②忌不跟音乐节奏。要不断加强音乐节奏练习，熟悉并深刻体会音乐风格与舞种风格。

③忌忽视基本功。学习者应注意基本功和身韵练习，注重技巧和姿态美，充分展示舒展挺拔、优雅大方的姿态。

（三）休闲类体育运动

爬山是一项对身体健康有诸多益处的户外有氧运动，是一项健身作用全面、危险性相对较小的体育锻炼方式。爬山者可根据自己的身体素质调节运动量、运动强度。

智力残疾人经常参加爬山锻炼，对关节、骨骼和肌肉都有良好作用，可增强四肢灵活度，延缓骨骼衰老；能改善中枢神经系统的机能，使人精力充沛；可预防心脑血管疾病，提高呼吸肌的力量，改善肺脏功能，增加吸氧能力；能出汗排除毒素，提高人体的免疫力，减少感冒和由感冒继发的疾病。爬山使智力残疾人回归自然，可调节心情，锻炼意志，促进身心健康。

（1）指导方法。

①穿着要舒适。爬山应选择运动鞋和运动服或登山鞋和登山服，鞋要合适，衣服要宽松。还可以配备护膝、手杖之类的爬山用具。

②准备要充分。爬山前做一些热身运动和肌肉拉伸运动，尽量放松全身肌肉。需携带水和食物，用来补充水分和能量，同时可带一些应急药品，用于扭伤或擦伤等。爬山前涂好防晒霜，减少紫外线伤害。

③姿势要正确，速度要适宜。向上攀登时，可作“Z”字形攀登，这样比较省力。下山时一定要控制住脚步和速度，不要走得太快或太慢，注意放松膝盖部位的肌肉，重心下移，避免摔伤和滑倒。

（2）注意事项。

①体质虚弱、患有疾病者不宜爬山，应恢复后再进行锻炼。

②如有呼吸困难或头晕等症状，应及时休息并稍做调整，待正常之后再继续攀爬，避免发生昏厥。

③指导者应时刻关注智力残疾人的精神和身体状态，留意他们的动作、行为及相互交流的情况，确保其人身安全。

（四）球类运动

球类运动是体育运动中最为常见的项目，大致可将其划分为“大球”运动（如篮球、足球、排球）和“小球”运动（如乒乓球、羽毛球等）。适合智力残疾人的球类运动有足球、篮球、羽毛球、网球、乒乓球、保龄球、滚球等。

球类运动往往都是具有跑、跳等动作的运动，智力残疾人经常进行球类运动，可以提升肌肉的灵活程度和力量值，增加对运动的热情。长期参加球类运动，可改善身体素质和身体反应能力，从而提高灵活度。

1.指导方法

可结合游戏进行球类运动，如使用篮球进行胯下传球游戏。

游戏准备：篮球场或排球场地 1 块，篮球 2 个。

游戏方法：将游戏者分成人数相等的两队，两队间隔 3 米左右，成纵队站立，队员前后要保持适当距离，两脚左右分开。各队排头拿一个球。游戏开始后，各队排头将球从胯下向后传递，按照顺序依次传球到排尾。排尾队员得球后，持球跑到排头前用同样方法传球，依次进行。每人充当排头一次，直到原排头持球跑回自己的排头位置并举起球为止。先传完并举起球的队获胜。如图 8-1 所示。

图 8-1 胯下传球游戏示意图

游戏规则：①传球时要由胯下依次进行，不得抛（掷）球或隔人传球。②球若落地，应由持球人拾起并继续按规定的方法传球。

2. 注意事项

①做好热身活动。开始活动前必须做好充分的准备运动，以免活动时抽筋或拉伤。

②根据练习者的身体状况合理控制运动时间、强度，一般运动持续 30 分钟后，休息 5 分钟，然后再进行运动。

③运动结束后注意做好放松活动，及时补充水分。

（五）融合类体育运动

1. 融合篮球

融合篮球是智力残疾人和健全人共同组成篮球队，一同训练和竞赛的运动。融合篮球为智力残疾人和健全人提供共同训练的机会，让更多的人能够进一步了解智力残疾人，让智力残疾人增强自尊，获得平等，更有助于残健伙伴建立友谊。

融合篮球赛有五对五队制和三对三队制比赛。五对五队制比赛中融合伙伴和智力残疾人的分配可以是“3+2”或“4+1”（3名智力残疾人+2名融合伙伴或者4名智力残疾人+1名融合伙伴），三对三队制比赛一般是“2+1”模式（2名智力残疾人+1名融合伙伴）；五对五队制比赛的时间是24分钟（6分钟1节，共4节），三对三队制比赛的时间20分钟（10分钟1节，共2节）。

（1）指导方法。

①指导智力残疾人学习篮球基础动作和基本技术，并经过训练达到参加比赛的水平，指导融合伙伴和智力残疾人很好地融合到一起。

②指导智力残疾人从学习篮球基本动作，如运球、拍球开始，在具备运球过程中的控球能力后，可增加移动能力练习。

③充分运用示范、提示、口令等方法指导智力残疾人练习，多使用鼓励的语言激励他们，使他们增强自信心。

（2）注意事项。

①充分热身。运动前要充分热身，如进行压腿、转体等，至少需要15分钟，等身体发热后才可以进行激烈运动，以避免运动损伤。

②及时补充水分，不宜喝碳酸饮料。

③融合篮球是对抗性比赛，有碰撞、对抗，要提醒智力残疾人做好自我保护，避免受伤。

2. 融合足球

融合足球运动按照智力残疾人和融合伙伴（健全人）的年龄、能力、性别把他们分为竞争、发展、娱乐休闲三种模式的融合队伍。智力残疾人和融合伙伴共同组队后，在同一个环境共同训练，相互学习，提高技能，通过在一起训练足球的各项技术及比赛技能，提高智力残疾人的力量、耐力、协调等身体素质。

融合足球比赛采取五人制，参加比赛的球队要求由4名智力残疾人与1名融合伙伴组成，每队的融合伙伴最多可打进2球。融合足球提倡人人参与，让每位参与者都能获得成功的喜悦，提高智力残疾人的社会适应力。

（1）指导方法。

①通过游戏或简单的练习，让智力残疾人先体验基本技术，有了体验后更能提高他们的学习兴趣，效果会更好。

②减少频繁讲解，应通过适时的示范，让智力残疾人逐渐建立正确的动作概念。

③练习应从简单到复杂，由单一动作到组合动作，循序渐进。

（2）注意事项。

①做好充分的准备活动，将全身肌肉预热。

②运动时应穿足球服装，如足球鞋、护腿板、足球袜等，做好安全防护措施。

③运动量要适宜，对踝关节、膝关节、腰等容易受伤的部位，应采取一些保护措施。

④加强融合伙伴与智力残疾人之间的交流，充分发挥融合伙伴的带领、辅助、引导等作用，让他们多在比赛、训练、交流中主动帮助智力残疾人。

（六）冬季户外运动

适合智力残疾人的冬季户外项目有爬山、慢跑、露营、滑雪、郊游。智力残疾人在户外进行体育锻炼，既能享受到运动的快乐，又能增强自身免疫力。

1. 冬季户外运动指导

冬季北方地区可以开展一些如滑冰、滑雪、轮椅冰球、轮椅冰壶、雪鞋走等雪上或冰上活动项目，南方地区可以开展户外徒步、慢跑等活动。

（1）热身活动不能少。冬季气温低，四肢紧绷，关节僵硬，热身活动可促进血液循环，减少肌肉拉伤和关节损伤。热身活动幅度不宜过大，时间为 10 ~ 15 分钟，然后再进行动态拉伸，直到微微出汗。

（2）运动量应根据智力残疾人的身体状况合理安排，运动强度循序渐进，由小到大。运动结束后可做一些简单的放松运动，让肌肉充分放松。

（3）做好防护措施。冬季户外气温低，衣着要适宜，暴露在外的身体部位要注意防寒，运动后注意保暖，避免冻伤。

（4）特殊天气不适宜户外运动。冬季温度差异大，空气质量有偏差，上午 8 点以前和下午 5 点以后，或遇到大风、大雾、气温低于零下 9℃，尽量避免户外活动。

2. 冬季户外运动的益处

（1）参加冬季户外运动可提高机体的耐寒能力，增强抵抗各种疾病的能力。

（2）冬季户外运动可增强机体对气候变化的适应能力，增强体质。

（3）冬季户外运动可以接受更多阳光照射，促进人体对钙、磷的吸收。

（4）冬季户外运动可呼吸新鲜空气，加快血液循环，增加大脑供氧量，消除疲劳，使人精力充沛，强心健体。

（5）冬季户外运动能锻炼不怕严寒的坚强意志。

第三节　指导预案与损伤防护

一、健康评估

为确保智力残疾人安全地开展康复健身活动，应对智力残疾人的健康状况进行充分评估，弄清智力残疾人是否患有疾病，是否适合进行康复健身活动。智力残疾人主要的健康问题有消化系统疾病、口腔问题、肥胖、营养不良，慢性疾病如癫痫、糖尿病、甲状腺病，容易出现骨质疏松和心血管疾病等。

当智力残疾人有以下情况时，不能进行康复健身活动：病情严重、极度衰弱、高热、严重炎症、器官衰竭、神志不清；慢性病活动期、疾病恶化；肺结核活动期、心律失常、心绞痛发作期、心肌炎、心力衰竭；创伤创面过大、尚未处理、骨折未愈合、脱位尚未妥善处理；体内有金属异物，可能损伤血管和神经；恶性肿瘤未经妥善处理或已转移，有剧烈疼痛；重症精神病或高度不合作及其他不适宜康复健身活动的情况。

二、康复健身指导与训练方案制定

（一）康复健身指导的方法

1. 讲解法与示范法

通过简明、形象的语言和准确、生动的示范，指导智力障碍残疾人学习康复健身的技术结构、动作要领，宜采用镜面示范、正面示范和侧面示范相结合的方法。

2. 分解练习法与完整练习法

对于技术较复杂的动作，应先进行分解练习，让智力残疾人练习每一个分解动作，掌握后再将动作组合，进行完整练习。如果动作简单或有些动作无法分解，可通过完整的示范让他们跟着模仿练习。

3. 纠正动作错误

由于智力残疾人个体差异较大，对讲解的理解、动作的模仿和本体感觉能力都较弱，所以在指导过程中应来回巡视，及时纠正练习者的错误动作，帮助技能较差的练习者。

4. 游戏法与竞赛法

多采用游戏与竞赛的方法，让智力残疾人在快乐中学习，在轻松的氛围中锻炼身体，提高他们参与体育锻炼的兴趣，增强体质，促进健康。

（二）康复健身指导训练方案制定

1. 制定原则

智力残疾人进行康复健身的目的是矫正和补偿身心缺陷，提高健康水平，增强体质，提高适应社会的能力，尽可能成为自食其力的人。为了顺利达到这个目标，指导智力残疾人进行康复运动时必须遵循有关原则。

（1）全面发展原则。选择适合智力残疾人的健身项目，通过体育锻炼使其身体形态、机能水平、身体素质和智力、心理品质等各方面得到全面发展。

（2）区别对待原则。由于智力残疾人的个体差异较大，有的人是复合性残疾，因此在康复健身中要根据他们的年龄、性别、个体差异来科学安排活动内容和活动量，从而积极有效地达到健身的目的。不能有过高要求，以免他们经常面对困难和失败的窘境而挫伤参加康复健身的积极性。

（3）直观性原则。由于智力残疾人认识事物靠的是直观感受，所以教授新动作时，应讲解清楚，边讲边示范。示范要富有表情，运用多感官教学，以便帮助他们用视、动觉去领会和感受动作形象。

（4）巩固性原则。智力残疾人识记慢，保持差，遗忘快，再现不完整，经常产生临时性遗忘，也容易混淆，所以在学习新动作以后，要不断练习与强化。

（5）鼓励性原则。在康复健身中，多给予智力残疾人表扬与鼓励。可采用口头表扬或物质奖励。

（6）安全性原则。智力残疾人应变能力差，任何变化都会给他们造成困难，影响他们的训练效果，所以每次活动最好有家属陪同，避免危险动作，坚持安全第一。

（7）循序渐进原则。智力残疾人的锻炼内容应由简单到复杂，由易到难，由单个动作向多个动作过渡，运动强度要由小到大。

智力残疾人在进行康复健身时，除了特别注意以上这些原则，还要遵循健全人在体育活动中所遵循的原则。

2. 康复健身内容选择

不同年龄、不同程度的智力残疾人的生理功能障碍表现不一致，所以在选择康复健身内容时应该因人而异，具体见表 8–1。

表 8–1　智力残疾人康复健身内容选择建议

运动年龄	残疾程度	运动内容	运动强度	运动环境
3 ~ 9 岁	重度	行走、爬楼梯、投掷物体、单足短时间站立、投球、投沙袋	低强度 120 次 / 分以下的运动量	家庭 社区 学校
9 ~ 12 岁	轻中度	1. 可完成小学一般的体育活动，如跑步、单足跳、疾跑、简单的舞步、上下楼梯、跳绳。 2. 学习滑冰、滑雪、投准、集体活动	中等强度 120 ~ 150 次 / 分的运动量	家庭 社区 学校
15 岁以上	轻中度	田径、体操、游泳	中等强度 120 ~ 150 次 / 分的运动量	家庭 社区 学校
	重度	1. 走或跑一定距离，仰卧起坐、摆上肢等练习 2. 一对一的活动，如滚、拍、追、投球 3. 日光浴和空气浴		
成年人	轻中度	1. 日常生活活动 2. 一般体育健身休闲活动	中等强度 120 ~ 150 次 / 分的运动量	家庭 社区 学校
	重度	1. 日常基本生活能力 2. 一对一或自主的康复健身活动，如握握力球、刺球肌肉放松、按摩球按摩 3. 户外活动		

3. 注意事项

（1）由于智力残疾人生活自理能力很差，必须在其亲属或监护人的指导和监督下进行康复健身，从什么时间开始与结束、训练的内容都应该由其监护人来决定。

（2）活动量要根据智力残疾人的年龄、性别、健康状况、锻炼年限等因素来确定。年龄小且身体状况不佳的智力残疾儿童从事康复健身的时间应该短一些，活动强度也应该小一些。年龄大而且身体比较好的智力残疾人进行康复健身的时间可以长一点，强度可以大一些，锻炼内容可以复杂一些，每两次活动间隔短一些，次数可多些。总之，活动量的确定要因人、因时、因地而异。

（3）对于兴奋型的智力残疾人要严加看管，不要让他们动作过大、时间拖得太长，以免过度疲劳，对身体不利。而对抑郁型的智力残疾人来说，要积极鼓励他们参加康复健身，让他们多做一些游戏，尽量让他们主动动起来，完成一定的活动量。

（三）运动损伤的一般处理与急救

1. 人工呼吸

方法：打开气道，在确保气道通畅的情况下，一手捏住患者的鼻孔防止漏气，然后把患者口全部罩住呈密封状，用自身正常吸气时的吸气量向患者口腔缓慢均匀吹气 1 秒钟以上，每 30 次胸外按压后做 2 次人工呼吸。

2. 昏厥

（1）使患者平卧，头放低，松解衣扣。

（2）可用手指按压人中、百会、内关、涌泉等穴。

（3）血压低时，可肌肉注射麻黄碱 25 毫克或安纳咖 0.25 克。

（4）如发生原因不明的晕厥，应尽快送医院诊治。

（5）当患者脸色苍白、出冷汗、神志不清时，立即让患者蹲下，再使其躺倒，以防跌撞造成外伤。

（6）患者意识恢复后，可喝少量水或茶。

（7）让患者吸入醋或阿摩尼亚，使其苏醒。

第九章　精神残疾人体育健身指导

第一节　精神残疾人的身心特点

精神残疾指各类精神障碍持续一年以上未痊愈。精神残疾人的认知、情感和行为障碍会影响其日常生活和社会参与。

引起精神残疾的精神障碍具有慢性化、反复发作的特点，常见的有以下几种：①精神分裂症；②情感性、反应性精神障碍；③脑器质性与躯体疾病所致精神障碍；④精神活性物质所致的精神障碍；⑤儿童、少年期精神障碍（包括儿童孤独症）；⑥其他精神障碍。各种精神障碍虽然程度不同，但都有可能导致精神残疾。从精神残疾的定义来看，种类精神残疾由于致残疾病不同，对身心发展的影响也不尽相同。

一、身体特点

（一）精神残疾人原发疾病引起的运动障碍

有脑器质性与躯体疾病所致的精神障碍的精神残疾人除了表现出认知、情感、意志和行为活动等精神活动障碍外，他们的原发疾病如由脑血管意外、脑外伤、脑部占位性病变等，也会带来身体和动作的障碍，该类残疾人会由于神经系统等的病变或损伤出现不同程度的肢体运动障碍。

（二）精神残疾人受疾病影响出现的动作异常

一些常见的精神障碍，如精神分裂症、双相情感障碍、抑郁症、强迫症等，会使精神残疾人出现行动迟缓、刻板动作、重复动作、模仿动作或强迫动作等，这些动作或行为会影响精神残疾人的体育健身运动。

（三）抗精神病药物导致的运动障碍

精神残疾人需要长期服用抗精神病药物，部分抗精神病药物的不良反应，如直立性低血压、急性肌张力障碍、类帕金森综合征、迟发性运动障碍、共济失调等，一定程度上影响精神残疾人的身体和动作。目前，临床广泛使用的第二代抗精神病药物，能够引起以肥胖和胰岛素抵抗为主的代谢紊乱，增加Ⅱ型糖尿病和心血管疾病发生的风险，这些不良反应限制了精神残疾人的活动。此外，多数抗精神病药物都会使精神残疾人产生不同程度的困倦、乏力和嗜睡等症状，也会影响精神残疾人的身体和动作。

（四）起病于儿童青少年期的精神疾病的运动特点

起病于儿童青少年期的精神疾病，如孤独症、抽动症等可能一直延续到成人期，并影响精神残疾人身心健康、运动和社会交往。孤独症起病于婴幼儿时期，以社会交往障碍、交流障碍、局限的兴趣及刻板与重复的行为方式为主要临床表现，多数伴有不同程度的精神发育迟滞，运动能力普遍落后于同龄人，在视动控制、肌肉控制、肢体协调、平衡功能、精细运动、反应速度方面稍差，在体育健身活动中也会受到影响。抽动症可能表现为不随意、突发、重复、非节律的运动抽动或发声抽动，可发生在单个或多个部位的动作中，如眨眼、耸肩、转肩、踢腿，甚至蹦跳、拍打自己，部分患者可出现频繁清理喉咙、喊叫或秽语（骂脏话），运动和发声可能同时出现，受到刺激或紧张时发作频繁。

二、心理特点

（一）精神疾病可能引起的心理问题

人的精神活动是由感知、思维、意识、记忆、情感、行为、智能等多方面组成的。当一个人患有精神障碍的时候，就会在精神活动的某些方面（并非全部）表现不正常，如猜疑、言语凌乱、哭笑无常，凭空听到声音、紧张、焦虑、易激惹等。由于疾病的影响，大部分精神残疾人不能控制自己的言行，并且对自己的幻觉、妄想等病态体验信以为真，而且往往不认为自己有病。

经过规范的治疗，精神残疾人的病情得到有效控制后，他们会面临一些现实问题。一方面，他们对疾病常有顾虑，不能面对或者不敢承认患病的事实，可能会导致自卑，常常担心精神疾病的诊断结果会影响工作前途，担心复发。另一方面，一部分精神残疾有慢性化趋势，直接影响精神残疾人的生活积极性，导致他们缺乏主动性，不愿参加社交活动，很少与外界接触，自我封闭。

一部分精神残疾人对挫折和遭遇过度敏感，害怕被拒绝和批评，担心自己做得不对；过多地注意别人对自己的态度，对别人的评价特别敏感，即使别人合理地给出批评也难接受。一旦遭受连续失败和挫折，就会有抱怨心理。有些精神残疾人表现为对环境的敏感，在公众人群、嘈杂的环境中或者暴露在明亮的灯光下时，会感到不舒服，甚至惊慌失措。

（二）情绪和社会适应问题

情绪低落是精神残疾人常见的情绪问题，以由抑郁症、双相情感障碍、精神分裂症等疾病所致的残疾为多见。由精神障碍引起的情绪低落，往往找不到明确的刺激因素。这类情绪持续时间长（一般超过 2 周），程度重，往往使精神残疾人有难以摆脱的消极念头，反应迟钝，行动缓慢。另外，精神残疾人的心理需求和正常人是一样的，他们希望得到尊重，但又感到不安，担心精神疾病复发，担心长期服用抗精神病药物影响健康，担心影响自己的婚姻、家庭，害怕自己的病会遗传给后代等，因此常会出现情绪低落，失去康复的信心。

由于致残性疾病的影响，精神残疾人的焦虑常为病理性焦虑，表现为内心极度不安，伴有恐惧感，坐立不定、精神紧张；常伴有心悸、气急、出汗、四肢发冷、震颤等自主神经功能失调的表现和运动性不安，严重者可出现惊恐发作。这些会影响精神残疾人参与各项社会活动。

精神残疾人常出现的情绪问题是情绪不稳，易激惹，易与他人发生争吵和冲突，特别是在冲动行为受阻或受到批评时；可能存在突发的愤怒，有时对冲动行为不能自控；对事物的计划和预见能力一定程度受损，可能对没有奖励的行为不能坚持。

三、体育健身对精神残疾人生理和心理健康的意义

体育健身对精神活动的影响是早已被人们认识到的事实。近年来的临床科研证明，身体的活动和锻炼可以使焦虑水平得到降低，抑郁情绪得到缓解，社会交往和人际关系得到改善。在同样的应激状态下，经常进行身

体锻炼的人出现的应激反应症状轻微一些，这表明体育、娱乐活动对精神障碍不仅有治疗作用，而且有预防作用。因此，在某些精神障碍出现时，体育健身可以作为一种治疗方法。

在精神障碍的治疗中，心理治疗是很重要的一部分，在心理治疗的行为治疗中采用体育、娱乐活动的方式是临床较为常见的做法，通过对精神残疾人行为模式的改变影响其心理的改变，从而使其社会适应能力得到提高。

研究证明，体育健身运动能够促使大脑分泌 β– 内啡肽，它是大脑分泌的 30 余种肽类物质中生物活性最强的一种，能够使人欣快、振奋，获得良好的情绪。β– 内啡肽具有心理—免疫的介质传递作用，可以与脑循环中心细胞相结合，使免疫细胞因心理活动而获得一种特殊信息，进而获得更大的免疫活性，同时能使这些免疫细胞聚集在体内某一局部。通过研究观察发现，有氧运动可有效地缓解焦虑。性情急躁的精神残疾人可进行动作缓慢、持续时间长的项目，如下棋、射击、射箭、太极拳、散步、慢跑和游泳等；不善于与人交往的精神残疾人可进行一些集体性运动，如球类活动、健身操、交谊舞等；容易紧张的精神残疾人则可进行一些激烈、对抗性的运动项目，如足球、篮球、乒乓球、羽毛球等，可培养他们沉着冷静的品质。所以，体育健身对改善精神残疾人的心理状态有很大的作用。

美国著名学者肯尼斯·库珀指出，有氧代谢运动可奇迹般地逆转精神紧张、抑郁等症状，可增强自信心，缓解焦虑和压抑等情绪。

第二节 精神残疾人体育健身项目与指导方法

一、精神残疾人体育健身的适宜对象、适宜项目及注意事项

（一）精神残疾人体育健身的适宜对象

导致精神残疾的精神障碍一般分为两类：精神病性障碍和非精神病性障碍。可以简单理解为：精神病性障碍指存在幻觉、妄想、思维凌乱、情感错乱、行为紊乱等，对现实环境和自己状态的判断能力受到损害；除此以外的其他障碍为非精神病性障碍，如各种感觉不适、情绪问题等。

体育健身活动适合轻性精神障碍精神残疾人和精神分裂症及其他重性

精神障碍恢复期的精神残疾人。

（二）精神残疾人体育健身的适宜项目

精神残疾人的体育健身项目可选用体操、瑜伽、太极拳、散步、球类活动、游泳、踢毽、舞蹈、爬山、垂钓、下棋等。近几年，关于民族传统项目对改善认知的作用的研究一直是热点。研究指出，太极拳、八段锦等民族传统项目对认知有显著作用，也可使情绪得到一定的改善。精神残疾人通过五禽戏锻炼，可以达到身心放松、强身健体的目的。适合精神残疾人的休闲类体育健身活动种类较多，主要包括棋类、登山、步行、垂钓、拔河、踢毽、放风筝、飞镖等。这类项目的特点是具有自由性、文化性、非功利性和主动性等，对丰富精神残疾人的生活与加强其人际关系，以及促进精神残疾人的社会化与个性形成等都有重要意义，并且可以提高精神残疾人的生活质量。

（三）精神残疾人体育健身的方法和注意事项

1.提高兴趣，主动参与

可根据精神残疾人的兴趣和特长选用不同的体育健身项目，这样可以使精神残疾人的活动意愿得到激发，改善其“对事情没有兴趣”的症状，促进其“主动性”恢复。

2.依据需求，区别对待

要根据精神残疾人病情的轻重选用不同的运动强度。在重度抑郁发作时，精神残疾人运动受到抑制，活动困难，不适宜进行强度大的运动。中度或轻度抑郁的精神残疾人的运动抑制基本解除，运动能力开始恢复，可以参加各种活动，并且可逐渐增加强度和运动量。对于整日精神不振的精神残疾人，要采用有趣、活泼的训练项目，如游戏或竞赛类的全身性的体育、娱乐活动；运动量要适中，不要引起强烈的精神兴奋和过度疲劳；可选用长跑、游泳、球类活动、打拳、爬山、划船等项目。对容易激动的精神残疾人，则以温和平静的项目为宜，可选用体操、太极拳、瑜伽、棋牌、垂钓、舞蹈等活动项目。

3.全身放松，转移注意

焦虑症状以强烈的不安全感和各种各样的躯体不适感为主要特点，伴有全身的肌肉紧张感，常常处于一种警觉状态（敏感、反应过度）。此类精神残疾人可以选用太极拳、瑜伽、球类活动、舞蹈、棋牌等需要注意力集中的运动项目。在这类项目中，精神残疾人对“自我不适和周围威胁”的过度注意被迫转移，使精神残疾人全身心的紧张得到缓解，肌肉放松，焦虑减轻。大量和有一定强度的运动对大多数存在焦虑症状的精神残疾人也是有益处的。

二、体育健身项目与指导方法

（一）常见的体育健身项目与指导方法

1. 踢毽子

踢毽子起源于汉代，盛行于南北朝和隋唐，至今已有2000多年的历史。传统毽子是用铅、锡或铜钱和鸡羽缝装而成。踢毽姿势各式各样，可以三五成群走踢，有里外廉、拖枪、耸膝、突肚、佛顶珠、剪刀、拐子等各色动作。踢毽子能够帮助精神残疾人恢复下肢功能，提高运动敏捷性、协调性，增强注意力，培养协作意识。

（1）指导方法。

踢毽子的基本动作有盘、拐、磕、绷、落5种。

①脚内侧踢法（盘）。脚内侧踢法又叫盘踢，它的要领是：双脚自然分开站立，近似肩宽，然后双膝微屈稳站，同时一手将毽子在胸前抛起，离手高度为30厘米左右。在毽子下降时一脚站立，用另一脚内侧1/2处将毽子踢起，高度以齐腰为准，一般不过胸。然后换另一脚用同样方法形成互换踢。右脚盘踢时身体要微向右转，左脚盘踢时身体要微向左转，支撑腿不动。盘踢时要求膝向外侧，将小腿向内侧自然抬起，距地面40 ~ 50厘米时接触毽子。踢起的毽子时与身体的距离不要太近或太远，一般40 ~ 50厘米较为适宜。

②脚外侧踢法（拐）。脚外侧踢法又叫拐踢，它的要领是：右脚拐踢时，左腿为支撑腿，左脚脚尖向左，与身体呈45°。左膝微屈，身体呈半下蹲姿势，然后右大腿用力向左摆动，右小腿同时抬起，右脚腕外展，用右脚外侧后1/2处将下降的毽子踢起，高度可比盘踢略高一些，但一般以齐胸为准。然后迅速将右脚落下，脚尖向右站立，与身体成45°，右膝微屈，用左脚以与右脚拐踢的同样方法进行拐踢，形成左右互换踢。拐踢起的毽子要求正

对身前，直上直下而不是左右摆动。踢起的毽子距胸部50厘米左右较为适宜。

③膝盖踢法（磕）。膝盖踢法俗称磕踢。磕踢很有趣味，平时不太常见。磕踢的要领是：一手将毽子在胸前抛起，离手高度为30厘米左右，双脚自然站立，一腿为支撑腿，另一腿提膝，用距膝关节尽头8 ~ 10厘米处将毽子踢起，然后两腿互换踢。磕踢的方法与踏步近似，只是比踏步时腿抬得略高一些，大腿与身体大约呈90°，小腿与大腿之间略小于90°。与毽子的接触点是大腿正前面肌肉的端部，将大腿伸直后可用手摸到。磕踢时还要微收腹，稍挺胸，做到脚形不勾也不绷，要求自然放松。抬起脚掌离地面50厘米左右，毽子踢起高度距膝盖30厘米左右，距胸部30 ~ 40厘米即可。

④脚尖踢法（绷）：脚尖踢法又叫绷踢，顾名思义，就是用脚面将毽子绷起。绷踢法近似足球中的颠球。它的要领是：双脚自然站立，一手将毽子在胸前抛起，离手高度为10 ~ 20厘米，一腿为支撑腿，另一腿屈膝，脚跟随之抬起，脚尖猛离地面，将下降的毽子用脚中趾趾跟部位踢起，待毽子再下降时，起另一脚用同样方法踢起形成互换踢。绷踢时要微收腹，稍低头，全身放松。绷踢时脚掌离地面高度为20 ~ 30厘米，毽子踢起高度距地面40 ~ 60厘米较为适宜。

⑤落毽法（落）。落毽法指的是将毽子用不同的方法踢起后，用身体的各个部分分别接住，如落在头部、肩部、背部等。落毽法有很多有趣的名称，如“佛爷顶珠”“海底捞月”“狮子摆头”“倒挂珍珠”等。它的主要练习方法是在把毽子踢好的基础上，掌握好毽子的下降速度，接毽子的同时掌握落毽时的缓冲动作，可根据自己的喜好、条件等逐级练习。一种落毽方法掌握好了再练习另一种落毽方法，不要急于求成。

（2）注意事项。

①活动前介绍相关知识技能，询问精神残疾人有无身体不适。

②进行身体准备活动，主要是热身运动，如慢跑3分钟，活动下肢和踝关节。

③进行动作示范，做技术要领讲解，安排练习者实践（30分钟）。

④记录每个人单次最多踢的个数。

⑤进行集体活动或分组活动，如大家围成一个圈，互相踢、传毽子。

⑥分享体会。

⑦布置家庭作业，让练习者利用业余时间自行练习，并记录单次最多踢的个数。

2. 舞蹈

舞蹈是一项传统艺术，精神残疾人可通过观赏或参与舞蹈活动达到调和形神、促进身心康复的作用。舞蹈是一项很好的健身活动，它可帮助精神残疾人消除多余的脂肪，增强肌肉力量，提高身体灵活性，重树自信心。在心理学中，舞蹈治疗又称为“动作治疗”“舞动治疗”，是一种既优美又有创造性的表达性艺术疗法。Levy 将舞动治疗定义为“将动作作用于心理治疗的促进个体情绪、认知和生理统一的过程”。也就是说，舞动治疗是以动作的过程作为媒介的心理治疗，即运用舞蹈活动过程或即兴动作促进个体情绪、情感、身体、心灵、认知和人际等层面的整合，既可以治疗身心方面的障碍，也可以增强个人意识，改善人们的心智。与传统的心理治疗相比，舞动治疗有着其独特之处，它强调情绪和身体的相互连接性及创造力，能够促进心理健康。在身体层次上，舞动治疗能帮助人们加强肢体的协调能力，提高身体素质；在情感层次上，舞动治疗能帮助人们变得更愉悦和自信，并且赋予人治疗方法和工具以宣泄通过语言不能或不足够表达的各种情绪，如愤怒、失望等；在精神层次上，舞动治疗能提高人的认知能力和记忆力。当传统的心理治疗途径难以取得效果时，舞动治疗无疑是一种很好的选择，它不仅与传统心理治疗相辅相成，而且能帮助人们充分调动自身的潜力，避免药物治疗带来的副作用。

（1）指导方法。

目前，社区健身舞蹈项目主要有以下几种：健身秧歌、有氧拉丁、健身街舞、慢四、快三等。健身舞蹈将体育的“健”与舞蹈的“美”完美地结合在一起，既体现了体育健身的理性魅力，又能够彰显舞蹈艺术的审美情趣。

舞蹈的编排主要以交谊舞、健身舞、时尚的集体舞为主，采用示范、模仿、讲评、鼓励的方法，让精神残疾人融入音乐的旋律、节奏的同时，也融于形体动作的律动中。

①每天上、下午集中到比较平坦的场地（室内或室外）进行一小时舞蹈练习，8 周为一个阶段。

②在训练中，注意调动精神残疾人的主观能动性，加强启发和指导，

指导其逐渐完成规定的运作。

③不断提高精神残疾人对音乐的注意力，帮助其调整异常的思维与行为，让他们在接受和理解音乐的节奏、旋律以及舞蹈的形体动作和内容，与之产生共鸣，提高其灵活性、协调性、动作模仿能力等。

（2）注意事项。

①不宜到人多拥挤的地方跳舞，应该选择空气流通、人员较少的舞场。

②不宜跳过于剧烈的舞。狂舞使交感神经过度兴奋，导致呼吸急促、心率加快、血压骤升，容易诱发或加剧心血管疾病。

③不要穿硬底鞋。舞场地面平滑，穿硬底鞋跳舞容易滑倒，造成扭伤或骨折，而且硬底鞋弹性差，地面反作用力也大，容易损伤小腿肌腱和关节组织。

④不要饱腹跳舞。有些精神残疾人消化机能差，饱腹跳舞会影响消化功能，导致胃肠道疾病的发生。

⑤切忌酒后跳舞。酒能刺激大脑，使心跳加速、血管扩张，酒后跳舞容易诱发心绞痛或脑血管意外。

⑥病情不稳切勿跳舞。在训练活动中，应注意与精神残疾人建立良好的关系，将心理沟通与音乐舞蹈有机结合，使他们将消极情绪都发泄出来，并且鼓励他们走出来，以达到缓解和消除精神症状，恢复正常状态的效果。

⑦持之以恒。舞蹈对精神残疾人的康复有很大帮助，但让他们坚持下去却有一定难度，要鼓励他们持之以恒。

（二）其他体育健身项目介绍

1. 传统项目

（1）太极拳。

太极拳是国家级非物质文化遗产，是以中国传统儒、道哲学中的太极、阴阳辩证理念为核心思想，集颐养性情、强身健体、技击对抗等多种功能为一体，结合易学的阴阳五行之变化、中医经络学、古代的导引术和吐纳术形成的一种内外兼修、柔和、缓慢、轻灵、刚柔相济的中国传统拳术。传统太极拳门派众多，常见的有陈式、杨式、武式、吴式、孙式、和式等派别，各派既有传承关系，相互借鉴，也各有自己的特点，呈百花齐放之态。太极拳动作柔和，速度较慢，拳式并不难学，而且架势的高低、运动量的大小都可以根据个人的体质而有所选择，能适应不同年龄、体质的需要，可以提高技艺功夫，还能益寿养生。太极拳是一项集养生保健、修身养性及文化承载等功能于一体的民族传统体育项目，对人体各个系统均有一定的积极影响。太极拳还可以减轻心理压力，放松情绪，对焦虑、抑郁及失眠等均有效果，是一种对身心均有作用的锻炼方式。

太极拳锻炼的注意事项：首先，练习太极拳要注意动作缓慢、柔和、连贯。其次，一定要均匀呼吸，不可以憋气。最后，重心要保持稳定。对于精神残疾人来说，学习太极拳需要循序渐进，由简到难，指导者要有耐心，让他们多练习、多复习，不断地强化，才可以更好地记住动作要领。刚刚开始练习的精神残疾人由于自身的平衡协调能力不足，容易跌倒，指导者在练习过程中一定要注意保护精神残疾人的安全。

（2）五禽戏。

五禽戏是通过模仿熊、鸟（鹤）、虎、鹿、猿五种动物的动作以保健强身的一种气功功法，是中国古代医学家华佗在前人的基础上创造的，故又称华佗五禽戏。五禽戏能治病养生，强壮身体。练习时，可以单练一禽之戏，也可选练一两个动作。单练一两个动作时，应增加锻炼的次数。五禽戏是一种仿生功法，与中国的太极拳、日本的柔道相似。锻炼时要注意全身放松，意守丹田，呼吸均匀，做到外形和神气都像五禽，达到外动内静、动中求静、有刚有柔、刚柔并济、内外兼备的效果。

五禽戏锻炼的注意事项：首先，在练功前要进行热身运动，活络关节筋骨。热身 10 ~ 15 分钟后，调整呼吸，保持呼吸顺畅，再进入练功环节。其次，由浅入深。五禽戏虽然动作相对简单，容易学练，但要练得纯熟，动作细化、精化，必须经过一段时间的认真习练。最后，因人而异。精神残疾人练习五禽戏的时候要谨慎，需要根据体质状况来制订训练计划。

（3）八段锦。

八段锦创编于宋代，在长期的民间流传中形成了不同的流派。八段锦在练习时要求将呼吸、形体动作和意念活动融为一体。为了便于记忆，人们将八段锦的动作方法编为七言歌诀：两手托天理三焦，左右开弓似射雕，调理脾胃须单举，五劳七伤往后瞧，摇头摆尾去心火，两手攀足固肾腰，攒拳怒目增力气，背后七颠百病消。

八段锦锻炼的注意事项：在练习时，可根据精神残疾人的病症选择不同的段式。如胸闷不舒、急躁易怒、郁闷不乐等可采用一、二式；纳呆腹胀可采用三式；眩晕、耳鸣、失眠、健忘、腰膝酸软、梦遗早泄等可采用五、六式；眩晕、目昏、肩背疼痛等可采用四、七式；肝阳上亢、气血上攻可采用八式。一般神经衰弱者可采用全套练习。

（4）瑜伽。

瑜伽起源于印度，是一项有着5000年历史的运动项目，其目的是改善健康状况和心性。瑜伽姿势运用古老而易于掌握的技巧，改善人们生理、心理、情感和精神方面的能力，是一种力求身体、心灵与精神和谐统一的运动方式，包括调身的体位法、调息的呼吸法、调心的冥想法等。

瑜伽锻炼的注意事项：①练瑜伽前后一个小时内不要用餐，饭后两个小时内尽量避免练习；②做每个姿势时，坚持5次完整的呼吸时间，保证吸入和呼出的长度相等；③不宜在过硬的地板或太软的床上进行练习，练习时应在地上铺一块垫子；④每个星期保证锻炼3～4次，及时修正练习计划；⑤宜在安宁、通风良好的房间内练习；⑥练习时睁眼、闭眼都可以，但要把注意力集中在体内所产生的感觉上；⑦量力而行，不可逞强，动作缓慢，不可骤然用力，不要刻意追求“标准”；⑧练习时不要大笑或说话，要专注地呼吸，保持有规律、较深沉的呼吸，有助身体放松；⑨如果在保持某一姿势时，感到体力不支或发生痉挛，应立即收势；⑩以赤脚为好，穿着宽松、舒适，以便身体自由活动。

2. 休闲类体育运动

（1）棋类运动。

适合精神残疾人的棋类运动包括围棋、国际象棋、中国象棋、将棋、五子棋、军棋、跳棋等。棋类运动不仅是紧张激烈的智力竞赛，更是有利身心、延年益寿的娱乐活动。下棋简单易学，走棋对弈，情趣高雅，静中有动，不仅能锻炼思维能力，陶冶情操，而且对促进精神残疾人的身心健康也有积极作用。棋类运动一般都使用棋盘、棋子，各类棋的棋盘都有规定的画法。精神残疾人可以根据自己的兴趣爱好，在指导者的帮助和指导下选择适合自己的棋类项目。

棋类运动的注意事项：棋类运动尽管是一项益脑活动，但参加者不遵循适度原则，废寝忘食，反而有损健康；下棋不争强好胜，不计较得失，才能心平气和。精神残疾人在下棋过程中尤其需要注意，不可以对一招棋或者一盘棋的输赢斤斤计较。指导者应该陪在精神残疾人的周围，随时观察精神残疾人下棋过程中的精神情绪状态，如果下棋过程中出现争执应该及时处理，不可让下棋双方将不满压在心底。当然，精神残疾人一定要注意避免长时间坐在椅子上下棋，应该动静结合，在适当地用脑后，要进行一定的体力活动，增加全身的血液循环，促进身心健康。

（2）登山。

登山运动可分为登山探险（也称高山探险）、竞技攀登（包括攀岩、攀冰等）和健身性登山。登山设备要适应登山运动的环境条件，在设计、选材、用料、制作上要尽量轻便、坚固、高效，并能一物多用。经常进行登山活动，对人体有很大的好处。从医学角度来说，它对人的视力、心肺功能、四肢协调能力、体内多余脂肪的消耗、延缓人体衰老等方面有直接的益处。精神残疾人可以选择安全、山路较平缓的山峰攀登。通过组织适当的健身性登山活动，让他们开阔视野，陶冶情操，提高身体协调能力，达到促进精神残疾人身心健康的目的。

登山运动的注意事项：最主要的是安全问题，一定要保证精神残疾人的安全。需要由相应的工作人员负责陪同，防止精神残疾人在登山过程中出现摔倒等现象；还应该注意对运动强度的把控，防止精神残疾人过度劳累，出现意外等。

（3）步行。

步行是人类基本的活动方式之一，似乎整个人体结构就是为步行设计的。步行被公认为世界上最好的运动，是几乎适合任何人群的一种锻炼形式，不需要特殊设备和环境条件，步行空间可以是室内、室外或道路，节奏、时间灵活且易掌握，运动强度可以根据不同的需求随时调整，当然也是精神残疾人最容易接受的运动方式。

步行运动的注意事项：要远离空气污染严重的地区和时间段，最好选操场、树林、小区、河边等人少安静、空气清新的地方。最好穿着慢跑鞋或综合训练鞋，鞋底要有一定防滑性和弹性，避免鞋底过薄、过厚重、过硬或鞋帮过高，如果步行锻炼时间超过 30 分钟，穿的鞋子应比平时尺码略大。年纪大或身体弱的人要尽量走平路或缓坡，避免对关节造成损伤，以及因道路不平整而摔倒或碰撞。饭后散步要在吃完饭 20 分钟后进行，避免运动强度过大影响消化吸收。步行时应注意力集中，避免观看手机、读物，目视前方 3 ~ 6 米的地方，可以帮助有效避开障碍物。步行时注意避免低头含胸、步子太大、脚掌拖地、内外八字、身体倾斜，摆臂时上臂自然下垂，在身体两侧自然摆动，一般幅度在 30° ~ 45° 之间，防止不摆臂或摆臂幅度过大。快走时可以像跑步一样，双手握拳，手臂弯曲 90°，稍微增加摆臂幅度。在公路上步行时，要遵守交通法规，注意周围的车辆，尽量靠右侧行走，避免因速度过快与他人碰撞。路面有积水、积雪或结冰时，避免冒进，防止滑倒摔伤。

（4）垂钓。

垂钓可作为一种康复体育娱乐项目，在治疗中发挥独特的作用。精神残疾人通过垂钓可以安定情绪，使心情愉快并且能够锻炼垂钓者的意志品质。在垂钓的过程中，垂钓者需要注意力集中，观察鱼咬钩的情况。垂钓时经常有很长的时间鱼不咬钩，所以在等待的过程中要有较强的忍耐性，并保持平和的心态，在漫长的等待过程中要有自信心，相信一定会钓到鱼。垂钓这项活动不但可培养垂钓者的意志品质，而且在水边的空气新鲜，垂钓时有一定的身体运动，这对于调整身心是非常有好处的。

垂钓时要注意以下几点：要选择在湖边、河岸平坦的且允许垂钓的位置进行垂钓；垂钓位置的上方不能有电线；在夏季，垂钓的位置要有树荫，避免阳光直射；垂钓的时间不可过长。

（5）放风筝。

放风筝是我国一种传统的娱乐活动，可作为一种强身健体、怡情悦性的康复疗法。精神残疾人放风筝时，在宽阔的场地沐浴着阳光，呼吸着新鲜空气，仰望着蓝天，凝神专注拉线奔走，有张有弛，嬉戏玩乐，有助于其将忧虑烦恼等不良情绪抛之脑后。放风筝集愉心情、练身体、畅气血、练视力等功效于一体，对于精神抑郁、失眠健忘的精神残疾人来说是一种有效的康复练习项目。放风筝最好在天气晴朗、风和日丽的时间进行，每次练习的时间为 1 ~ 2 小时，练习时以不感觉疲倦为宜。

3. 竞技类体育运动

（1）田径。

田径或称田径运动，是田赛、径赛和全能比赛的全称。现代田径运动的分类不同，主要包括竞走、跑、跳、投掷以及由跑、跳、投掷的部分项目组成的全能运动，共计40多项。田径具有以下特征：与生活密切相关，走、跑、跳、投、掷是人类生活的基本技能，是田径运动项目中最基本的运动形式；既具有个体性，又具有广泛的群众性；简易可行，很少受到条件限制；促进身心健康，田径运动中各单项和全能项目，对人体形态、主要身体素质水平和心理机能等有不同的要求。精神残疾人要从个人实际情况出发选择田径运动项目，掌握具有个人特点的先进、合理的运动技术。简单多样的田径项目适合不同水平的精神残疾人，促进身体健康的同时促进心理健康，是精神残疾人锻炼的良好选择之一。

田径运动的注意事项：首先，田径项目种类众多，大多与跑步相关，一定要有合适的场地、合适的运动装备，防止精神残疾人在跑步过程中摔倒受伤；其次，对于一些投掷类项目，需要注意安排好工作人员，防止精神残疾人在投掷过程中伤到自己和其他人；最后，需要注意跑步过程中的强度调整，一定要紧密监控精神残疾人的心率、身体反应等，防止其在跑步过程中用力过猛给心肺带来负担。

（2）篮球。

篮球运动起源于美国马萨诸塞州，于1891年由詹姆斯·奈史密斯创造，是奥运会的正式比赛项目，是深受大众喜爱的身体对抗性体育运动。篮球运动具有如下特点：①篮球运动需要参与者快速奔跑、突然或连续起跳、敏捷反应与力量抗衡；②篮球运动不仅要求精神残疾人掌握一定的技战术，还要求其具备勇敢顽强和团结协作的精神；③篮球比赛中，可以欣赏到娴熟的运球、巧妙的传球、准确的投篮、机智的抢断、精彩的扣篮和出奇的封盖，再加上攻守交错、对抗变换，比赛双方斗智斗勇，球场形势变化富有戏剧性，能使参与者和观看者得到心理的满足和愉悦；④篮球运动简单易学，趣味性很强，活动时可以因人、因地、因时、因需而异，通过变换各种活动方式，篮球运动更加方便，更易吸引人们的参与，帮助人们达到活跃身心、健身强体的目的，进而充实人们业余文化娱乐生活，增强社会的文明氛围；

⑤篮球运动既可以强身健体，也可以使个性、自信心、审美情趣、意志力、进取心、自我约束力等得到很好的发展，还有利于培养团结合作、尊重对手、公平竞争的品质。

篮球运动的注意事项：首先，应该了解篮球运动是一项既需要体力又需要技巧的运动项目，所以在组织精神残疾人参与篮球运动时，一定要注意精神残疾人的身体素质，对于下肢肌肉力量较差或者下肢功能较弱的精神残疾人尽量避免组织篮球比赛，当然可以选择移动较少的拍球、投篮等活动。其次，篮球运动可能会存在身体对抗，需要随时关注精神残疾人的情绪，如果因为身体对抗产生情绪问题，一定要尽早解决，不能将精神残疾人的情绪问题放大，以免发生冲突。最后，篮球运动体力消耗较大，需要及时补充水分，注意多休息，避免运动强度过大导致运动损伤。

（3）羽毛球。

羽毛球运动的特性及其对残疾人健康的促进作用，前文已有介绍，此处不再赘述。

羽毛球运动的注意事项：尽量穿羽毛球专用鞋和棉袜，它们具有减震、缓冲、防滑功能，有助于避免踝关节扭伤。根据自己的力量选择球拍，必要时可以佩戴护腕、护肘、护膝和护腰，加强保护，避免在运动中受伤。双打或多人合作对打时，要注意防止相互碰撞，以运动锻炼为目的，防止过度劳累发生损伤；积极合作，主动参与，技术水平差异较大时，要相互理解和帮助，及时处理产生的情绪问题，避免相互指责和冲突。

4. 融合类体育运动

（1）融合健身跑。

健身跑被称为“有氧代谢运动之王”，并且已经风靡世界。健身跑的速度不是很快，是一种随意的、轻松自如的运动，一般属于中等运动强度。残健融合健身跑不仅可以帮助精神残疾人提高腿部力量，增强心血管、呼吸系统功能，促进新陈代谢，改善消化系统状态，增强体质，对防治冠心病、高血压、糖尿病、肥胖症有着重要作用，还可以减少精神残疾人的病耻感，锻炼人际交往能力，增强自信心。

（2）融合乒乓球。

乒乓球是一项集健身、竞技、娱乐和康复为一体的运动项目，它可以使全身的肌肉关节得到活动，对人体的反应性、灵敏度、协调能力的提高非常有益。乒乓球的运动量可大可小，场地、设备比较简单，不受年龄、性别和身体条件的限制，便于开展。残健融合乒乓球在精神残疾人的康复训练中具有广泛的适用性，不仅可以扩大身体活动范围，改善脚步移动能力，而且可以锻炼注意力和判断力，增强集体荣誉感，最主要的是展现精神残疾人的精神风貌，提高其自尊。

5. 冰雪运动

冬季在冰天雪地里进行滑雪、滑冰运动是非常令人愉快的事情。滑雪、滑冰可提高人体的抗寒能力、下肢的力量、身体的平衡能力、身体的灵活性和协调性。精神残疾人可通过滑雪、滑冰运动改善疾病的症状和情绪，增强自信。

第三节　指导预案与损伤防护

一、健康评估

为了确保安全，建议精神残疾人在开展体育健身活动前，进行危险性评估、病情评估、功能残疾评估、躯体情况及药物不良反应评估等。

（一）危险性评估

0 级：无符合以下 1 ~ 5 级中的任何行为。

1 级：口头威胁，喊叫，但没有打砸行为。

2 级：打砸行为，局限在家里，针对物品，能被劝说制止。

3 级：明显的打砸行为，不分场合，针对物品，不能接受劝说而停止。

4 级：持续的打砸行为，不分场合，针对物品或人，不能接受劝说而停止（包括自伤、自杀）。

5 级：持械针对人的任何暴力行为，或者纵火、引爆等行为，无论是在家里还是在公共场合。

（二）病情评估

（1）病情稳定：危险性评估为 0 级，且精神症状基本消失，自知力基本恢复，社会功能处于一般或良好，无严重药物不良反应，躯体疾病稳定，无其他异常。

（2）病情基本稳定：危险性评估为 1 ~ 2 级或精神症状、自知力、社会功能状况至少有一方面较差。

（3）病情不稳定：危险性评估为 3 ~ 5 级或精神症状明显、自知力缺乏、有严重药物不良反应或严重躯体疾病。

（三）功能残疾评估

（1）精神残疾一级：WHO-DAS Ⅱ值≥ 116 分，适应行为严重障碍；生活完全不能自理，忽视自己生理、心理的基本要求。不与人交往，无法从事工作，不能学习新事物。需要环境提供全面、广泛的支持，生活长期、全部需他人监护。

（2）精神残疾二级：WHO-DAS Ⅱ值为 106 ~ 115 分，适应行为重度障碍；生活大部分不能自理，基本不与人交往，只与照顾者简单交往，能理解照顾者的简单指令，有一定学习能力。监护下能从事简单劳动。能表达自己的基本需求，偶尔被动参与社交活动；需要环境提供广泛的支持，大部分生活仍需他人照料。

（3）精神残疾三级：WHO-DAS Ⅱ值为 96 ~ 105 分，适应行为中度障碍；生活不能完全自理，可以与人进行简单交流，能表达自己的情感。能独立从事简单劳动，能学习新事物，但学习能力明显比一般人差。被动参与社交活动，偶尔能主动参与社交活动；需要环境提供部分支持，即所需要的支持服务是经常性的、短时间的，部分生活需由他人照料。

（4）精神残疾四级：WHO-DAS Ⅱ值在 52 ~ 95 分，适应行为轻度障碍；生活基本自理，但自理能力比一般人差，有时忽略个人卫生。能与人交往，能表达自己的情感，体会他人情感的能力较差，能从事一般的工作，学习新事物的能力比一般人稍差；偶尔需要环境提供支持，一般情况下生活不需要由他人照料。

（四）躯体情况评估

精神残疾人经常伴随躯体疾病，他们的躯体症状常易被人忽视，这就提醒我们要注意评估精神残疾人是否存在躯体疾病。在组织活动前一定要掌握精神残疾人的躯体情况，如有无心脏病、高血压、脑血管疾病等，必要时建议精神残疾人或其监护人出示近期的体检报告。

（五）药物不良反应评估

抗精神病药物治疗所致的不良反应也是值得注意的问题。锥体外系反应是抗精神病药物的常见副作用，表现为肌肉僵硬、四肢抖动，有的还影响精神残疾人的协调性；有些抗精神病药物有镇静作用，服用后表现为思睡，影响精神残疾人的注意力。抗精神病药物因其种类不同所导致的不良反应也各异，评估较为复杂，必要时应请精神科专业人员进行评估。

二、体育健身指导与训练方案制定

（一）体育健身活动对精神残疾人的适用性

1. 适合的人群

（1）处于疾病的平稳期，能坚持服药，有稳定的情绪，能做适当的工作，保持有序的生活。

（2）肥胖或超重，有减肥的需要，或伴有高血糖、高血脂等代谢方面的疾病，需要通过运动来调节和改善。

（3）尽管病情平稳，但遇到事情容易产生紧张、不安等焦虑情绪，通过运动可以得到有效的放松和调节。

（4）病情平稳，但主动性差，经常需要督促，增加运动量和社会交往可以促进疾病康复。

（5）睡眠差的患者可以通过运动调节自己的生物节律，改善睡眠。

2. 不适合的人群

（1）处于疾病发作期，伴有大量的幻听、妄想，情绪不稳，容易发脾气，甚至摔东西、打人。

（2）有较严重的躯体疾病，如严重的心功能衰竭、肾功能衰竭。

（3）伴有严重的骨质疏松，骨折发生的风险较大，要避免剧烈运动。

（二）精神残疾人体育健身安全措施

（1）加强运动安全教育，提高预防损伤意识。思想麻痹大意是所有运动损伤因素中最主要的因素，要重视对运动损伤的预防和懂得如何进行预防。

（2）选择合适的运动场地，穿舒适的衣服和鞋，必要时准备相关的护具。学会对运动器械和场地进行选择，不使用损坏的器械进行锻炼，在场地状况不好的地方锻炼要格外小心。避免在偏僻的地方、建筑工地旁或正在维修中的运动场等危险地方锻炼。选择合适的服饰可以提高运动过程中的安全感和舒适感，也能很好地保护关节肌肉。部分特殊的项目要准备与之相适应的护具，如骑行用的头盔、球类运动时用的护膝护腕等，要养成用护具保护自己的习惯。

（3）认真做好准备活动。准备活动要充分、有针对性，既要做一般准备活动，也要做专项准备活动，使神经和其他器官系统的兴奋性达到适宜水平后再开始训练。如果不做准备活动，由于肌肉、韧带没有活动开，身体协调性差，很容易发生软组织拉伤和关节扭伤，对训练中负担较大和易受伤的部位要特别做好准备活动。准备活动结束与训练开始的时间间隔不要超过 4 分钟。间歇时间过长或改练其他部位时，应补做专项准备活动。

（4）体育锻炼要适合、适量、适度、规律。体育锻炼的时间、频率等一定要依自己的体力、运动基础和生活习惯来确定。每次锻炼时间一般为 30 ~ 60 分钟；每周运动次数最好控制在 3 ~ 4 次，间隔的时间不要超过 3 天。因为每个人体质不一样，选择锻炼方式和强度时，要因人而异，提倡适度锻炼。体育锻炼不是竞赛，锻炼的目的是愉悦身心，增强体质，不可在体育锻炼中过度攀比。有的精神残疾人个性好强，或者年轻时体能较好，觉得他人可以做到的，自己也可以，或者觉得年轻的时候可以做到的，现在也可以，贸然向较高的目标冲刺，不仅可能享受不到体育运动带来的愉悦感，而且极有可能在“挑战自我”的过程中造成运动损伤，给自己带来痛苦。

（5）对可能发生运动损伤的部位，要及时采取预防措施，加强易伤部位的训练。有针对性地加强容易受伤和相对薄弱部位的肌肉力量和伸展性练习，提高它们的功能，是积极预防运动损伤的一种有效手段。

（6）选择合适的锻炼时段，适量饮水。夏天天气炎热，宜将锻炼的时间安排在早上 9 点前和下午 4 点后，同时做好防晒工作，以免阳光中的紫外线灼伤皮肤。在春秋季节锻炼时，要避开风沙、雾霾天气。冬季锻炼最优时段应是阳光相对充足的中午，要避开大风和雪天。雾霾天尽量选择在室内活动，如打乒乓球、做瑜伽等。锻炼前后要有补充水分的意识，出汗较多时要适当补充淡盐水，保证体内电解质平衡。

（7）加强医务监督和训练场地安全检查。定期进行体质检查，参加比赛时要进行补充检查，以便及早发现隐患，采取措施。训练场地存在安全隐患，练习时服装与鞋袜不适宜等，都可能成为受伤的原因。

（8）加强保护和自我保护。很多精神残疾人由于药物副作用，反应速度和协调性偏差，尤其是初次参与体育运动时，要学会自我保护的方法，防止损伤的出现。例如，在重心不稳而快摔倒的一瞬间，要立即低头、屈肘团身，以肩背部着地，顺势滚翻，绝不可用手直臂撑地，以免发生腕部或前臂骨关节脱位。在进行力量器械练习时，应有懂得保护方法的人和教练进行保护，以防止意外事故的发生。

（9）遵循熟能生巧、循序渐进的原则。任何体育锻炼从不会到会再到熟练都需要一个过程。参加一项运动，刚开始时可能感到枯燥乏味，甚至容易有挫败的感觉，这样的情况会发生在每一个人身上，不可对自己过分严苛要求，要允许自己循序渐进，随着练习的进行和身体的适应，逐渐喜欢这项运动，甚至可以熟练地掌握。

（10）热情分享，收获友谊。体育锻炼不是一个单纯身体运动的过程，活动中还有各种人际交往，在体育器材的使用、运动方法和技巧方面的分享，可以帮助自己收获友谊。

（三）体育健身活动方案制定的原则

（1）选择体育健身活动时除了根据精神残疾人的病情外，尚需结合他们的兴趣和能力。假如让一个抑郁情绪的精神残疾人参与目前能力所不及的体育健身活动，他可能会更抑郁，进而失去信心和兴趣。相反，如果让一个能力较强的精神残疾人从事一些简单、机械的健身活动，也不会取得很好效果。

（2）体育健身活动要考虑精神残疾人的特点进行合理安排。例如，孤僻、不合群的精神残疾人，征得双方的同意后，可以将其与友善、好交谈的精神残疾人安排在一起；过分活跃的精神残疾人会打扰其他人，建议将其安排在安静的、接触人少的位置，以尽量减少对他人的影响。

（3）应耐心地鼓励精神残疾人参加活动。例如，情绪抑郁、性格内向的精神残疾人往往表现为畏缩不前，工作人员可以设法引导他们参加集体活动或简易的活动，逐渐使他们对体育运动产生兴趣。

（4）应该鼓励精神残疾人之间相互支持，让技能熟练的精神残疾人引导或帮助其他同伴，借此增加他们的信心，使他们更愿意参与体育健身活动，同时可以发挥更多的集体交流作用，使精神残疾人之间、精神残疾人与工作人员之间建立融洽的关系。

（5）新参与体育健身活动的精神残疾人，可能短期内对活动不感兴趣，应让他们观摩其他精神残疾人的活动，逐渐激发他们对健身活动的兴趣。此外，可定期举行家属联谊会、比赛等，激发精神残疾人参与活动的热情。

（6）结合社区的阶段性活动，如残疾人日、精神卫生日、社区康复站纪念日等，开展被赋予现实意义、与社会关注点密切联系的集体活动。通过这种形式提高精神残疾人参与体育健身活动的热情，增强他们的自我认同感和成就感，减少病耻感。

（7）由于精神残疾人的特点，在组织体育健身活动中，应该随时关注他们的情况，当观察到精神残疾人出现痛苦、紧张、恐惧、急躁等表现时，须立刻询问并暂停体育健身活动，必要时建议到专科医院就诊。

（8）在体育健身活动中，注意严格管理危险物品，如刀、剪、针、绳子、锥子、锤子等物品，应对曾经出现过有自杀、伤人或冲动行为或倾向的精神残疾人特别强化监护，观察其情绪和行为变化，一旦出现异常，及时就诊。

三、运动损伤的一般处理与急救

（一）常见运动损伤及处理

1. 软组织损伤

这类损伤可分为开放性损伤和闭合性损伤两类。前者有擦伤、撕裂伤、刺伤等，后者有挫伤、肌肉拉伤、腱鞘炎等。

（1）擦伤。

原因与症状：运动时皮肤受搓致伤，如跑步时摔倒、体育健身时身体擦磨器械受伤。擦伤后皮肤出血或组织液渗出。

处理：先用干净的毛巾或消毒湿巾把伤口周围擦干净，必要时用棉签蘸水仔细擦拭。如果伤口有污物，应用棉球蘸生理盐水轻轻将伤口擦干净。小面积擦伤，用不含酒精的皮肤消毒液涂抹伤口即可。大面积擦伤、伤口较脏或有异物时，先用生理盐水冲洗处理，再到就近医院处理。如伤口较深或流血不止，可依照前述方法、步骤简单处理，用无菌纱布进行加压包扎后到就近医院处理。

（2）撕裂伤。

原因与症状：剧烈运动或遭到突然强烈撞击造成肌肉撕裂，包括开放伤和闭合伤两种，常见的有眉际撕裂、跟腱撕裂等。开放伤即时出血，周围肿胀。闭合伤触及时有凹陷感和剧烈疼痛感。

处理：轻度开放伤，用不含酒精的皮肤消毒液涂抹伤口；伤口大时，需清创、止血和缝合，必要时注射破伤风抗毒血清，如肌腱断裂，则需手术缝合。

（3）挫伤。

原因与症状：撞击器械或练习者之间相互碰撞造成挫伤。单纯挫伤在损伤处出现红肿，皮下出血，伴有疼痛。内脏器官损伤时，则出现头晕、脸色苍白、心慌气短、出虚汗、四肢发凉、烦躁不安，甚至休克。

处理：24 小时内冷敷或加压包扎，抬高患肢或外敷中药。24 小时后，可按摩或理疗。进入恢复期后，可进行一些功能性锻炼。如果怀疑内脏损伤，则做临时性处理后，送医院检查和治疗。

（4）肌肉拉伤。

原因与症状：通常在外力直接或间接作用下，肌肉过度主动收缩或被动拉长引起肌肉拉伤，特别是准备活动不充分，动作不协调以及肌肉弹性、伸展性、肌力差者更易拉伤。损伤后伤处肿胀、压痛、肌肉痉挛，触诊时可摸到硬块。严重的肌肉拉伤是肌肉撕裂。

处理：轻者可即刻冷敷，局部加压包扎，抬高患肢，24 小时后可按摩或理疗。如果肌肉已大部分或完全断裂，在加压包扎急救后，立即送医院手术治疗。

2. 关节、韧带扭伤

（1）肩关节扭伤。

原因与症状：一般由肩关节用力过猛或反复劳损所致，也有的由技术错误，违反解剖学原理造成，投掷、扣球、大力发球时常出现这类损伤。其症状有压痛、疼痛，急性期有肿胀，慢性期三角肌可能出现萎缩，肩关节活动受限。

处理：单纯韧带扭伤，可采用冷敷，加压包扎。24 小时后采用理疗、按摩和针灸治疗。出现韧带断裂时，应立即送医院缝合和固定处理。当肩关节肿胀和疼痛减轻后，可适当进行功能性锻炼，但不宜过早活动，以防转为慢性病症。

（2）踝关节损伤。

原因与症状：运动中跳起落地时失去平衡，使踝关节过度内翻或外翻致伤。在准备活动不充分、场地不平坦的情况下，更易造成这类损伤。主要症状为伤处疼痛、肿胀，韧带损伤处有明显压痛、皮下淤血。

处理：受伤后，应立即冷敷，用绷带固定包扎，并抬高伤肢。24 小时后，根据伤情采取综合治疗，如外敷伤药、理疗、按摩等，必要时做封闭治疗，待病情好转后进行功能性练习。伤情严重的患者可用石膏固定伤处。

（3）急性腰伤。

原因与症状：运动时，身体重心不稳定或肌肉收缩不协调引起腰部扭伤，多数因腰部受力过重，或脊柱运动时超过了正常生理范围。例如，挺身式跳远中展体过大，举重上挺时过分挺胸塌腰，跳水时下肢后摆过大，都有可能造成腰部扭伤。损伤后，即刻疼痛，有时听到瞬间“格格”响声，有时出现腰部肌肉痉挛和运动受限。

处理：腰部急性扭伤后，让患者平卧，一般不应立即搬动。如果剧烈疼痛，则用担架抬送医院诊治。处理后，应卧硬板床或腰后垫一枕头，使肌肉韧带处于放松状态，也可针灸、外敷伤药或推拿治疗。

（二）冷疗和热疗方法及应用

1. 冷疗

运动损伤后采用冷疗是为了使局部降温，即刻使血管收缩，降低毛细血管通透性，降低局部代谢，阻止组织内部淋巴血液渗出，预防水肿及炎症并止痛。所有急性闭合性软组织损伤，如肌肉拉伤、四肢关节扭伤、软组织挫伤等，早期（24 ~ 48 小时内）均可应用冷疗。伤后运用冷疗越早，损伤部位的肿胀程度越小，日后治愈的时间越短。

（1）冰按摩：直接用特制的装有冰柱的按摩器采取循环滚动方式，在损伤周围按摩 5 ~ 10 分钟，以伤者适应为度；或用装有碎冰块的塑料袋敷在损伤部位 15 ~ 20 分钟。

（2）冲淋法：将损伤部位放到冷水龙头下冲淋，直至损伤部位麻木。

（3）浸泡法：将损伤部位放到自来水或冰水中约 10 分钟，其温度可根据伤者的适应程度来调整。

（4）冷喷雾：将易蒸发、吸热快并能迅速降低体表温度的制剂直接喷洒在损伤部位。常用的是氯乙烷、冷镇痛去雾剂、冷冻去雾剂。注意喷洒时应垂直于损伤部位，距离为 30 ~ 40 厘米，每次喷 8 ~ 10 毫升，以皮肤出现一层白霜为宜，亦可间隔 20 ~ 30 分钟再喷 1 次，但不宜过急，以免发生冻伤。

（5）冷疗法注意事项：冷疗操作不当最明显的危害是冻伤，严重时可导致暂时的或永久性的神经功能障碍，所以应严格掌握治疗过程中的四个阶段（冷感、灼热感、痛感和麻木）。治疗中一旦出现麻木就应终止治疗。另外，还需要注意非治疗部位的保温，以防感冒。面部不可喷洒氯乙烷。

2. 热疗

热疗适用于急性闭合性软组织损伤的中后期（48 小时后），也适用于慢性损伤。热疗可单独应用，也可与其他方法综合应用。凡是软组织挫伤、肌肉拉伤、关节扭伤，出血期一过即可应用热疗。热疗的作用是促使局部血管扩张，改善血液和淋巴循环，改善组织营养，促进淤血和渗出液的吸收，具有消肿、散淤、解疼、镇痛、减少粘连和促进损伤愈合的作用，并提高感觉神经兴奋水平，解痉止痛。

（1）蒸熏法：用配好的药物加水煮沸，将需要治疗部位直接在蒸汽上熏。每次治疗 20 ~ 40 分钟，每日 1 次。

（2）热敷法：用湿热毛巾或经过热醋或中草药处理的湿热毛巾贴敷于损伤部位，无热感时应立即更换，每次 30 分钟，每日 1 ~ 2 次。此外，亦可用热水袋、热沙袋、热盐袋等敷于损伤部位。

（3）红外线疗法：用红外线灯照射损伤部位，灯距 30 ~ 50 厘米，每次治疗 15 ~ 30 分钟，每日 1 ~ 2 次，15 次为一个疗程。伤部需裸露，体位要舒适。剂量以伤者有舒适热感、皮肤出现桃红色均匀红斑为宜，若过热应调整灯距，如有汗液应及时擦去。

（4）石蜡疗法：将白色可塑性石蜡放在套锅内融化，加温到 70 ~ 80℃后，倒入盆内，摊成厚约 2 厘米的蜡饼，冷却到 50 ~ 60℃，敷于伤部，包以塑料布，再用棉垫包裹保温。每日 1 次，每次 30 ~ 60 分钟。热能向人体的传递是慢慢进行的，石蜡下面的皮肤温度一般可升到 40 ~ 45℃，深而持久，使组织所受的热作用较强，下降缓慢，60 分钟内还保持一定的温度。

（5）热疗法注意事项：首先应注意温度的掌握，防止烫伤。注意患处有伤口、刚愈合的皮肤、过分疼痛或肿胀、失去分辨冷热的能力（如部分糖尿病患者）、不能明白指示者（如精神发育迟滞或痴呆者）都不宜使用热敷疗法。急性闭合性软组织损伤的早期、高热、出血患者禁用。使用红外线疗法时应注意灯距的调节，防止光线直射眼睛；使用蜡饼时不要用力挤压，以免使未凝固的蜡液流出发生烫伤。治疗过程中有皮肤过敏或头晕、心慌、疲倦等反应，要停止治疗。

（三）精神残疾人病情波动或突然冲动的应急预案及处理流程

（1）当发现精神残疾人病情波动或突然冲动时，应沉着、冷静，用语言安抚，必要时寻求援助。

（2）立即转移周围人员及危险物品，组织人员从侧面、背面制止伤害行为发生，精神残疾人身上如有危险物品应给予清除。

（3）立即联系精神残疾人家属。

（4）应守护在精神残疾人身边并防止误伤。

（5）必要时立即拨打 120（或 999）急救电话，有伤害他人的危险行为可以寻求公安机关协助处理。

（四）精神残疾人突然发生急性躯体疾病的应急预案及处理流程

（1）应立即联系精神残疾人家属。

（2）根据病情及家属意见，立即到附近医院就诊或直接拨打 120（或 999）急救电话。

（3）积极配合医生进行急救。

参考文献

［1］World Health Organization. Towards a Common Language for Functioning，Disability and Health[M]. Geneva：World Health Organization，2002.

［2］中国残联研究室、残疾人事业发展研究会 . 中国残疾人事业重要文件选编（1978—2018）[M]. 北京：华夏出版社，2018.

［3］王治江 . 联合国《残疾人权利公约》制定及实施中的中国贡献 [J]. 人权，2018（2）：15–24.

［4］U.K U.K. Department of Health. At least five a week：Evidence on the impact of physical activity and its relationship to health. Wellington House：U.K. Department of Health，2004.

［5］乔玉成 . 身体活动水平：等级划分、度量方法和能耗估算 [J]. 体育研究与教育，2017（3）：1–11.

［6］U.S. Department of Health and Human Services. Physical Activity Guidelines for Americans，2nd Edition. washington D.C：U.S. Department of Health and Human Services，2018.

［7］中国残疾人联合会. 中国残疾人体育发展概览 [M]. 北京：华夏出版社，2006.

［8］张洪潭 . 体育概念研究进展 [J]. 体育与科学，2011（3）：11–19.

［9］任海 . 以群众体育促进社会建设 [M]// 刘国永，杨桦 . 群众体育蓝皮书：中国群众体育发展报告（2015）. 北京：社会科学文献出版社，2015.

［10］Peter Taylor，Larissa Davies，Peter Wells. A review of the Social Impacts of Culture and Sport[R]. Sheffield：United Kingdom Department of Culture，Media，Digital and Sports etc.，2015.

［11］刘国永 . 全面深化群众体育改革的思考 [M]// 刘国永，杨桦 . 群众

体育蓝皮书：中国群众体育发展报告（2015）. 北京：社会科学文献出版社，2015.

［12］SportsEconAustria，Sport Industry Research Centre （SIRC） at Sheffield Hallam University，Statistical Service of the Republic of Cyprus. Study on the Contribution of Sport to Economic Growth and Employment in the EU 2012. Brussels：European Commission，2012.

［13］ECORYS.Mapping on access to sport for people with disabilities，A report to the European Commission. Brussels：European Commission，2018.

［14］任海 . 身体素养：一个统领当代体育改革与发展的理念 [J]. 体育科学，2018（3）：3–11.

［15］WHITEHEAD M. Physical Literacy：Throughout the Lifecourse[M]. London：Routledge，2010.

［16］中国营养学会 . 中国居民膳食营养素推荐摄入量 [M]. 北京：中国轻工业出版社，2000.

［17］2018 Physical Activity Guidelines Advisory Committee. 2018 Physical Activity Guidelines Advisory Committee Scientific Report[R]. washington D.C：U.S. Department of Health and Human Services，2018.

［18］中国残疾人联合会 . 中国残疾人体育事业大事记 [M]. 北京：华夏出版社，2017.

［19］李冬庭 . 刍议我国残疾人体育发展现状及今后发展策略 [C]. 第三届全国残疾人体育科学报告会论文集，2011.

［20］刘国永，杨国华 . 群众体育蓝皮书：中国群众体育发展报告（2015）[M]. 北京：社会科学文献出版社，2015.

［21］朝阳区北京奥运会志愿者工作协调小组办公室，共青团北京市朝阳区委员会，朝阳区青年志愿者协会 . 残奥会城市志愿者培训教材 [EB/OL]. [2019–04–02].https：//wenku.baidu.com/view/ab008d6ee109581b6bd97f19227916888486b99d.html.

［22］第 16 届亚洲运动会组织委员会 . 2010 广州亚运会志愿者通用读本 [M]. 广州：中山大学出版社，2009.

［23］第 29 届奥林匹克运动会组织委员会 . 北京残奥会志愿者培训教材

[M]. 北京：北京出版社，2008.

［24］冯骏芳 . 社区养老志愿服务问题研究 [D]. 太原：太原科技大学，2017.

［25］侯庆琦，刘丽英 . 关于城市社区残疾人文化建设的思考——以南京市鼓楼区为例 [J]. 广西师范学院学报（哲学社会科学版），2014，35（6）：116–121.

［26］黄循棱，盛晓丹，陈荟 . 幼儿体育活动中的家长角色定位与参与策略 [J]. 闽南师范大学学报（自然科学版），2018，31（1）：86–92.

［27］黄循棱，张韬磊，张巧 . 残疾儿童家长赋权增能：社区体育参与的视角 [J]. 闽南师范大学学报（自然科学版），2017，30（1）：98–102.

［28］李鹏，王娟 . 大学生志愿助残服务常态化机制探索 [J]. 现代特殊教育，2016（20）：72–76.

［29］李雪梅 . 大学生社团建设研究 [D]. 成都：电子科技大学，2007.

［30］林博，胡平安，胡子航，等 . 高校专业体育助残志愿服务模式探索——以福建师范大学体育科学学院“Bridge 志愿服务队”为例 [J]. 福建师大福清分校学报，2020（2）：87–92.

［31］毛小波 . 提高特殊教育专业志愿助残服务实效途径与策略——以襄阳职业技术学院为例 [J]. 襄阳职业技术学院学报，2020，19（1）：63–66.

［32］王春兰，袁明符 . 我国社区志愿服务的品牌化发展探讨 [J]. 重庆工商大学学报（社会科学版），2011，28（4）：68–73.

［33］王淼 . 中国香港社会工作专业伦理守则解析（上）[J]. 中国社会工作，2018（22）：56–57.

［34］闻素琴 . 论生命伦理学视阈下的受试者权利保护 [J]. 中国医学伦理学，2009，22（3）：116–117+124.

［35］徐五所 . 融合体育残疾人体育教育的诉求 [J]. 当代体育科技，2015，5（35）：177–178.

［36］杨燕，冯荣荣 . 浅谈高校学生社团规范化管理与情感化管理 [J]. 科教导刊（上旬刊），2012（2）：199–200.

［37］于晓芳 . 体育强国战略下残疾人公共体育服务体系的构建 [D]. 南昌：江西师范大学，2018.

［38］原霄峰 . 我国全民健身政策的演变及影响研究 [D]. 兰州：兰州理工大学，2020.

［39］郑立敏，张涵劲 . 多彩青春 志愿青运——中华人民共和国第一届青年运动会志愿者通用知识培训教材 [M]. 福州：福建教育出版社，2015.

［40］郑明 . 北京奥运会志愿者法律问题刍议 [J]. 北京社会科学，2007（1）：16–19.

［41］朱颖俐 . 志愿助残服务激励机制研究 [J]. 残疾人研究，2017（4）：55–60.

［42］金宁 . 高等医学院校康复治疗专业教材·文体疗法学 [M].2 版 . 北京：华夏出版社，2012.

［43］朱镛连，张皓，何静杰 . 神经康复学 [M]. 北京：人民军医出版社，2010.

［44］金宁 . 脊髓损伤患者轮椅技能训练评价法的应用 [J]. 中国康复医学杂志，2001，16（2）：113–114.

［45］金宁，赵瑞霞 . 文体疗法在社区偏瘫康复中的应用 [J]. 中国康复理论与实践，2002（2）：98–103+82.

［46］金宁 . 医疗体育运动疗法在脊髓损伤社区康复中的应用 [J]. 中国康复理论与实践，2003（2）：88–91.

［47］励建安，许光旭 . 实用脊髓损伤康复学 [M]. 北京：人民军医出版社，2013.

［48］胡国琼 . 脊髓损伤患者心理护理的研究现状 [J]. 当代护士（学术版），2014（11）：15–16.

［49］王盛，姜文君 . 徒手肌力检查发展史及分级进展 [J]. 中国康复理论与实践，2015，21（6）：666–669.

［50］王玉龙 . 康复功能评定学 [M]. 北京：人民卫生出版社，2019.

［51］舒彬，杨志金，沈岳 . 肌肉拉伤的基础与临床研究 [J]. 中华物理医学与康复杂志，2009，31（2）：127–130.

［52］鲁谊 . 网球肘的研究进展 [J]. 中华肩肘外科电子杂志，2017，5（2）：158.

［53］牛永刚，雷园园，赵焕彬 . 运动康复治疗跟腱病的研究进展 [J].

中国康复医学杂志，2016，31（5）：583-585.

［54］史晓伟 . 末端病非手术治疗研究进展 [J]. 中国运动医学杂志，2017，36（1）：70-75.

［55］朱建伟，蔡祥 . 论残疾人体育活动的意义 [J]. 上海体育学院学报，2003（27）：26.

［56］王军，朱杰，闫洪涛 . 论我国社区体育中残疾人健身模式的构建依据和途径 [J]. 西安体育学院学报，2005（3）：16-18.

［57］朱海霞 . 社区体育中残疾人健身模式的构建方法初探 [J]. 包头职业技术学院学报，2020，21（4）：29-32.

［58］李萍，周建社 . 残疾人竞技体育运动审美初探 [J]. 湖南师范大学社会科学学报，2016（3）：27-32.

［59］郎海波，马恒祥，杜娟，等 . 治理理论视域下残疾人体育公共治理 [J]. 西安体育学院学报，2013（6）：689-693.

［60］李燕，黄丽华 . 老年人平衡能力评估及干预的研究进展 [J]. 中华护理杂志，2019，54（4）：603-608.

［61］燕铁斌 .“起立—行走”计时测试简介——功能性步行能力快速定量评定法 [J]. 中国康复理论与实践，2000（3）：19-21.

［62］彭小文，张盘德，张自茂，等 . 人体平衡功能检测系列研究（2）：正常人静态平衡的正常参考值范围及相关因素 [J]. 中国康复理论与实践，2005，11（8）：644-646.

［63］杨政 . 渐进式核心肌力训练对老年人平衡功能的效果 [J]. 中国康复理论与实践，2019，25（7）：836-839.

［64］毛志帮，张玲莉，赖小勇，等 . 静态拉伸与下肢肌力锻炼在老年平衡能力中的意义 [J]. 中国组织工程研究，2015（42）：6803-6807.

［65］倪国新 . 肌肉拉伤的康复 [J]. 现代康复，1999，3（7）：811-812.

［66］于文谦，季城，呼晓青 . 残疾人社会体育指导员人才培养问题剖析与路径优化 [J]. 体育学刊，2020，27（4）：61-66.

［67］李骁颖 . 体育游戏对视力障碍学生情绪情感激励的质性研究 [D]. 福州：福建师范大学，2016.

［68］韩景军 . 特教学校视力残疾学生体育需求及干预策略分析 [J]. 吉

林体育学院学报，2012，28（1）：115–117.

［69］赵海 . 多媒体辅助视力残疾大学生太极拳的学习效果研究 [J]. 绥化学院学报，2010，36（1）：124–126.

［70］戴昕，韩东硕，等 . 北京市视力残疾青少年 BMI 与身体机能和身体素质的关系 [J]. 首都体育学院学报，2010，22（2）：86–89.

［71］金鑫 . 北京市特殊教育学校学生的特殊体适能的研究 [D]. 北京：北京体育大学，2017.

［72］戴昕，何玲，刘曈，等 . 北京市智力残疾青少年体成分特点分析 [J]. 中国学校卫生，2011，32（8）：966–968.

［73］赖复寰 . 台湾地区智力障碍学生体质特征及适应性体育教学实验研究 [D]. 北京：北京体育大学，2003.

［74］戴昕 . 关于利用台阶试验与耐力跑测定智力残疾青少年心血管机能的研究 [A]// 第九届全国体育科学大会 . 中国体育科学学会第九届全国体育科学大会论文摘要汇编（3）. 中国体育科学学会，2011.

［75］何红娟，赵娜 . 珠三角地区智力障碍学生有氧耐力素质现状研究 [J]. 科教文汇，2016，340（2）：137–139.

［76］黄悦勤，李恒，董问天，等 . 精神残疾评定手册 [M]. 北京：华夏出版社，2013.

［77］刘勇，孙群星，朱玉星 . 心理健康对抑郁症患者生活质量的影响 [J]. 中国实用医药，2009，4（13）：14–16.

［78］张德光 . 踢毽子五法 [J]. 体育博览，1995（10）：45.

［79］陆林 . 沈渔邨精神病学 [M].6 版 . 北京：人民卫生出版社，2018.

［80］张海迪 . 残疾人托养服务基本知识读本 [M]. 北京：华夏出版社有限公司，2014.

［81］张明园 . 精神病防治康复 [M]. 北京：华夏出版社，2002.

［82］Bonnie Meekums. 舞动治疗 [M]. 肖颖，柳岚心，等译 . 北京：中国轻工业出版社，2009.

［83］崔勇，许冬梅 . 精神障碍康复与护理 [M]. 北京：中国医药科技出版社，2018.